本书为中央民族大学自主科研资助项目(课题编号：1112KYZY25)和中央民族大学“汉语国际教育学科理论创新团队”资助项目研究成果。

汉语国际传播与国际汉语教学研究丛书　总主编：吴应辉

Series of Chinese Language Globalization & International Chinese Language Teaching Studies

Chief Editor: Wu Yinghui

汉语国际传播背景下泰国汉字教学研究

Chinese Character Teaching in Thailand: In the Context of Chinese Language Globalization

田　艳／著

By Tian Yan

中央民族大学出版社

China Minzu University Press

图书在版编目（CIP）数据

汉语国际传播背景下泰国汉字教学研究/田艳著
.—北京：中央民族大学出版社，2018.7 重印
ISBN 978-7-5660-1080-3

Ⅰ.①国…　Ⅱ.①田…　Ⅲ.①汉字—对外汉语教学—教学研究—泰国　Ⅳ.①H195.3

中国版本图书馆 CIP 数据核字（2015）第 232342 号

汉语国际传播背景下泰国汉字教学研究

作　　者	田　艳
责任编辑	戴佩丽
封面设计	布拉格
出 版 者	中央民族大学出版社 北京市海淀区中关村南大街27号　邮编：100081 电话：68472815（发行部）传真：68932751（发行部） 68932218（总编室）　68932447（办公室）
发 行 者	全国各地新华书店
印 刷 厂	北京建宏印刷有限公司
开　　本	710×1000（毫米）　1/16　印张：21.25
字　　数	270 千字
版　　次	2018 年 7 月第 2 次印刷
书　　号	ISBN 978-7-5660-1080-3
定　　价	98.00 元

汉语国际传播与国际汉语教学研究丛书总序

吴应辉

目前，来华学习汉语的人数不到全球学习汉语人数的1%，而在中国境外学习汉语的人数达99%以上。国际汉语教学已成为学术界关注的一个热点，然而从目前出版和发表的有关论著来看，研究对外汉语教学的很多，但研究国际汉语教学的很少。汉语国际传播及国际汉语教学的实践已经超前于理论，或者说我们的汉语国际传播及国际汉语教学理论滞后于实践。作为国际汉语教学的从业者，大家都应肩负起历史使命，对汉语国际传播及国际汉语教学进行研究，深入探讨相关的理论和实践问题。

中央民族大学在20世纪50年代就开始了对越南学生的汉语教学，成为当时中国最早接收外国留学生的八所院校之一，但在对外汉语教学学科建设方面起步较晚。近年来，中央民族大学国际教育学院调整了学科建设方向，将研究力量集中于汉语国际传播和国际汉语教学。在学校的大力支持下，我们的国际汉语教学学科建设已经取得初步成果。我们在全国高校中率先在语言学及应用语言学专业博士研究生培养中设立汉语国际传播研究方向；我们是全国第一个明确把“国际汉语教学”列为重点培育学科加以建设的汉语教学机构；我们创新性地设计并组织实施了“汉语国际教育硕士”的“1+2+X”培养模式；我院绝大部分专职教师和20多位中外博士生都把研究方向集中到了国际汉语教学及其重要组成部分汉语国际传播上，研究领域包括泰国、马来西亚、缅甸、韩国、美国、越南等国家的汉语传播问题，内容涵盖国际汉语教学宏观和微观层次的诸多问题；我们已承担了包括两项国家社科基金课题、教育部新世纪优秀人才支持计划项目和教育部人文社会科学项目在内的多项汉语国际传播纵向和横向课题；我们正在进行国际汉语教学案例库和汉语国际传播数据库建设……

我们才刚刚起步，我们愿不断努力，与兄弟院校一起在汉语国际传播和国际汉语教学领域拓荒、播种，并愿意与国内外同行分享我们的收获。我们将以全球化的视野、国际化的思维和创新务实的行动，努力开展汉语国际传播和国际汉语教学研究，推动国际汉语教学学科建设，为汉语和中华文化走向世界尽一份绵薄之力。

经过中央民族大学国际教育学院两年多的策划和研究，汉语国际传播与国际汉语教学研究丛书陆续开始出版了。希望这套丛书能从各个侧面对国际汉语教学学科的形成和建设起到支撑作用，能为国际汉语教学的专家学者带来另一种清新的学术空气，给青年学者和博士、硕士研究生选择未来的研究领域提供新的视野，并为汉语国际传播有关机构提供决策参考。这套丛书虽为中央民族大学国际教育学院策划，但我们的作者并不限于本院师生，我们热忱欢迎国内外有志于汉语国际传播和国际汉语教学研究的专家学者加盟我们的队伍，我们愿意将符合丛书主题的学术成果列入丛书出版。

鉴于广大读者甚至很多业内学者和学生对汉语国际传播与国际汉语教学的认识尚不够深入，谨以本人在《语言文字应用》2010 年第 3 期上发表的论文《国际汉语教学学科建设及汉语国际传播研究探讨》作为代序，对汉语国际传播与国际汉语教学做一些学术探讨，以增进学界对国际汉语教学学科的认识。

国际汉语教学学科建设及汉语国际传播研究探讨[①]
（代序）

随着汉语快速走向世界，对外汉语教学时代正在转型为国际汉语教学时代，传统的对外汉语教学正在转型为国际汉语教学，因此，有必要努力建立与之相适应的国际汉语教学学科。国际汉语教学学科应该包括传统的对外汉语教学和汉语国际传播两大部分。汉语国际传播是指建立在世界各国对汉语需求的基础之上，汉语遵循语言传播规律，从中国走向世界的语言传播现象。汉语国际传播研究是国际汉语教学研究的重要组成部分。鉴于此前很少有人讨论过相关问题，本文将探讨建立国际汉语教学学科的必要性，国际汉语教学与传统的对外汉语教学、汉语国际传播研究的关系，对外汉语教学向国际汉语教学的转型，国际汉语教学研究的理论基础和研究内容，国际汉语教学的学科建设，当前汉语国际传播研究的领域等问题，以期抛砖引玉，并希望有更多的同行参与到国际汉语教学及汉语国际传播的研究中来，不仅可以推动转型后的国际汉语教学学科建设，而且通过汉语国际传播研究可以为汉语国际推广工作提供更多的智力支持和决策参考。

---

① 吴应辉：国际汉语教学学科建设及汉语国际传播研究探讨，《语言文字应用》2010 年第 3 期，作者对文章进行了部分删节和小的改动。本文获“新世纪优秀人才支持计划资助”（Supported by Program for New Century Excellent Talents in University，“NCET”）。

一、国际汉语教学时代已经到来

随着中国综合国力的迅速增强，尤其是经过金融危机的洗礼，中国与世界发达国家的经济实力对比发生了很大的改变，差距正日益缩小。不久前，世界银行副行长兼首席经济学家林毅夫甚至指出，到2020年中国可能成为世界第一大经济体。[①] 中国国际地位的快速上升，使世界各国人民了解中国的需求心理快速增强，汉语热正在世界各地悄然兴起，汉语国际传播的新时代已经到来。国家汉办主任、孔子学院总部总干事许琳说，世界学习汉语的人数也远超中方预期。据介绍，目前全世界有109个国家、3000多所高等学校开设了汉语课程。特别是中小学开设汉语课的热情越来越高。世界各国学习汉语的人数，很多国家以50%甚至翻番的速度增长。全世界现在学习汉语的人数已经超过了4000万。[②] 世界范围的汉语需求增长迅速，从2004年到2009年，应世界各国有关机构的要求，国家汉办派出汉语教学志愿者达6000多人。仅2008年一年，国家汉办就派出汉语教学志愿者1700多人，分布在46个国家。2008年全国共派出汉语教师2000余人，分布在105个国家。截至2008年年底，应世界各地有关机构的请求，全球已建立孔子学院249所，孔子课堂56个。[③] 周边国家的汉语热尤为突出，“日本有200万人在学习汉语。韩国学习汉语的人数超过100万，现有的142所大学全部开设了汉语课程。韩国教育部计划在全

① 中国新闻网3月22日：http：//www. chinanews. com. cn/cj/gncj/news/2009/03-19/1608221. shtml。

② 新华网：世界“汉语热”远超预期，学习人数已超4000万。2009-03-13。http：//news. xinhuanet. com/edu/2009-03/13/content_ 11002421. htm。

③ 以上数字引自前教育部部长周济“在2008年孔子学院大会上的工作报告”。

国中小学普遍开设汉语课。印尼目前有1000所中学正式开设汉语课"[①]。"泰国作为汉语热的新兴国家，开设汉语课的中小学已达千所以上，学习汉语的人数10年间增长了20多倍，2007年泰国学习汉语的中小学生超过20万人（206134人）。泰国接收中国汉语教学志愿者人数列各国之首"[②]，2008年接收了870名来自中国的汉语教学志愿者，2009年仅新派志愿者就达800人[③]，加上留任的志愿者，在泰国的汉语教学志愿者人数已达上千人。泰国孔子学院建设也卓有成效，一个只有6000万人口的国家建立了11所孔子学院和孔子课堂。在泰国，学习汉语已经成为一种时尚，泰国汉语传播速度在当今汉语国际传播中是一个奇迹。在美国、欧洲，汉语教学的发展势头也非常好，美国大学理事会的调查结果显示，全美有2400多所中小学有意向在近几年开设汉语课，[④] 美国出于国家安全的考虑，投入巨资开展"关键语言"（Critical Languages）教学，而汉语就是六种关键语言之一。在英国、法国、德国、俄罗斯等国家，开设汉语课的学校也在快速增加。这些事实说明，国际汉语教学的时代已经到来。

二、国际汉语教学时代需要有与之相适应的国际汉语教学学科

对外汉语教学正快速向国际汉语教学转变，对外汉语教学学

---

① 中国网：孔子学院影响力独特：4000万洋人学习汉语，2007-03-20。http://www.china.com.cn/international/txt/2007-03/20/content_7987819.htm。

② 吴应辉、杨吉春：泰国汉语快速传播模式研究，《世界汉语教学》，2008年第4期。

③ 国家汉办志愿者中心提供数据。

④ 新华网：国外学中文成时尚，美2400所学校愿开中文课，2006-07-06。http://news.xinhuanet.com/edu/2006-07/06/content_4800553.htm。

科也应该与时俱进，转型为国际汉语教学学科。自20世纪80年代对外汉语教学学科建立以来，我国对外汉语教学学科取得了快速发展，已形成一套自己的理论体系、研究方法，推出了大批研究成果，建立起了本科、硕士和博士三个层次完整的人才培养体系，为中国的对外汉语教学事业做出了应有的贡献。2003年，国家汉办推出的“汉语桥工程”① 开始实施，对外汉语教学开始向国际汉语教学转型。2004年，“国务院批准了国家对外汉语教学领导小组制定的对外汉语教学事业2003年至2007年发展规划——《汉语桥工程》，明确提出了‘集成、创新、跨越’作为对外汉语教学和汉语国际推广工作的发展战略，也就是：集成一切资源要素，采取创新的举措，实现对外汉语教学事业的跨越式发展”②。2005年7月在北京举办的首届世界汉语大会实为汉语国际推广的首次动员大会，来自五大洲66个国家的300多位代表出席了这次大会。此次大会之后，汉语国际推广工作进入了高速发展阶段。

“六大转变”的推出，进一步加快了从对外汉语教学向国际汉语教学的转型。2006年，对外汉语教学向国际汉语教学的转变得到国家汉办等有关部门在政策层面的推动，“针对我国多年来对外汉语教学的主战场在国内，以来华留学生为主要教学对象的传统汉语教学模式不适应国外对汉语的需求状况，提出了转变观念和工作重点，实施六大转变：一是发展战略从对外汉语教学向全方位的汉语国际推广转变；二是工作重心从将外国人‘请进来’学汉语向汉语加快‘走出去’转变；三是推广理念从专业汉语教学向大众化、普及型、应用型转变；四是推广机制从教育系统内推

---

①　汉语桥工程主要包括孔子学院，中美网络语言教学、教材、音像和多媒体制作，国内外汉语教师队伍建设，对外汉语教学基地建设，汉语水平考试，世界汉语大会和“汉语桥比赛”，“汉语桥”基金与援助国外中文图书馆和基本建设9个方面的内容。

②　章新胜：加强汉语的国际传播，促进多样文化的共同发展，《求是》，2005年第16期。

进向系统内外、政府民间、国内国外共同推进转变；五是推广模式从政府行政主导为主向政府推动的市场运作转变；六是教学方法从纸制教材面授为主向充分利用现代信息技术、多媒体网络教学为主转变。六个转变实际包含了三个层面：体制和机制，对象和教学类型，教材和教法。换言之，从过去的‘请进来’、对有一定学历的成年人进行面对面教学，发展到‘走出去’、对社会上各式各样的人进行多种方式的教学，需要全方位的改进和改革”①。这一政策的推出，更加快了传统的对外汉语教学向国际汉语教学的转型。

目前的汉语教学除了我国国内的对外汉语教学之外，还有100多个国家都在开展汉语教学。据教育部公布的数据，2008年共有来自189个国家和地区的22万多（223499）名各类来华留学人员②，与世界各国学习汉语人数相比，仅占不足1%（0.56%，按全世界4000万人学汉语的数字计算）。我国2008年派出的汉语教学志愿者和汉语教师达3000多人，但他们只占世界各国汉语教师中的极小的一部分。这些数据已经充分说明，汉语教学的主体不在国内而在国外。国际汉语教学时代已经到来。因此，我们有必要在传统的对外汉语教学学科的基础上扩充改造，形成与汉语国际传播形势相适应、更有利于学科发展的国际汉语教学学科。对外汉语教学的内涵是“对外国人的汉语教学”，隐含着“老师是中国人，中国老师教外国学生”之意。但进入国际汉语教学时代，当千千万万的外国人就在自己的国度学习汉语的时候，教授他们汉语的老师可能绝大多数都是本国人，对外汉语教学这一名称在中国以外的其他国家就显得不太合适。作为一个学科，其内涵已

① 许琳：汉语国际推广的形势和任务，《世界汉语教学》，2007年第2期。

② 教育部2009年第6次新闻发布会：介绍2008年中国教育对外开放总体情况及出国留学、来华留学事业发展情况。见教育部网站：http：//www.moe.gov.cn/edoas/website18/02/info1237941653766102.htm。

发生了巨大变化，甚至已变化到原有的学科名称不能涵盖的程度，因此，非常有必要用“国际汉语教学”替代“对外汉语教学”。这样，国际汉语教学学科就能很好地涵盖国际汉语教学时代的学科内涵发展需要。尽管形式上对外汉语教学这一名称的使用仍然居主导地位，但现实中对外汉语教学学科已进入了国际汉语教学学科时代。从这个意义上讲，国际汉语教学这一能够充分反映此变化的新的学科名称替代“对外汉语教学”这一传统学科名称实属必然。

此外，现实中，“国际汉语教学”这一术语已在汉语教学界广泛使用，如由世界汉语教学学会定期召开的学术会议的名称确定为“第×届国际汉语教学讨论会”，由美国中文教师协会与中国大学联合定期举办的学术会议的名称确定为“第×届国际汉语教学学术研讨会”，国家汉办 2009 年 4 月与北京语言大学合作建立了“国际汉语教学研究基地”，其中使用的都是“国际汉语教学”，北京外国语大学出版的学术辑刊叫《国际汉语教学动态与研究》(2009 年开始更名为《国际汉语教育》)，国家汉办制定的一套汉语课程大纲叫“国际汉语教学通用课程大纲”，其他使用较多的还有“国际汉语教学创新奖”“国际汉语教学资源展”“国际汉语教学图书展”等。总之，“国际汉语教学”这一术语在没有任何人刻意把它作为学科名称推出的情况下，在现实中已被无声无息地广为接受了。

当然，也有专家认为，应该使用“国际汉语教育”“汉语外语教学”“汉语作为外语教学”“汉语作为第二语言教学”等名称，但笔者认为，“教育”有既教书又育人之意，隐含道德说教之嫌，中国教育特色太明显，毕竟这一学科名称是要涵盖全球汉语教学的，主要任务是“教书”，“育人”之功能宜弱化为佳。而“汉语外语教学”实为“汉语作为外语教学”的缩写，在人们对“汉语作为外语教学”和“汉语作为第二语言教学”两个术语争论不休的今天，“汉语作为外语教学”强调的是汉语在非汉语环境中作为外语的教学，也就是汉语在中国以外的其他国家自己的语言环境下的汉语教学，而“汉语作为第二语言教学”这一术语的内涵存在两种主要争议，一种意见认为，主要指在汉语环境下对外国人或母语不是汉语的其他人的汉语教学，其中也包括对母语非汉语的少数民族的汉语教学，如在中国对外国人进行的汉语教学或对母语为某种民族语言的少数民族的汉语教学；另一种意见认为，“第二语言是根据习得先后顺序来定义的。因此，对那些汉语为非母语者，无论是在美国还是在中国学习汉语，按照时间顺序，汉语都是他的第二语言，只是学习的环境不同。在中国，汉语是在‘第二语言环境’（second language context）习得的，在美国，汉语是在‘外语环境’（foreign language context）习得的。换句话说，第二语言与习得环境无关”①。由此可见，汉语作为第二语言教学不仅在其内涵方面存有争议，而且还存在把“对中国国内少数民族的汉语教学”包括进去的情况，将其作为国际汉语教学时代的反映国际汉语教学现实的学科名称显然不太恰当。综上所述，“国际汉语教育”“汉语外语教学”“汉语作为外语教学”“汉语作为第二语言教学”等名称均存在明显的不足，相比之下，“国际汉语教学”这一名称既能反映汉语走向世界的现实，又能充分反映学科的内涵，而且不带任何道德说教之嫌，显得比较中性，兼顾到了各个方面，作为一个学科名称，应该是最佳选择。当然，也有意见认为，这个学科名称国际接轨程度不够，主要理由是，以英语为例，就没有“国际英语教学”之说。但是，中国应该有自己的创新，中国人应该有勇气创造出一个响亮的学科名称“国际汉语教学”，难说“国际汉语教学”这一名称使用后，世界各国不会

① 王建勤：汉语国际传播标准的学术竞争力与战略规划，《云南师范大学学报》（对外汉语教学与研究版），2010 年第 1 期。

效仿创造出“国际××语教学”等一批学科名称。

三、汉语国际传播研究是国际汉语教学学科的两大组成部分之一

(1) 汉语国际推广、汉语国际传播、国际汉语教学的区别与联系

汉语国际推广、汉语国际传播和国际汉语教学是一组既有联系又有区别的概念。三个概念的共同点是，都与汉语走向世界有关。汉语国际推广主要是作为一项事业的名称来使用，反映汉语的母语国——中国努力把自己国家的语言——汉语推广到世界的主动行为。这一术语曾一度被官方广泛使用，它能充分反映有关机构要把汉语推向世界的主动性、积极性和美好愿望，但会带来“文化侵略”之嫌的负面效应。本人注意到，此术语在正式重要场合，尤其是国际性重大活动中的正式讲话或报告很少使用。汉语国际传播是一个较为中性的学术术语，它能反映汉语走向世界的时代特征，同时也能涵盖与其相关研究领域当前和未来相当长一个时期的学科内涵，同时能为学科发展拓展更广阔的学术空间，是学术界普遍公认并广泛使用的一个国际汉语教学分支学科的学术术语。教育部副部长、国家语委主任郝平2009年5月指出，“当前，要优先发展当代社会急需的分支学科，如语言规划学、语言教学、计算机语言学、法律语言学、播音语言学、汉语国际传播等等”①。汉语国际传播被国家语委主任列入当前应该优先发展的分支学科，说明发展这个分支学科的必要性和紧迫性。国际汉语

① 郝平：大力促进应用语言学发展，为国家的繁荣昌盛做贡献，中国语言文字网：http：//www. china-language. gov. cn/。

教学则是反映全球汉语教学与研究的学科名称，在学科目录中至少应该列为二级学科，是汉语国际传播的上位学科，汉语国际传播是其分支学科，也是国际汉语教学最重要的组成部分。

（2）国际汉语教学与对外汉语教学的关系

国际汉语教学应包括传统的对外汉语教学和汉语国际传播两大部分。之所以把对外汉语教学列为国际汉语教学的两大部分之一，是因为对外汉语教学不论过去、现在还是未来，都是汉语走向世界的重要途径，只不过开展汉语教学的地域不在国外而在国内，开展汉语教学的语言环境是目的语环境而已。国际汉语教学和传统的对外汉语教学的关系是：对外汉语教学是国际汉语教学的前身和重要组成部分，国际汉语教学是对外汉语教学的继承和发展，它拓宽了对外汉语教学的研究视野，使对外汉语教学的交叉性特征更加明显，研究方法更加多样化。国际汉语教学和对外汉语教学是同一个学科，是一脉相承的，但国际汉语教学具有更强的多学科交叉性。之所以使用"国际汉语教学"这个名称，是因为它更能反映汉语国际传播的现实、当前和未来相当长一个时期的学科内涵，同时能为学科发展拓展更广阔的学术空间，总之，更有利于学科的持续健康发展。

从学科归属的角度说，对外汉语教学和国际汉语教学都应该属于语言学及应用语言学，都是一个以汉语言文字教学为基础、关涉到其他许多学科的交叉性学科；对外汉语教学作为国际汉语教学的前身和重要组成部分，经过二十多年的努力，已经建立起了一套初具规模的理论体系，这些理论体系也是国际汉语教学的重要支撑，但国际汉语教学除传统的对外汉语教学理论体系部分外，汉语国际传播方面的理论体系尚处于草创阶段。也有观点认为，对外汉语教学应该属于教育学科，但笔者认为，该学科的基础、主干课程和教学内容均属于语言学，教育学相关内容仅为其中的很小部分，所以，还是应该归入语言学及应用语言学。

从理论基础来看，传统的对外汉语教学以语言学、教育学、心理学、文化学等学科理论为基础，但国际汉语教学除以上学科外，由于汉语国际传播还涉及外交、项目管理、国别文化等方方面面，因此其理论基础还应该包括管理学、文化人类学、传播学、外交学、社会学、历史学、地理学、统计学、计算机科学与技术等。

从研究内容来看，国际汉语教学比对外汉语教学更宽、更广。传统的对外汉语教学，主要研究中国的汉语教师对到中国来学习汉语的外国留学生的汉语教学相关的各种问题，主要侧重于“汉语语言学、汉语习得理论、汉语教学理论和研究方法学等基础理论和总体设计、教材编写、课堂教学、测试评估、教学管理和教师培养等应用研究”①。但国际汉语教学则不仅要研究上述问题，还要研究汉语国际传播相关的各种问题，如世界各国的汉语需求，本土化教材研发，国别化汉语教师的培养，国别化教学理论与方法，孔子学院管理机制、办学模式、布局、评估体系及个案，汉语教学志愿者项目和外派汉语教师项目相关的标准、程序、大纲、教材、管理机制、文化适应等问题，国别语言政策与汉语传播、国别文化与汉语传播、国别政治经济与汉语传播、地缘政治与汉语传播、国际关系与汉语传播、汉语国际传播史等研究领域。由此可见，国际汉语教学的研究内容主要包括两个部分，一是传统的对外汉语教学的研究内容；二是汉语国际传播相关的各种问题。

国际汉语教学主要包括中国国内的对外汉语教学和主要研究汉语走向世界相关问题的汉语国际传播两大组成部分，而国别汉语教学是汉语国际传播的一部分。

国际汉语教学学科建设应该主要抓好以下几个方面：一是学科理论建设，二是学科队伍建设，三是学科人才培养。学科理论

① 刘珣：对外汉语教育学引论，北京语言大学出版社，2001年1月第1版第396页。

建设是最为重要的方面，在继续重视汉语教学研究的同时，要特别重视汉语国际传播理论体系建设和汉语国际传播实践研究，它是国际汉语教学不可或缺的研究领域，可以说，没有汉语国际传播研究，国际汉语教学学科就不完整。因此，开展汉语国际传播研究是国际汉语教学学科建设的需要。目前发表汉语国际传播研究成果的期刊寥寥无几，我们应该努力创办新的专业期刊，或在更多的学术期刊上开辟汉语国际传播研究专栏，以推动这一领域的研究。此外，学科队伍建设是学科建设的另一重要方面。目前研究对外汉语教学的队伍已初具规模，但研究汉语国际传播方面的学者却屈指可数，因此，有必要吸引更多的业内人士参与到汉语国际传播研究的工作中来，力争五到十年内形成一支汉语国际传播研究队伍。人才培养对于一个基础薄弱的学科来说十分重要，除继续加大力度培养对外汉语教学硕士、博士研究生和汉语国际教育专业硕士以外，有必要在硕士和博士层次开设汉语国际传播研究方向，以培养高层次汉语国际传播方面的教学、研究和管理人才，确保国际汉语教学学科后继有人，并能持续、健康、稳步发展。

四、汉语国际传播研究的主要领域

实践需要理论指导，目前汉语国际传播研究严重滞后于汉语国际推广实践①。汉语国际传播对于国际汉语教学工作者来说，既是艰巨而光荣的任务，也是难得的机遇。既然时代呼唤理论，我们就有责任、有义务研究汉语国际传播相关的各种问题，让汉语又好又快地走向世界。可以预言，未来很长一个时期内，世界范

① 吴应辉：加强研究，指导实践，让汉语又好又快地走向世界——汉语国际传播笔谈前言，《云南师范大学学报》（对外汉语教学与研究版）2007 年第 5 期。

围的汉语学习需求将持续快速增长并拉动汉语持续快速走向世界。汉语国际传播实践亟须汉语国际传播研究的支撑，汉语国际传播研究将具有广阔的空间。鉴于汉语国际传播蓬勃发展的形势，笔者认为汉语国际传播研究的主要领域应该包括以下几个方面：

一是汉语国际推广战略研究，包括对中国汉语国际推广的总体战略、国别战略、孔子学院布局战略等方面的研究，同时还应包括各国关于自己国家汉语推广战略的研究。汉语国际推广的总体战略应该成为国家战略的重要组成部分，尤其要配合国家的整体外交战略和国际经贸战略，最好有一定的超前性。因此，汉语国际推广战略研究对汉语国际推广实践具有重要指导意义。

二是汉语国际传播国别问题研究，包括国别教育体制、国别语言政策、国别文化与汉语国际传播等相关问题及国别汉语教学需求研究。汉语国际传播的成功程度，主要体现在汉语进入国民教育体系的程度，因此，我们应该加强汉语国际传播与不同国家教育体制相关问题的研究，努力促成汉语教学进入所在国的国民教育体系。汉语国际传播必须与所在国的语言政策和当地文化相协调。我们应该把所在国语言政策和文化研究透彻，才能做到知己知彼，顺利传播。各国汉语需求的调查研究对于制定汉语国际传播战略十分重要，我们应该加强各国汉语教学需求的调查研究，定性与定量相结合，为制定长期战略提供科学依据。

三是汉语国际传播体制、机制与科学发展研究。汉语国际传播是新生事物，其管理体制与这项事业的整体可持续发展密切相关，项目的运行机制也直接关系到具体项目的可持续发展，如孔子学院及孔子课堂的发展问题研究，汉语教学志愿者项目、公派汉语教师项目的管理机制研究等。因此，有必要及时研究体制和运行机制面临的新情况和新问题。

四是汉语教学的本土化问题研究。在各国汉语教学中，本土化教材、教师、教学法相关问题的研究制约着日常汉语教学的各个方面。国别语言和文化的不同决定了对汉语教材、教师和教学法的不同要求。随着不同国家汉语需求的增长，本土化汉语教材、教师、相关教学法及教学模式等领域的研究必将成为汉语国际传播研究的重要领域。

五是汉语国际传播与国家软实力建设研究。语言传播对提升国家软实力会起到积极作用，但是，通过什么途径、影响力如何测定等都是十分值得探讨的问题。这一领域的量化研究成果对争取国家对汉语国际传播事业的投入将产生积极作用。

六是汉语国际传播典型个案研究。汉语在世界各国的传播模式各具特色，传播效果有所不同，及时总结不同个案的经验与教训，对其他国家和地区的汉语传播有借鉴意义。

七是汉语国际传播的有关标准研究。标准对一个国家或地区的汉语传播来说十分重要，没有标准，无所适从，要制定标准，就必须科学规范。因此，有必要开展适合不同国家和地区的各种汉语教学相关标准研究，如汉语教师标准、不同阶段的汉语课程标准和汉语能力标准、汉语教学大纲、汉语水平测试等方面的研究。

八是汉语国际传播的项目评估体系研究。项目评估有利于确保项目效益，汉语国际传播项目众多，有必要研发相应的指标体系，用于有关项目的评估，以确保汉语国际传播项目的效益。如孔子学院评估指标体系，志愿者及公派汉语教师的离任考评指标体系等。

九是现代教育技术与汉语国际传播研究。汉语国际传播必须与现代教育技术紧密结合，汉语和中华文化教学的多媒体化已非常普及，中国汉语教学技术产品的本土化、网络汉语教学、广播汉语教学、电视汉语教学等相关课题非常有研究和应用价值，对汉语国际传播将产生巨大的推动作用。

十是汉语国际传播史的研究。据张西平教授的观点，汉语和汉字在域外的传播始于商末周初①，对几千年的汉语国际传播史的研究既具有很好的学术价值，同时也将为我们揭开一幅汉语走向世界的历史画卷，将激励更多的汉语教学工作者投身到汉语国际传播事业，并增强其自豪感和使命感。

结　语

汉语走向世界既是中国发展的必然结果，同时也是中国和世界的共同需要。在汉语教学的主要场所已经从中国国内转到世界各地的今天，建立国际汉语教学学科已显得非常迫切。然而，长期以来，由于汉语教学主要在国内开展，人们的研究主要集中在对外汉语教学领域，甚至相当一部分研究属于汉语本体研究，与目前国际汉语教学需求和汉语国际传播形势存在较大差距。在对外汉语教学时代快速转型为国际汉语教学时代的今天，我们的学科需要与时俱进，更多地研究世界各地与汉语教学相关的各种问题，“国际汉语教学”这一名称既能反映汉语走向世界的时代特征，又能涵盖当前和未来相当长一个时期的学科内涵，同时还能为学科发展拓展更广阔的学术空间，且学术界已普遍习惯并广泛使用。我们应该顺应时代的要求，使用“国际汉语教学”这一新的学科名称替代“对外汉语教学”这一传统的学科名称。全面启动国际汉语教学学科建设，加强汉语国际传播研究，推动汉语又好又快地走向世界。

① 张西平：在世界范围内书写中国学术与文化，《世界主要国家语言推广政策概览》，外语教学与研究出版社 2008 年 8 月版。

摘　　要

目前，国际汉字教学的研究仍以来华留学生为主体，且研究内容中以汉字本体研究、习得研究及汉字教学法为主，而针对海外非目的语环境下的汉字教学内容、教学模式、教学标准、教材编写、师资培养诸多问题尚未引起学界关注，国别化的研究十分薄弱，这与目前国际汉语教学迅猛发展的势头十分不符。国际汉字教学的整体滞后必然会在相当程度上对国际汉语教学的发展产生阻碍作用。

进入21世纪，泰国的汉语教学与推广进入了前所未有的繁荣时期，成为全球汉语热中的主力军。目前，泰国汉语教学已经从最初的拓荒阶段经过了飞速发展阶段，进入了稳定成长时期。在这一时期，汉字教学对于汉语教学的基础作用就凸显了出来，并对今后深化汉语教学发挥着推动性的作用。

不过与汉语教学的快速发展相比，泰国汉字教学整体水平滞后。在宏观设计方面，泰国教育部门和汉语教学机构并未对汉字教学予以重视，使得汉字数学处于放任自流、自生自灭的状态；在理论研究层面，已有的一些研究多集中于学习者习得方面（主要是书写偏误分析）和一般的教学法层面，视野相对狭窄。至于泰国汉字教学的关键问题，如教学模式、教学内容、教材编写、教师汉字能力的培养等诸多核心问题，相关研究十分薄弱；在教材编写方面，泰国汉字教材缺乏统一的设计，至今没有制定出汉字教学大纲并编写出一本真正意义上的独立汉字教材；在教学实践层面，汉字教学完全依靠教师在课堂上的自我把握和掌控，汉字教学方法相对单调、落后，教学内容不够全面。很少有学校开辟专门的汉字教学环节，开设独立汉字课程的学校更是十分鲜见。同时，由于教师汉字知识能力和汉字教学能力存在较大的差异，汉字教学很难保证质量，这极大地限制了泰国汉字教学的发展。

针对泰国汉字教学领域存在的问题，研究者运用了多元化的研究方法进行综合研究。1. 文献资料研究法。研究者研读了大量的相关文献（论文、书刊、网站资料、泰国政府汉语教学相关文件等），这使得本课题获得了较为扎实的文献基础，并能从一个相对广阔的视角探讨研究的重点。2. 全球视野借鉴法。本课题借鉴中国母语识字教学成果、第二语言教学中汉字教学的研究成果及汉字教学开展得较好的国家，如法国、日本等国家在汉语教材编写、汉字等级大纲设计等方面的经验。3. 宏观综合分析法。宏观综合分析法以系统论及系统分析为基础，着眼于某一领域重大问题的本质的综合分析，探索各要素之间的关联，以最终统筹解决。4. 实地调查研究法。研究者自 2011 年至 2013 年曾经先后 3 次赴泰进行实地观察，先后考察了 20 多所学校，对这些学校的汉语课程进行了课堂观察，同时收集了各类相关资料，包括学生汉字作业、教师教案及工作总结、课程大纲。5. 问卷访谈调查法。研究者对泰国教育部门官员、中泰汉语教师及汉语学习者进行了问卷调查和访谈调查，内容涉及泰国汉字教学法、学习者汉字认知及习得、教师汉字教学能力等。

在研究内容方面，分为四个部分。第一部分为研究缘起。在绪论一章综述了研究背景意义、内容方法、思路创新点及学界相关研究动态。第二部分在第二章和第三章对泰国汉语教学研究进行了前端分析，内容涉及泰国汉语教学条件分析、泰国汉语学习者分析以及泰国汉字教学条件分析。第三部分为课题主体，在第四章到第十章深入探讨了泰国汉字教学的方方面面，诸如汉字教学模式、汉字教学内容、学习者习得情况、教学原则和方法、课堂教学活动、汉字教学资源、汉语教师汉字能力培养等问题。第四部分为总体思考。在第十一章，针对泰国汉字教学问题提出了总体的解决对策和方案，希望能为泰国汉字教学提供理论和现实的参考依据。

本课题具有如下的意义：1. 有助于促进泰国汉语教学稳健持久的发展。目前，汉字教学已经成为泰国汉语教学发展的障碍，研究泰国汉字教学有助于促进泰国汉语教学稳健持久地发展。2. 有助于推动泰国汉字教学理论与实践的发展。课题能在宏观层面为泰国相关教育决策部门在汉字教学的建设和发展方面提供一些有益的思考；在中观层面，能为泰国汉字教学模式的选择、教学内容的界定、汉字教材的编写、教师能力的培养等方面提供可行的思路；在微观层面，可以将理论思考转化为汉字课堂教学行动的有效实施，使基层一线的汉语教师和广大泰国汉语学习者从中受益。3. 有助于拓展国际汉字教学国别化研究的领域。本课题希望以泰国汉字教学作为切入点，进行汉字教学国别化的专门研究，针对泰国开展的汉字教学国别化研究必将对整个国际汉字教学的发展产生良好的启示。4. 有助于提高泰国汉语师资的汉字能力。

本课题在以下几个方面进行了创新：1. 研究领域比较新颖。本课题属于拓荒型研究，是第一部国别化汉字教学研究的专著，在研究领域上进行了较大的突破，可以在理论和实践层面为泰国汉字教学的发展提供一定的理论支持。此外，本课题对国际汉字教学界前人未曾系统分析的一些关键概念进行了探讨，如“国际汉字教学”学科名称的确定、对汉字教学内容标准的界定、对国际汉字教材的分类、对国际汉语教师汉字能力的构成等，同时提出了国际汉字教学评估标准的“双规制”思路，以及泰国汉字教学对策的五大原则等。这些概念的梳理和关键问题的提炼为国际汉字教学学科的发展提供了有力的学术支持。2. 研究方法较为全面。本课题运用了多元研究方法，多种方法的综合运用十分有助于解决泰国汉字教学这一较为重大的研究问题。3. 研究角度较为丰富。本课题从构成外语教育的四个基本因素（教学任务、学生、教师和教学环境）入手进行全面的分析和探讨，突破了以往汉字教学主要从学科知识和学习者两个因素入手的局限。特别是将泰国非目的语教学环境因素作为十分重要的因素纳入研究范畴，这也必将使该研究呈现崭新的面貌。4. 研究意义较为重大。本课题能在一定程度上填补国际汉字教学系统研究（特别是泰国汉字教学）的空白，将汉字教学国别化的研究向前推进，并能对泰国汉语教学及汉字教学起到积极的推动作用。

关键词：汉语国际传播　泰国汉语教学　泰国汉字教学　国别化汉字教学

目　　录

图表目录

第一章

第二章

第三章

第四章

第五章

第六章

第七章

第八章

第九章

第十章

第十一章

第一章　绪　论

第一节　选题背景及研究意义

一、选题背景

1. 泰国汉语教学迅猛发展

随着当今中国在经济、政治、文化及综合国力等方面的持续发展，我国在世界上的地位日益提高，国际影响力也在不断扩大。另外，随着汉语国际传播力度的加快，国际汉语学习的主体已经由国内迅速转移到了海外，汉语学习者的主流人群也随之发生了地域性的迁移，于是世界范围内的很多国家和地区都掀起了学习汉语的热潮。据统计，全球现在学习汉语的人数已经超过了4000万。随着汉语快速走向世界，对外汉语教学时代正在转型为国际汉语教学时代。①

自20世纪90年代起，中泰两国之间的贸易发展迅速，两国之间经济、教育、文化等方面的往来逐年提高，这大大促进和带动了泰国汉语教学的发展。泰国诗琳通公主也率先垂范，20年如一日坚持学习汉语。在诗琳通公主的影响和带领下，泰国官员、皇室成员也都非常重视汉语在泰国的推广，泰国的汉语教学与推广

---

① 吴应辉：《国际汉语传播研究理论与方法》，北京：中央民族大学出版社，2013年。有关“对外汉语教学”与“国际汉语教学”概念的区别详见本章第三节“关键概念界定”。

进入了前所未有的繁荣时期，泰国成为全球汉语热中的主力军。在全球汉语的热潮中，泰国汉语传播速度在当今汉语国际传播中成了一个奇迹①。

如今汉语已经成为泰国高考外语考试中可考的语言选择之一。泰国一流的大学，如朱拉隆功大学、法政大学等，都认可汉语作为高考外语类的考试成绩。2009 年，选择汉语作为外语考试科目的高中生将近一万人。②

由于汉语教学得到了从王室到政府及社会各界的高度重视，中国政府也对泰国汉语教学给予了大力的支持与援助，因此汉语在泰国成为继英语之后学习者最多、最重要的语言。

目前，泰国开展汉语教学的中小学超过 2000 所，有几十所大学开设了中文系和中文课程，并且中泰已经合作建立了 12 所孔子学院、11 个孔子课堂，越来越多的私立教育机构也开始开设汉语课程，学前阶段的汉语教学也正在迅速发展。泰国学习汉语的学生人数从几年前的 8 万已迅速发展到目前的 80 多万③。

现在，在汉语教学的规模方面，泰国逐渐形成了从幼儿园到大学汉语教学以及各种汉语教育培训班的规模化发展格局。④ 在汉语教学的地位方面，泰国已经将汉语教学上升到了提高国家竞争力的高度⑤，汉语作为第二语言教学的前景十分乐观喜人。

毫无疑问，泰国已经成为 21 世纪世界上开展汉语教学最红火、

---

① 吴应辉：《国际汉语教学学科建设及汉语国际传播研究探讨》，《语言文字应用》，2010 年第 3 期。

② 丁米（泰）：《 泰国大学汉语课程教学改革研究》，华东师范大学博士学位论文，2011 年。

③ 泰国中华网：《许琳：泰国学习汉语人数达 80 万 ，3000 学校开课》，2012 年。

④ 杜宗景、缑广则：《泰国汉语教学问题分析及对策》，《经济与社会发展》，2011 年第 7 期。

⑤ 李峰：《泰国汉语教育的历史、现状及展望》，《国外社会科学》，2010 年第 3 期。

发展最迅猛的国家，正处在极为难得的“黄金发展期”①。因此泰国的汉语教学在国际汉语教学中具有非同一般的地位。

2. 泰国汉字教学理论与实践严重滞后

汉字是汉语的书面形式和载体，是汉语的细胞和因子，与汉语有着极为深层次的关系。国际汉字教学开展得如何，直接关系到国际汉语教学的发展水平。②

近年来，随着汉语教学在世界范围内的迅速推广，国际汉语教学取得了显著的成效，但是汉字教学总体上还未取得十分令人满意的成果（白乐桑：1997；周健：2007；万业馨：2012 等），与国际汉语教学快速发展的态势呈现出鲜明的对比。直到 20 世纪 90 年代中期以前，学界对汉字教学的重视仍然不够。在教学层面，最突出的问题就是汉字教学严重滞后于口语、听力教学。吕必松教授认为，把“字”和“句子”作为教学内容的基本单位，把汉字排除在语言要素之外，使其成为词汇的附属品，这样的教学路子没有反映出汉字和汉语的特点，至少没有像重视语音、语法教学研究那样去重视汉字教学研究。③ 在研究层面，很多研究者更多地注意到了汉字的本体系统，注意汉字自身固有的属性等，而对面向世界范围的汉字教学规律的研究则十分薄弱，致使国际汉字教学在教学原则、方法、模式、教学资源等方面的研究存在诸多不足，从而导致汉字教学学科进展速度较为缓慢，汉字学习也始终成为全球广大汉语学习者学习汉语的一个障碍和瓶颈。

近些年，国际汉语教学中的汉字教学有了长足的发展，不过目前关于汉字教学理论与实践的研究却仍主要立足于中国国内来

① 柯绣球（泰）：《泰国大学汉语教育教材使用情况调查分析》，广西大学硕士学位论文，2011 年。

② 学界在很长一段时间内使用“对外汉字教学”概念，对于这一概念，本课题均称为“国际汉字教学”。二者的区别详见本章第三节“关键概念界定”。

③ 吕必松：《汉字教学与汉语教学》，载《汉字与汉字教学研究论文选》，北京：北京大学出版社，1999 年。

华留学生，专门针对海外汉字教学的研究并未引起足够和广泛的关注①。汉字教学国别化问题缺乏较为系统的理论研究和积极尝试，这将直接影响海外汉字教学的效果，也必然会影响国别化汉语教学的整体发展。

目前，泰国汉语教学迅猛发展，已经从最初的拓荒阶段经过了飞速发展的阶段，进入了稳定成长的阶段。在这一时期，汉字教学在汉语教学中的基础作用就凸显了出来，并对今后深化汉语教学发挥着推动性的作用。泰国汉字教学近些年已经积累了一定的成果，不过与泰国汉语教学的快速发展相比，整体水平严重滞后。

在宏观设计方面，泰国教育部门和汉语教学机构并未对汉字教学予以重视，因此在汉字大纲标准建设、汉字课程设置、教学资源建设、教学理念等方面缺乏深入的思考和统一的设计。可以说，泰国汉字教学在宏观设计方面尚处于放任自流、自生自灭的状态。

在理论研究方面，泰国学者的研究基本空白，中国学者的研究则多集中于学习者习得方面（主要是书写偏误分析之类的静态研究）和一般的教学法层面。至于泰国汉字教学的关键问题，如教学模式、教学内容、教材编写、教师汉字能力的培养等诸多核心问题，相关研究十分薄弱，几乎处于空白状态（详见第一章第二节“相关文献梳理”及“参考文献”第三部分“泰国汉字教学文献”）。

在教材编写方面，泰国汉字教材缺乏统一的设计，综合教材中汉字教学部分的设计基本上依赖于语法、词汇等项目的设计，

---

① 笔者对近10年来《世界汉语教学》、《语言教学与研究》、《汉语学习》及《语言文字应用》等学科权威核心期刊发表的汉字及汉字教学的文章进行统计，发现针对海外教育情境而展开的汉字教学研究的文献远远少于针对来华留学生的汉字教学研究文献的数量。

很多教材的汉字部分止步于笔顺的介绍，没有更为深入的内容；为综合课配套编写的汉字练习册寥寥无几；至于独立、完整的泰国本土汉字教材至今还没有出现（详见第九章“泰国汉字教学资源的分析与思考”）。

在教学实践方面，至今没有制定出汉字教学大纲并编写出一本真正意义上的独立汉字教材，并且很少有学校开辟专门的汉字教学环节，开设独立汉字课程的学校更是十分鲜见（详见第三章第四节“泰国汉字教学发展现状”）。同时，由于教师汉字能力存在较大的差异，汉字教学完全依靠教师在课堂上的自我把握和掌控，教学中具有较大的随机性和随意性，汉字教学很难保证质量，这极大地限制了泰国汉字教学的发展。在课堂教学中，汉字教学方法相对单调、落后，教学内容不够全面，汉字技能的训练不够扎实（详见第十章“泰国汉语教师汉字能力的培养”），“一些可作为部件的常用字及构词能力很强的字没有教，学生识字量远远不够。”① 同时，据本研究者的课堂观察及与泰国汉语教师的访谈中得知，泰国汉语教师无暇顾及汉字知识的讲解，汉字文化的传授也不成系统，这一现象较为普遍。

在教学效果方面，由于缺乏必要的汉字教材作为支持、缺乏必要的课程设置作为保证，加之汉语教师汉字能力有所欠缺，泰国汉字教学效果欠佳，学生汉字笔画、笔顺错误比较严重，部件意识不够清晰，汉字能力水平参差不齐（许翠英：2008；梁海燕：2012；姜美玲：2012；吴有进：2013 等）。可以说，泰国学生整体的汉字能力不要说跟日本韩国学生相比，就是与法国学生相比，也存在着一定的差距。

无论在语言学和教学理论方面，在教材的编写原则方面，甚

---

① 许翠英：《泰国汉字教学的现状与教学对策研究》，厦门大学硕士学位论文，2008 年。

至在课程设置方面，不承认中国文字的特殊性以及不正确处理中国文字和语言特有的关系，正是汉语教学危机的根源①，泰国汉字教学也无可避免地面临着这样的危机。

3. 研究者个人的背景因素

本研究者从事国际汉语教学及国际汉字教学的教学实践和理论研究达 20 年，在教学科研两方面进行了一定的积累。

研究者自 20 世纪 90 年代中期开始从事国际汉语教学工作（当时称为“对外汉语教学”）。在近 20 年的教学中接触了很多泰国汉语学习者。自 1996 年开始，研究者多次担任独立汉字课的教学工作，编写和设计独立汉字课的教学实验教材。近些年，多次为赴泰国和东南亚各国的汉语志愿者教师进行汉语教学和汉字教学技能的培训。2009 年起，本研究者为本校国际汉语教育硕士开设专业必修课《汉字教学与汉字文化》（本研究者更愿意称其为《国际汉字教学概论》）。研究者多年来在《汉字文化》、《汉语国际传播研究》等学术刊物上撰写了多篇有关国际汉字教学方面的文章，还指导本人的研究生撰写了 3 篇（共约 20 万字）有关汉字教学和汉字教材方面的硕士论文。

在汉字教材的编写方面，本研究者也进行了一定的实践：与邓秀均女士运用体验理念合作编写了《体验汉字》系列教材，该教材于 2008 年和 2010 年由高等教育出版社出版，并于 2014 年被翻译成德语，在德语区发行。该套教材运用了较为先进的体验理念编写而成，是新型的国际汉字教材，这套教材也可视作我们多年汉字教学实践的成果。

同时研究者自 2011 至 2013 年先后三次赴泰国进行实地考察，足迹遍及泰国南部中部北部的 20 多所学校，获取了大量的有关泰

① 白乐桑（法）：《汉语教材中的文、语领导之争：是合并，还是自主，抑是分离？》，载《第五届国际汉语教学讨论会论文选》，北京：北京大学出版社，1997 年。

国汉字教学方面的信息，较为全面地了解了泰国汉字教学所处的状况和困境，因此对于泰国汉字教学有一种深深的忧患意识，这也是促成研究者对本课题进行研究的一个十分重要的原因。

二、研究意义

1. 有助于促进泰国汉语教学稳健持久地发展

有学者认识到，目前国际汉语教学已经由规模扩大的初创时期进入到了进一步提高教学质量的转型时期。① 在这一时期，汉字教学的作用日益凸显出来。

国际汉字教学是国际汉语教学中的一个难点，“是提高对外汉语教学效率的一个重要制约因素”②，对于提高泰国汉语教学的效率和质量非常关键。目前，在泰国这个汉语教学发展迅速的国家，汉字教学已经成了桎梏其汉语教学发展的障碍，成为学习者汉语学习的瓶颈。泰国汉字教学在理论和实践层面的严重滞后必将制约泰国汉语教学稳定、长期、高效的发展，泰国汉字教学研究已经成为泰国汉语教育部门及推广机构不得不面临的重大问题。因此研究泰国汉字教学可以促进泰国汉字教学在汉语教学中发挥更大的作用，有助于促进泰国汉语教学稳健持久地发展。

2. 有助于推动泰国汉字教学理论与实践的发展

泰国的汉字教学以往都集中在华文学校的华文教学里③，属于母语教学的范畴，其教学方法也十分传统。随着华文教学向第二语言汉语教学的逐步转型，泰国汉字教学也由母语教学范畴转向了第二语言教学的范畴，原有的母语教学的思路、理念、方法已不适合当前的形势，由此诸多研究亟待跟进。

---

① 赵金铭：《汉语国际传播研究概述》，《浙江师范大学学报》，2008 年第 5 期。

② 赵金铭：《对外汉语教学概论》，北京：商务印书馆，2005 年。

③ 许翠英：《泰国汉字教学的现状与教学对策研究》，厦门大学硕士学位论文，2008 年。

相比于泰国如火如荼的汉语教学，第二语言中的汉字教学是泰国汉语迅速传播中的一个亟须解决又非常薄弱的环节，一直受到忽视。近些年已有的研究多集中在汉字习得方面，视野非常狭窄（具体情况见第一章第二节“相关文献梳理”）。随着汉语教学在泰国的全面展开以及人们对第二语言教学理论和实践认识的深入，泰国汉字教学存在的诸多问题业已逐步显露出来。由此，学者们认识到泰国的汉字教学应引起高度重视，应该根据泰国汉语教学的实际来开展相关理论的探索和教学实践方面的研究，以推动泰国汉字教学的深入发展。

本课题具有一定的系统性，在宏观层面，可以为泰国相关教育决策部门在汉字教学的建设和发展方面提供一些有益的思考；在中观层面，可以为泰国汉字教学模式的选择、教学内容的界定、汉字教材的编写、教师能力的培养等方面提供可行的思路；在微观层面，可以将理论思考转化为汉字课堂教学行动的有效实施，使基层一线的汉语教师和广大泰国汉语学习者从中受益。

3. 有助于拓展国际汉字教学国别化研究的领域

随着汉语国际传播的发展以及国际汉语教学学科的逐步完善，汉语教学国别化问题正成为学界的研究热点。国别化问题如果得以妥善解决，必将使国际汉语教学学科发展得更为深入。本课题即为汉字国别化研究的专门成果。

在国际汉语教学迅猛发展的同时，面向世界范围的“国际汉字教学”学科则正处于起步阶段。出于对汉字国别化问题以及对泰国汉语教学的关注，本研究者开始对泰国汉字教学这一全新领域进行研究。对于泰国汉字教学进行深入系统的研究，必将对国际汉语传播背景下国际汉字教学学科的发展形成积极的推动作用。

4. 有助于提高泰国汉语师资的汉字能力

汉语师资短缺及质量不佳一直是困扰各国汉语教学界的一个重要问题，泰国也面临着汉语教学师资能力的更新和发展这一问题。几乎所有涉及泰国汉语师资的文章都提到目前泰国汉语师资存在量与质两个方面的短缺和不足。

要想提高泰国汉语教师的汉字能力，首先需要了解“汉字能力”的内涵。本课题将国际汉语教师的汉字能力分为“汉字知识能力”、“汉字运用能力”及“汉字教学能力”三个子能力（详见第十章第一节“国际汉语教师汉字能力的构成”）。学界研究发现，相当多的泰国本土汉语教师都缺乏汉字能力的系统训练。此外，每年赴泰国工作的汉语志愿者教师为1000多人，居世界所有国家汉语志愿者教师数量之首，我国每年还通过侨办或其他机构向泰国输送汉语教师。这些输入型往往教师缺乏汉字教学理论和实践层面的能力，因此在对广大赴泰汉语教师进行培训的过程中，泰国本土特色的国别化汉字教学应是其中必不可少的一个重点内容。

针对泰国汉语师资汉字能力培养的国别化研究将有助于泰国汉语教师和汉语志愿者教师汉字能力的培养和提高。

第二节 相关文献梳理

限于篇幅，本小节主要针对2000年以后发表的文献进行梳理。

一、国际汉字教学学科发展的相关研究

20世纪90年代中期以前，国际汉字教学（当时称作“第二语言教学中的汉字教学”或“对外汉字教学”）处于十分边缘的地位。90年代中期以后，学者们对于第二语言教学中汉字教学的学科性质、特点、理念等进行了初步的探讨，这对于确立该学科的地位发挥了很大的作用。不过，就研究内容而言，学者们的研究多集中在汉字本体知识的教学理论以及来华留学生的教学方法、

习得研究等方面。

进入21世纪，国际汉字教学在教学法研究、教材编写和教学对象汉语习得等领域取得了丰硕的成果，汉字国别化研究也开始渐露端倪，逐步开始形成相对全面的汉字教学学科体系，汉字教学进入了一个较为良性发展的轨道。

1. 有关国际汉字教学学科认识和学科发展的研究

学者们对国际汉字教学学科的整体发展，如学科任务、学科教学目标、学科发展阶段、汉字教学的本位观以及汉字教学的层次性等方面提出了思考。相关研究包括：刘珣（2002）在《汉语作为第二语言教学简论》中探讨了汉字教学的任务，即以现代汉字形、音、义的构成特点和规律为教学内容，旨在培养学生的认读和书写能力；李大遂（2002）在《对外汉字教学发展与研究概述》中对汉字教学发展阶段、汉字教材、汉字教学法和教学对象研究等方面进行了总结；张朋朋（2005）在《语言能力和文字能力》中提出对外汉语教学应以字为本位进行教学；朱轶（2005）在《新世纪对外汉字研究情况综述》中从宏观的整体发展、微观的学习策略和学习方法角度进行了比较分析。尹秀娟（2008）在《近十年对外汉字教学研究综述》中从汉字的教与学两方面进行了研究概述；田艳（2009）在《关于对外汉字教学层次性原则的思考》中针对现阶段汉字教学存在的问题，从汉字教学阶段、识字量、教学法、字词关系等角度，对汉字教学层次化问题进行了较为全面的分析。此外，张景业（2001）、潘先军（2005）、孙德金（2006）等也都对汉字教学的学科发展提出了独特见解。

2. 有关国际汉字教学法方面的研究

国内外的学者对不同的汉字教学法进行了积极的研究和大胆的尝试，这些研究涉及母语识字教学法对国际汉字教学的启示、具体汉字教学法的讨论、汉字教学法的创新等方面。相关论文包括：田艳（2000）在《母语识字教学及其对对外汉字教学的启示》

中探讨了母语识字教学法在对外汉字教学中的借鉴；陈曦（2001）在《关于汉字教学法研究的思考与探索——兼论利用汉字“字族理论”进行汉字教学》中结合儿童识字中的字族教学法，论述了汉字教学中运用字族理论的可行性；石传良、罗音（2007）在《理据识字法是对外汉字教学的重要方法》中对理据识字法进行了分析和思考；张熙昌（2007）在《论形声字声旁在汉字教学中的作用》中提出了利用声旁进行汉字教学的具体方法；彭万勇（2009）在《对外汉字字源教学法构建研究》中分析了传统教学法的不足，并对字源教学法进行了全面的论述；于冰（2010）在《基于认知基础上的对外汉字部件教学研究》中全面探讨了汉字部件教学法。此外，梁彦民（2004）、杜丽荣（2004）、崔永华（2008）等也从各自的角度对汉字教学法提出了有益的思考。

3. 有关国际汉字教材编写方面的研究

进入21世纪，国际汉字教材的研究日益丰富，一般来说这些教材可以分为综合类汉语教材中的汉字教学材料、为综合教材配套编写的汉字练习册和独立的汉字教材三大类（详见第九章“泰国汉字教学资源的分析与思考”）。

目前主要的研究多集中在综合类汉语教材中汉字部分的分析。相关的研究包括：王瑞烽（2002）在《对外汉字教学研究——基础汉字教材的汉字教学内容分析》中分析了13部比较有影响力的综合类教材，提出了汉字教材的编写原则。相关的研究还有很多，如汪东宪（2006）、马燕华（2007）、杨诗硕（2012）、李平（2010）、祝雅婷（2013）等。以上是针对综合类汉语教材中汉字部分的分析。

随着独立型汉字教材的不断出现，针对这类汉字教材的研究也有所增加，相关研究有：易嵘（2007）在《对外汉语教学中的汉字教材研究》中选取了7本汉字教材进行了对比分析，并就对外汉字教材编写的不足提出了建议。此外，陈霞（2011）、李林钊

(2012)等也对该领域进行了研究。另外，开始有文章针对汉字教材中的某个部分，如汉字知识、教材练习进行研究，如李香平(2008)在《留学生高级汉字课汉字知识教学与教材编写研究》中对高级阶段留学生汉字教材中的汉字知识进行了分析；刘婷(2009)在《初级阶段对外汉字教材练习设置与编排研究》中通过对比不同的练习，分析了初级阶段汉字教材应遵循的原则；陈胄(2012)在《对外汉字知识体系及教材编写研究》中对四部汉字教材的知识体系进行了分析；刘畅(2014)在《对〈汉字速成课本〉和〈体验汉字〉练习的分析与思考》中对《汉字速成课本》及《体验汉字》两本颇具影响力的教材练习进行了全面的对比分析。与上述文章不同，柳燕梅(2002)在《从识记因素谈汉字教材的编写与原则》中从识记的角度探讨了汉字教材的编写。

4. 有关教学对象汉字习得过程的研究

学习者汉语习得研究在20世纪90年代便取得了较为丰硕的成果。进入21世纪，针对汉语学习者汉字认知规律、汉字学习策略、书写偏误分析等方面的研究更为丰富，成为该学科的一大亮点。

1）汉字认知研究

留学生的汉字认知研究涉及学习者构形意识、学习心理等方面，研究方法多为量化研究和实验研究。相关的文献有包括：鹿士义(2002)在《母语为拼音文字的学习者汉字正字法意识发展的研究》中以母语为拼音文字的汉语学习者为实验对象进行研究。得出的结论是，初级阶段汉语学习者的汉字构形意识基本没有形成；中级阶段汉语学习者汉字构形意识已经初显端倪；高级阶段汉语学习者的汉字构形意识已经萌芽。江新(2003)在《初学汉语的美国学生汉字正字法意识的实验研究》中对美国学生的汉字构形意识发展进行了考察。实验结果表明，初学汉语不到半年的美国学生已经具备了明显的汉字构形意识。她的实验结论将欧美学生汉字构形意识萌发时间推进到了半年。王建勤(2005)在

《外国学生汉字构形意识发展模式研究》中通过对不同习得模式的分析以及对教学对象字形意识构建的实验研究，得出了汉字模型建构认知的规律和意义。徐彩华（2010）在《汉字认知与汉字学习心理研究》一书中从认知心理学的角度对留学生的汉字认知特点进行了分析。

2）汉字学习策略研究

汉字学习策略研究近些年成为汉字习得研究的一个热点，研究方法也从一般的实验调查等方法发展到运用个案研究方法进行研究。江新、赵果（2001）在《初级阶段外国留学生汉字学习策略的调查研究》中设计了一个有一定信度和效度的汉字学习策略量表，并对初级阶段外国留学生的汉字学习策略进行了分析。其他的一些研究还有马明艳（2007）《初级阶段非汉字圈留学生汉字学习策略的个案研究》、何琼（2008）《初级阶段欧美学生汉字学习策略与教授方法研究》、范祖奎（2008）《中亚留学生汉字学习策略的国别差异分析》等。

3）汉字书写研究

汉字书写研究的文献也较为丰富，研究者基于语料库、学习者的作业、动态书写过程研究等对汉字书写的一般偏误、笔顺偏误等展开研究。相关研究包括：施正宇（2000）在《外国留学生字形书写偏误分析》中分析了留学生在汉字书写中出现的问题，进而提出了汉字教学的原则和方法；肖奚强（2002）《外国留学生汉字偏误分析》从部件的角度讨论外国学生成系统的汉字偏误，包括部件的改换、部件的增加和减损以及部件的变形与变位；郝美玲、范慧琴（2008）在《部件特征与结构类型对留学生汉字书写的影响》中探讨了部件特征与结构类型对留学生汉字书写的影响；崔岑岑和侯博（2008）在《留学生汉字书写偏误举隅分析》中通过分析留学生汉字书写中的错误，提出了汉字教学中的应对对策。其他的文章有高立群（2001）的《外国留学生规则字偏误分析——基于中介语语料库的研究》、江新和柳燕梅（2004）的《拼音文字背景的外国学生汉字书写错误研究》、安然和邹艳（2007）的《非汉字圈学生的笔顺问题》等。

二、汉字教学国别化问题的相关研究

在汉字教学的研究中，国别化研究近些年才逐渐引起学界的重视，因此有很大的研究空间。

进入21世纪以前，中国国内学习汉语的外国留学生主要是日韩学生或东南亚学生，这些学生具备一定的汉字基础，因此也被冠以“汉字文化圈”学生，并被作为同一类群体进行分析。近些年，一些学者，如卞觉非（1999）、周小兵（1999）、冯丽萍（1998）等开始关注除“汉字文化圈”学生以外的“非汉字文化圈”的学生，这些学生的母语是拼音文字。学者们认为，不同语言文化背景的学生，其语言的习得规律会有所不同，汉字的认知过程也会不同，因此应该将这两类学习者进行区分，且汉字教学的重点应是无汉字背景的学生。这一观点在当时具有较大的意义。

可以看出，20世纪90年代，在汉字教学界已经开始将学习者进行了区分，即“汉字文化圈”学习者和“非汉字文化圈”学习者。这一思想一直延续到进入21世纪之后的几年。

随着国际汉语教学的迅猛发展，学者们发现，将学习者进行二分法的做法已经不适合国际汉语教学的形势，已不能满足学习群体多样化的现实。因此，国际汉语教学界又出现了将“中亚”、“西亚”、“东南亚”等区域性学习者作为研究对象的研究，尽管这些研究基本上以来华留学生为主，但仍然使得汉字教学向“国别化”的方向迈进了一步。

2000年以后，有关汉字国别化研究又向前推进了一步。主要成果有：北京语言大学“外国留学生错字别字数据库”课题组（2006）将外国学生分为四类：欧美各国及其他拼音文字背景的学

生、日本学生、韩国学生与东南亚各国的学生，这一分类将日语背景和韩语背景的学习者区分出来，较之以往的国别化研究方面又进了一步。其他一些国别化的研究有王笑楠（2009）《越南留学生汉字书写偏误分析》、陈建萍（2008）《韩国留学生汉字学习字形偏误浅析》、丁安琪（2011）《法国中学生汉字学习情况调查与分析》、薛飒飒（2011）《意大利学生汉字学习情况研究》、马三思（2012）《老挝学生汉字学习难点探索》、黎氏春草（2011）《越南顺化佛学院僧尼学生汉字学习与教学情况调查》、伊丽娜·伊力哈木（2012）《初级阶段吉尔吉斯斯坦学生汉字学习策略与教授方法研究》、黄进勇（2013）《越南大学生汉字书写偏误及汉字教学现状研究》等。

但是针对海外非目的语环境下的汉字教学研究仍然十分薄弱。相比之下，针对非目的语环境下的泰国汉字教学研究受到了一定的关注。

三、泰国汉语教学方面的相关研究

有关泰国汉语教学的研究近些年发展迅猛，2005 年以后的研究尤为突出。主要研究人员可分为两大类，第一大类是泰国研究者，第二大类是中国研究者，这类研究者又分为两类，一类是专家学者，一类是中国硕士毕业生。其中中国硕士一般都具有在泰国担任汉语教师或汉语志愿者教师的经验，论文因此涉及了泰国汉语课堂教学的方方面面，虽然这些文章在理论层面水平参差，但是却为学界提供了丰富的一手研究资料。

1. 泰国学者的研究

21 世纪以来，泰国汉语教学问题引起了泰国学者的关注。吴琼、李创鑫（2001）在《泰国华语及华语教育现状》中阐述了泰国华文教育的发展历史。杨作为（2003）在《泰国汉语教育的过去、现在与将来》中指出了泰国华文教育现状与存在问题，如缺乏教学大纲、教材的选择不规范、学生汉语基本知识差等问题。黄汉坤（2005）在《泰国高校泰籍汉语教师及汉语教学状况》中分析了泰国高校的教师、课程和教材三方面的状况。蔡巧娟（2006）在《泰国华文教育历史、现状与问题研究》中梳理了泰国各时期的汉语教育历史，指出了泰国汉语教育的主要问题，如汉语教师匮乏、教学方式不丰富、课程设置缺乏连续性和系统性等问题。

2008年，泰国朱拉隆功大学亚洲研究所中国研究中心出版了《泰国华文教学系列研究》报告。该报告通过大量的调研，对泰国各教育阶段或主题的汉语教育状况进行了研究。报告具体内容包括：1）泰国各教育阶段的汉语教育历史；2）泰国政府推动汉语的战略；3）各教育阶段汉语教育相关的信息，包括学习人数、开设汉语的学校等；4）各教育阶段的汉语课程、教材使用和汉语教育管理相关问题；5）汉语师资培养、汉语教师职业发展机会；6）现代科技的使用与提高泰国汉语教育的关系；7）汉语毕业生或人才的就业情况；8）中泰汉语教育合作项目。该报告是目前为止有关泰国汉语教学状况比较完整的研究。

近几年，一些泰国籍硕士博士论文也将研究聚焦于泰国汉语教学领域。主要研究包括：何丽英（2010）在《泰国华侨学校汉语教学研究》中探讨了泰国华侨学校汉语教学的情况；丁米（2011）在《泰国大学汉语课程教学改革研究》中指出泰国汉语存在课程设置、师资队伍和教学方面的问题，建议泰国政府制定从基础教育到高等教育衔接一体的课程大纲；冯忠芳（2011）在《泰国中小学本土汉语教师发展的历史考察与标准研究》中对“泰国中小学本土汉语教师标准”的制定提出了顺应国家汉语政策、符合国家教师标准、适应本土教育模式、突出汉语教育特点、树立国际合作交流意识五项原则；潘素英（2011）在《泰国中小学汉语课程大纲研究》中提出了制定“泰国中小学汉语课程大纲”

要遵循的四项原则：符合国家要求、以学生为中心、尊重权力下放的教育制度、充分考虑教育机构的自主性；龙伟华（2012）的《泰国汉语能力标准研究》提出了制定汉语能力标准研究的三个具体方法和六项基本原则；韩丽（2014）在《泰国高中汉语教学的调查与思考——以泰国北榄易三仓学校为例》中以泰国北揽易三仓中学为例，运用调查和访谈等方法对泰国高中汉语教学进行了较为全面的分析。

2. 中国学者的研究

中国国内的学者针对泰国汉语教学的研究也相当丰富，也有个别文章是中泰两国研究者合作完成的。主要研究包括：

2010 年以前的研究主要包括：吴应辉、郭骄阳（2007）在《泰国汉语教学志愿者项目调查报告》中通过对泰国 170 名志愿者的调查访谈以及对泰国教育部有关官员的访谈调查，对赴泰国志愿者项目的诸多方面进行了总结；方雪（2008）在《泰国汉语教学与汉语推广研究》中指出，大多数泰国中小学生在汉语学习的过程中表现出目标不明确、存在畏难情绪等。程爽（2008）在《基于对比实验的泰国儿童汉语教学模式研究》中对泰国南部一所幼儿园的汉语教学进行了为期一个学期的跟踪调查，提出了针对泰国儿童课堂汉语教学的最佳方法和模式；孙欢（2009）在《关于泰国中小学汉语教学的思考与建议》中分析了泰国中小学汉语教学的现状，并提出了一些建议；冯忠芳（泰）、吴应辉（2009）在《泰国清迈府中小学汉语教学调查研究》中对泰国清迈府中小学汉语教学进行了较为全面、充分的调查，并提出了相关建议。

2010 年以后的研究包括：李昊（2010）在《中泰合作背景下泰国高校汉语教学的发展及问题》中从泰国教育管理及中泰合作角度讨论了泰国高校汉语教学中的成绩和主要问题；李珊（2010）的《泰国汉语教学中非语言教学手段的运用》一文从教室环境、体态语、直观教具等多个方面分析了泰国汉语教学情境中非语言教学手段的运用；李丹（2012）在《试论泰国初中、小学汉语课堂教学特点及教学》中对泰国中小学汉语课堂教学的现状、特点、教师及学生的状况、存在的问题等进行了较为全面的分析；田艳（2012）在《泰国汉语教学调研报告》中运用实地调查、访谈、课堂观察、召开小型座谈会等研究方法，对泰国汉语教学中的一些关键问题进行了分析和探讨：1）对泰国汉语课堂有效性的观察与思考；2）汉语教师志愿者的文化适应和心理支持；3）泰国汉语教学“教育信息服务系统”的建立与完善；陈丽亮（泰）、田艳（2012）在《对泰国少儿汉语教材的分析与思考——以三套不同类型的汉语教材为例三套》中以中方编写的《体验汉语小学版》、中泰双方合作编写的《汉语入门》以及泰方独立编写的《学汉语》三部教材为研究对象，探讨了这三类教材的优缺点。此外，还有不少硕士学位论文探讨了各类泰国学校汉语教学的情况：如谢美（2011）、郝琳琳（2011）、范玮（2012）、刘婵（2012）、葛琳（2012）等。

中泰两国学者的研究为人们了解泰国汉语教学的全貌提供了基础。

四、泰国汉字教学方面的相关研究

在泰国政府层面，教育部发表了汉语教学的权威标准《2008年汉语教学大纲》以及促进泰国汉语教学的五年战略规划《泰国促进汉语教学，提高国家竞争力战略规划（2006—2010）》。在这两个重要的权威性的汉语教学标准中，对于汉字教学的标准几乎只字未提。本研究者在泰国调研期间对泰国教育部相关官员的访谈中也了解到，泰国教育部目前尚未将汉字教学作为一个重点来进行全面的研究。因此汉字教学从泰国政府层面就处于受忽视的状态。

在学术研究层面，本研究者发现，近十年来泰国汉字教学的研究开始增多，2010 年以后更是取得了不少的成果。截至 2015 年 1 月，本研究者共检索出 44 篇论文，不过相关成果主要集中在学习者汉字习得研究方面，其余的为汉字教学情况及教学策略方面的研究。

1. 汉字教学方面的研究

这类文献主要是针对泰国汉字教学现状的调查以及汉字教学模式方面的研究，本研究者检索出 12 篇文章，且这类文献基本上为研究生学位论文。

朱丽（2001）在《泰国大学汉字教学现状及分析》中对泰国 17 所大学的汉字的课程设置、汉字教学使用的教材和汉字教学方法等方面进行了详细调查。许翠英（2008）《泰国汉字教学的现状与教学对策研究》一文综述了泰国对外汉字教学与研究的现状，探讨了泰国汉字教学的难点和存在的主要问题，并提出了泰国汉字教学的相关对策和方法。史翠玲（2013）在《泰国汉字教学模式调查研究》一文中尝试从国别化角度对泰国汉字教学模式进行考察分析。该文还对《体验汉语》（高中版）第一、二册教材的汉字内容进行了统计分析，并就汉字教学部分进行了教学设计。杨敏（2014）在《泰国华裔中学生汉字教学初探》一文考察了泰国华裔学生汉字字形学习的认知背景和认知规律，以及在汉字书写中对于汉字构造的理解能力和水平。

此外还有卢桂芝、孙玉卿（2010）、曾丹（2011）、李雪华（2012）、冯少鹏（2013）、胡媛媛（2013）、吴有进（2013）、张遨宇（2013）、赵杨（2013）、苏国鹏（2013）、杨敏（2014）等人的研究。

2. 学习者汉字习得研究

这方面的相关研究在泰国汉字教学研究中最为丰富，这类研究有偏静态研究和偏动态研究两类。偏静态的研究注重的是习得成果的分析，如对学习者书写错误的研究；偏动态的研究则主要专注于习得过程，如学习者正字法意识的发展，汉字构形意识的发展等。本研究者共检索到习得研究方面的文献为 32 篇，主要是偏静态的研究。在这 32 篇文献中，有关汉字书写方面的文献为 24 篇。

汉字书写方面的文献如周旭东（2004）在《泰国学生汉字习得研究》一文通过对泰国 WALAILAK 大学生汉字书写情况的调查，分析了影响泰国学习者汉字习得的因素及产生书写错误的原因；钟宝娟（2010）《泰国中学生汉字书写偏误分析》一文以泰国合艾宋文昆干耶中学生汉字书写情况为例，分析了影响泰国学生汉字偏误的因素及原因，并提出了相应的改进汉字教学的方法；赵丽梅、杨阳（2011）在《泰国学生汉字学习中的常见偏误调查与对策研究》中归纳了泰国汉语学习者汉字常见偏误，并针对这些偏误从学习者主体、汉字教学与汉字特点等方面分析了原因；李斌（2013）在《泰国学生汉字书写动态过程研究》中，结合不同学习阶段泰国学生汉字书写动态过程的实证研究，探讨了不同学习阶段泰国学生汉字书写过程的特点。

汉字习得方面的其他研究包括：李金兰（2004）在《泰国学生汉字习得途径和方法研究》中对泰国学生运用汉字的基本现状进行调查，发现对泰国学习者来说，汉字的字义最难掌握，其次是字形，汉字的字音反而比较容易掌握；谢镇发（2007）在《泰国大学生汉字辨认情况研究》中探讨了泰国大学学生辨认汉字的情况。研究发现汉语水平和字频是影响泰国学生辨认汉字的两个重要因素。此外，其他的文章还有：刘斐菲（2009）、陈静（2011）、翁丽虹（2011）、黄丽雯（2011）、谭世松（2012）、李如丽（2012）、姜美玲（2012）等。

本研究者将泰国汉字教学文献的比例关系制作了一个图表，见图 1-1：

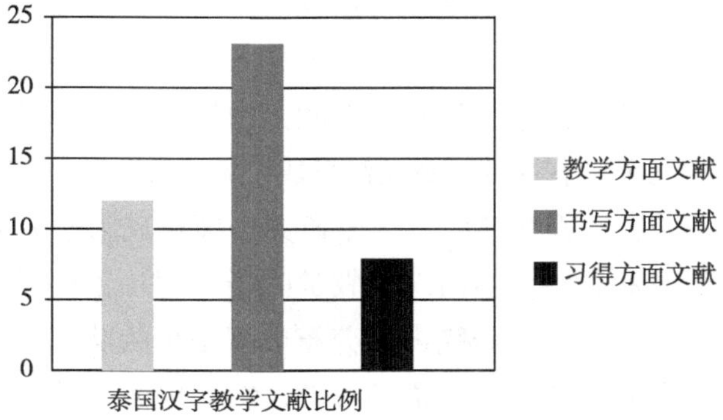

图 1-1 泰国汉字教学文献比例①

由图 1-1 可以看出，在泰国汉字教学研究的文章中，教学类文章共 12 篇，书写类文章共 24 篇，其他习得类文章共 8 篇。此外，截至 2014 年年底，在泰国正规的文献网站上搜索，本研究者找到两篇有关汉字的文章：《汉字的演变》（《Ramkamhaeng University 学报》，2003 年第 3 辑）和《汉字繁体字和简体字的比较》（泰国孔敬大学本科学位论文，2001 年）。而与本课题相关的内容则少之又少。

从本小节的文献梳理可以看出，国际汉字教学研究日益丰富完善，目前相关的研究呈现出如下特点：

1）研究对象：来华留学生在研究对象中仍占绝对主体，而针对海外国别化的汉字学习者进行的研究相当薄弱。

2）研究内容：汉字学习者习得研究占了不小的比重，如对学习者汉字形体错误以及对学习难点等方面的分析。此外，还有一些研究针对目的语环境下的汉字教学学科、汉字本体研究和汉字教学方法等方面的研究。

3）研究空白：国别化研究整体上十分缺乏。在现有的国别化

① 书写偏误研究属于习得偏误研究领域，不过因为有关泰国学习者书写偏误方面的研究数量突出，所以此处以书写偏误研究文献与其他习得研究文献并列列出。

汉字教学研究中，泰国汉字教学研究成果可以说最为突出，尽管如此，有关泰国汉字教学内容、教学模式、汉字教材、利用本土教学情境开展汉字教学、教师汉字能力的培养等其他更为广阔的领域的研究几乎没有涉及，更无法形成系统、深入的研究。

总体而言，国别化的汉字教学研究目前正成为学界未来研究的一个关注点和趋势。泰国汉字教学的研究近几年呈现出一定的发展态势，不过也存在研究内容分布极不均衡的状态。国际汉字教学只有面向海外广大的汉语学习者，结合更为多元复杂和具体教学情境的因素，才能继续向纵深发展。

第三节 研究内容与研究方法

一、研究内容

基于对前人文献的梳理和研究，针对目前学界在该领域的研究空白，本课题对泰国汉字教学进行了全面而有针对性的研究。

首先在第一章绪论中分析了本课题的背景、意义、学界相关研究动态以及研究方法和研究创新点等。在第二章和第三章，对泰国汉语教学条件、泰国汉字教学条件及学习者情况进行了前端分析。在第四章到第十章中，运用多种研究方法，深入探讨了泰国汉字教学的诸多重要问题。在第十一章，针对泰国汉字教学问题提出了总体的解决对策和建议，希望能为泰国汉字教学提供理论和实践的参考依据。

二、研究方法

本课题研究采用了多种研究方法，具体研究方法如图 1-2 所示：

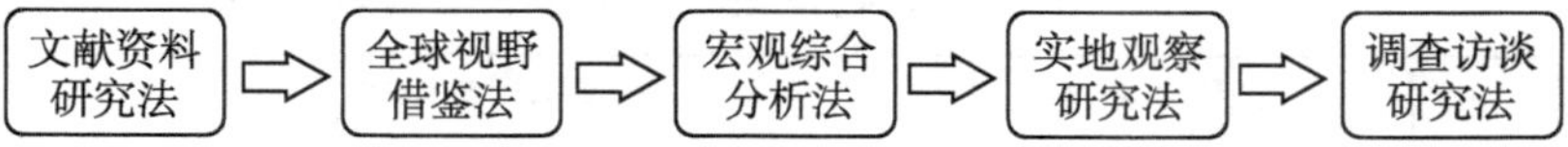

图 1-2 本课题运用的研究方法

1. 文献资料研究法

研究者阅读、研究了大量的相关文献（论文、书刊、网站资料、泰国政府汉语教学相关政策等），这使得本课题获得了较为扎实的文献基础，并能从一个相对广阔的视角，深入探讨本课题的研究重点。

2. 全球视野借鉴法①

本课题的主题为泰国汉字教学，但这一问题的研究并非是完全孤立、隔绝的。为了能够更好地研究一个国家的汉字教学问题，应该借鉴其他国家先进的经验。本课题积极借鉴中国母语识字成果、第二语言教学中汉字教学的研究成果以及汉字教学开展得较好的国家，如法国、日本等国家在汉语教材编写、汉字等级大纲设计等方面的经验。

3. 宏观综合分析法②

宏观综合分析法是一种自上而下的研究方法，以系统论及系统分析为基础，着眼于某一领域重大问题的本质的综合分析，深刻地揭示问题的起因，探索各要素之间的关联，以最终统筹解决该课题所要探讨的问题。

就本课题而言，“泰国汉字教学研究”是一个综合性的课题，为此，本课题将问题解析为如下步骤：

① 吴应辉教授曾提出“全球视野比较法”（见其专著《汉语国际传播研究理论与方法》，中央民族大学出版社，2013 年）。本课题所提出的“全球视野借鉴法”重“借鉴”而非“比较”，目的是吸取其他国家在该领域所取得的成果经验，少走弯路。

② 在国际汉语传播领域，最早提出宏观综合分析法的是吴应辉教授，见其专著《汉语国际传播研究理论与方法》，中央民族大学出版社，2013 年。

表 1-1　运用“宏观综合分析法”开展本课题的研究步骤

	研究步骤	具体研究内容
1	进行前端分析	包括研究背景因素、学习者因素、各种环境因素、汉字规律因素等。
2	锁定研究目标	梳理影响泰国汉字教学的分支领域、子系统。
3	进行深入调研	运用实地观察、问卷调查、访谈等方法以获取相关资料和数据。
4	深度系统分析	就各分支领域、子系统展开分析。
5	对系统（研究主题）进行整体分析	探索系统的本质并提出相关理论。

该研究方法要求研究者谙熟所研究的领域，并具有较为广阔的视角、良好的洞察力和提升理论的能力。

4. 实地观察研究法

本课题所进行的实地观察即人类学所常用的田野调查（field trip）中的一种重要方式。语言学、人类学、民俗学等领域都擅长借助田野资料的收集和记录架构出新的研究体系和理论基础。

实地观察法可分为自然观察与结构观察。前者是一种开放的、事先并无明确观察目标的自然观察，后者意味着研究者事先是有准备的，并从总体上设计了相关的观察要点。本课题所进行的实地观察是自然观察与结构观察的结合。

实地观察法又可分为“参与式观察”与“非参与式观察”。前者意味着研究者介入观察对象的生活，融入当地人的日常生活与职业生活中；后者是不介入观察对象生活的观察。由于各方面条件的限制，本研究者所做的观察基本上是非参与式的观察。

研究者自 2011 年至 2013 年，曾经先后三次赴泰进行实地观察。在实地考察中，开展了如下的研究活动：

1）参观走访各类教育机构

研究者先后考察了二十多所学校，包括泰国顶尖的高等学府——曼谷朱拉隆功大学（Chulalongkorn University）、曼谷易三仓大学（Assumption University）、曼谷艺术大学、宋卡王子大学、春武里府东方大学、合艾大学、清莱皇太后大学、清迈大学、合艾工商大学、清迈伞甘潘中学、曼谷岱密中学孔子课堂、清迈王子中学、清迈蒙福中学、曼谷萨瑞·思苏里有泰中学、曼谷邦帕库·威塔雅库姆中学、曼谷瓦萨该中学、曼谷帮帕谷威·塔雅库姆中学、罗勇中学、北榄易三仓中学、泰北美斯乐兴华中学、曼谷孔堤公学（华文小学）、合艾德教树强华文小学等。通过实地观察来综合分析被观察者的汉字学习和教学状态，包括教学管理方式、课程设置情况、教师教案教具、学生作业、学生活动、校风学风等。

2）进行课堂观察

研究者对泰国小学、中学、大学各类十余所教育机构的汉语课程进行了课堂观察，观察其汉语教学及汉字教学的模式及方法等，并撰写了观察日志。

3）收集各类相关资料

相关资料包括汉语学生作业、汉语教师教案、学校汉语课程大纲等。研究者还收集到了汉语志愿者教师的工作总结、在泰教学回顾等诸多非常有益的一手资料。

上述活动为本课题的完成提供了良好的先决条件。

图 1-3　泰国学生填写本课题调查问卷

5. 问卷访谈调查法

本课题首先采取了问卷调查法，对在泰国任教的中泰汉语教师、汉语学习者进行了问卷调查，内容涉及泰国汉字教学法、学习者汉字认知及习得、教师汉字教学能力等。当然，问卷调查不免会存在一些缺点，如问卷中的大部分问题由问卷设计者预先设计了有限的范围，因此可能会缺乏弹性，从而遗漏一些深层、细致的信息。特别是对于一些较为复杂的问题，简单的填答难以获得研究所需要的丰富材料。还有，问卷填写过程中也会出现被试漏答、错答或回避回答个别问题的情况。同时，由于问卷的回答有赖于调查对象的阅读理解水平，因此它只适用于有一定文化水平的对象调查。泰国小学生由于认知能力尚未发展，因此无法对其进行问卷调查。

正因为问卷调查法存在一定的局限，因此本课题也采用了访谈调查法。与实地观察法的“观其行”相比，访谈法强调“听其言”，完整的调查研究需要“听其言”与“观其行”的完美结合。访谈实质上是一种对话的方法，以探询问题的本质。依据对话的方式，本研究的访谈分为“面谈”“邮件访谈”和“微信访谈”等多种方式。面谈的质量取决于访谈者的访谈水平，具体地说，取决于访谈者的提问、倾听和追问的水平，这也给研究者带来了一定的难度。另外，本课题也采用了“邮件访谈”“微信访谈”的方式，因为这一方式的优点是不受时空的限制和干扰，方便而快捷。

也有人认为座谈是访谈的一种方式，只不过在座谈的过程中，访谈者不一定直接向座谈者发问，更多的是聆听和了解情况。本课题之所以采用了座谈调查的方式，是因为座谈的对象往往是泰国汉语教学政策的制定者和泰国汉语教育官员，他们能提供非常鲜活、及时的汉语教学资讯和动态，因此也是一种非常宝贵的调查方式。

本课题访谈、座谈的对象为：

1）相关管理人员

在泰考察期间，本研究者对泰国教育部及泰国相关教学管理人员进行了座谈、访谈。与泰国教育部基础教育司及职业教育司官员进行了座谈，了解了泰国汉语教学的最新形势、政策；同时与中国驻泰国大使馆教育组负责汉语教学的官员进行了座谈。

2）泰国汉语志愿者教师

研究者对赴泰国汉语志愿者教师进行了访谈。自 2009 年，中央民族大学已经派出几批赴泰汉语志愿者教师，共百余人。这些汉语教师志愿者分布在泰国全境 100 多所不同类型的教育机构，同时他们对泰国汉语教学有着更为深入、直观的认识，他们也是本课题重要的调查访谈对象。

3）泰籍师生

研究者还对泰国籍汉语教师和泰国汉语学习者就汉字教学方法、汉字认知、师资培养等方面的问题进行了访谈。

三、关键概念界定

1. 对外汉语教学与国际汉语教学

对外汉语教学是国际汉语教学的前身。对外汉语教学是针对来华留学生开展的汉语教学，教学环境为目的语环境，教师一般为中国人；国际汉语教学是针对全球范围内的汉语学习者开展的汉语教学，教学环境为非目的语环境，教师构成较为多元，有中国汉语教师和本土汉语教师（含华裔汉语教师和外籍汉语教师）。目前，对外汉语教学正在积极快速地向国际汉语教学转变（吴应辉：2010；田艳：2012 等）。为便于叙述，本课题有时将二者合称为“国际汉语教学”。

2. 华语（华文）教学与汉语教学

学界一般将 1975 年中泰建交之前的汉语教学称为华语教学

（华文教学），该阶段教学主要针对华人群体，目的是传承中华文化。1975年以后，“汉语教学”这一名称取代了“华语教学”，并转而面向全体泰国人民，目的是满足市场需求。为方便起见，本课题将二者均称为“汉语教学”，这一概念既包括传统意义上的华语教学，也包括面向非华裔学习者而开展的汉语教学。

3. 对外汉字教学与国际汉字教学

近年来，学界开始认同“对外汉字教学学科”这一学科名称①，该学科是指面向来中国学习的留学生的汉字教学。而“国际汉字教学”这一学科尚未有人明确提及并被普遍认可。本研究者认为，随着海外汉语教学的迅猛发展，全球范围内的汉语学习者人数日益增加，来源也日益多元化，对外汉字教学正在快速地向国际汉字教学转变，“国际汉字教学”学科的建立指日可待，这也是未来学界所关注的重点。

本课题认为，“国际汉字教学”是指面向全球汉语学习者而开展的汉字教学，该学科发展和成熟的标志之一即为汉字国别化问题的研究水平。本课题将以“国际汉字教学”这一学术概念代替“国际汉语教学中的汉字教学”和“对外汉字教学”等概念②。

第四节　研究思路及研究创新点

一、研究思路

本课题分为四个部分。

第一部分为研究缘起，包括研究背景意义、研究内容与方法、

① 也有学者称之为“第二语言教学中的汉字教学”“国际汉语教学中的汉字教学”。

② 只是在引用学者的文章时，为保持原文的特色，保留原文中“对外汉字教学”这一概念。

研究思路和创新点等；第二部分为泰国开展汉字教学的前端分析，包括泰国汉语教学条件分析、泰国汉语学习者分析及泰国汉字教学条件分析；第三部分为泰国汉字教学的诸多核心问题，如泰国汉字教学模式、教学标准、学习者汉字习得问题、汉字教学原则及教学方法、汉字教材、汉语教师汉字能力培养等诸多问题的分析与思考；第四部分为本研究对泰国汉字教学的总体思考及建议。

研究思路图如图 1-4 所示：

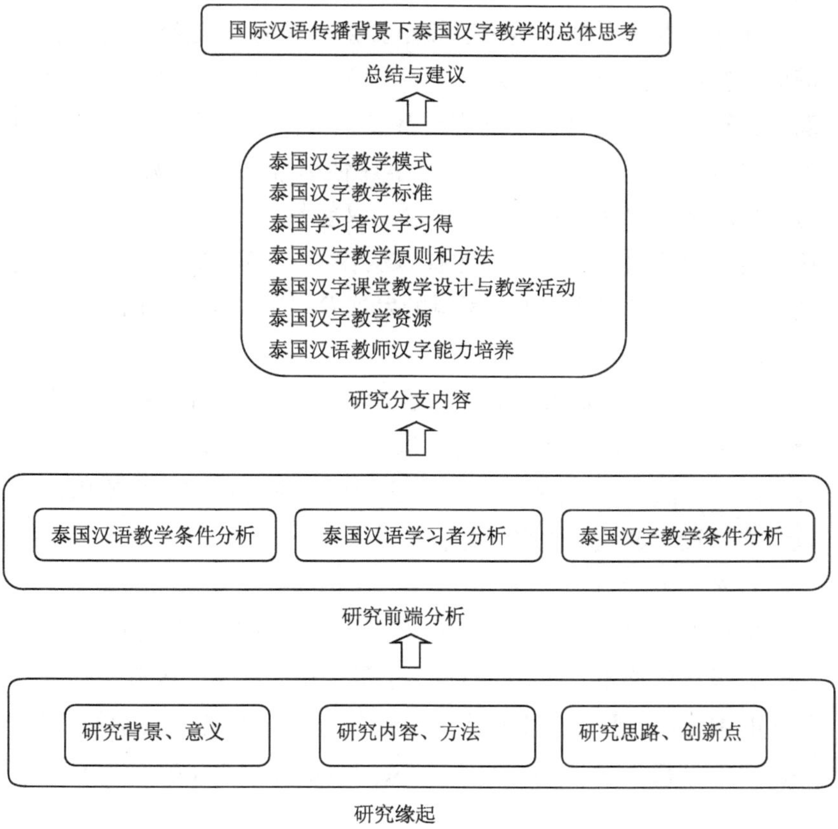

图 1-4 本课题研究框架图

二、研究创新点

1. 研究领域比较新颖

如上文所述，在泰国汉语教学的诸多研究中，汉字教学基本上处于十分薄弱的状态，因此本课题属于拓荒型研究，可以在理论和实践层面为泰国汉字教学的发展提供一定的理论支持。本课题是第一部国别化汉字研究的专著，在研究领域上进行了较大的突破。

此外，本课题对国际汉字教学界前人未曾系统分析的一些关键概念进行了分析，比如对学科“国际汉字教学”学科名称进行确定、对汉字教学内容标准进行界定、对国际汉语教师汉字能力构成进行分析、提出国际汉字教学评估标准的“双规制”思路、对国际汉字教材进行分类、提出泰国汉字教学对策的五大原则等。这些概念的梳理和关键问题的提炼为国际汉字教学学科的发展提供了有力的学术支持，为该学科的发展发挥了积极的作用。

2. 研究方法较为全面

以往汉字教学研究多运用文献分析法、实证研究法和内容分析法。本课题运用了多元研究方法（详见第一章第三节“研究内容与研究方法”），多种方法的综合运用十分有助于解决泰国汉字教学这一较为重大的研究问题。

3. 研究视角较为丰富

构成外语教育的基本因素有以下四项：教学任务（task）、学生、教师和教学环境（contexts）。学科知识是教学的内容，学生是教学的主体，教师是教学的主导，而教育环境是外语教学的依托，其他因素直接作用于教学环境，又受到教学环境的制约和/或激励。[①] 以往的汉字教学主要从学科知识和学习者两个因素入手，而对于教师和教学环境，特别是教学环境因素缺乏整体的关注，本课题则从上述四个视角进行综合分析。

具体而言，“学科知识”涉及泰国汉字教学内容、汉字教学模式、汉字教学方法、教学材料等；“学生”涉及学习者的学习习惯、汉字习得过程和习得规律等；“教师”涉及泰国汉语教师运用的教学方法、教学能力培养等；“教学环境”是指泰国特有的海外非目的语环境的诸多因素，如教育环境，包括教育制度、教学机构特点、汉语及汉字课程设置情况，以校园环境等。

本课题为泰国汉字教学研究，因此将教学环境因素作为十分重要的因素纳入研究范畴，这也必将使研究呈现出崭新的面貌。

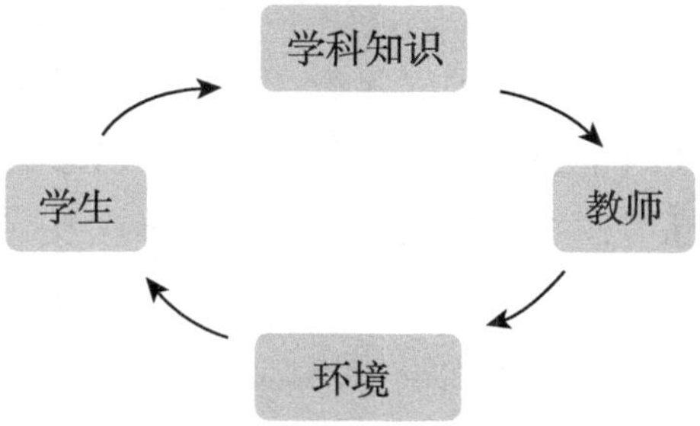

图 1-5 本课题研究视角示意图

4. 研究意义较为重大

本课题是针对泰国汉字教学进行的一定规模的调查和较为全面的分析，能在一定程度上填补国际汉字教学系统研究（特别是泰国汉字教学）的空白，将汉字教学国别化的研究向前推进，并对泰国汉语教学及汉字教学起到一定的启发作用。

---

① 参见吴一安等：《中国高校英语教师教育与发展研究》，北京：外语教育与研究出版社，2008 年；Williams，M. and Burden，R.（2000）. Psychology for Language Teachers. Cambridge：Cambridge University Pres。

本章小结

本章论述了课题的研究背景及意义，对相关文献进行了梳理和分析，介绍了研究内容和研究方法，并阐述了研究思路及研究创新点。本章也对课题研究中的关键概念进行了界定。

课题研究背景。进入 21 世纪，泰国汉语教学迅猛发展，不过泰国汉字教学在理论和实践两方面都处于严重滞后的状态，成为制约其汉语教学发展的障碍和瓶颈。本研究者在国际汉字教学和泰国汉字教学方面的研究优势、课堂教学经验及浓厚兴趣最终促成了本课题的开展。

课题研究意义。首先，研究有助于促进泰国汉语教学稳定持久地发展，可以促进泰国汉字教学在汉语教学中发挥更大的作用。其次，研究有助于推动泰国汉字教学理论与实践的发展。在宏观层面，可以为泰国相关教育决策部门在汉字教学的建设和发展方面提供有益的思考；在中观层面，可以为泰国汉字教学模式的选择、教学内容的界定、汉字教材的编写、教师能力的培养等方面提供可行的思路；在微观层面，可以将理论思考转化为汉字课堂教学行动的有效实施，使基层一线的汉语教师和广大泰国汉语学习者受益。最后，研究有助于拓展国际汉字教学国别化研究的领域。最后，本研究有助于提高泰国汉语师资的汉字能力的全面提高。

相关文献梳理。课题从四个方面对相关领域的研究进行了梳理：国际汉字教学发展情况、汉字教学国别化问题、泰国汉语教学研究、泰国汉字教学相关研究。研究发现：国际汉语教学国别化领域研究十分薄弱，而泰国汉字教学领域的研究也极不均衡，研究空白较多，因此需要结合泰国实际的教育情境进行纵深化和立体化的研究。

课题研究内容。运用多种研究方法，深入探讨泰国汉字教学的方方面面，最后针对泰国汉字教学问题提出了总体的解决对策和方案，希望能为泰国汉字教学提供理论和现实的参考依据。

课题研究方法。本课题运用了综合多元化的研究方法，如文献资料研究法、全球视野借鉴法、综合宏观分析法、实地观察研究法及问卷访谈调查法。多种方法的综合运用十分有助于解决泰国汉字教学这一较为重大的研究问题。

课题研究思路。研究者在研究思路方面尽量做到层次清晰、思路明确。研究分为四个步骤：第一步为研究缘起；第二步为研究前端分析，围绕泰国汉语教学条件、泰国学习者、泰国汉字教学条件进行了全面分析；第三步为泰国汉语教学诸多内容的探讨；第四步为本研究提出总体的思考和建议。

课题研究创新点。1. 研究领域比较新颖。本课题属于拓荒型研究，是第一部国别化汉字教学研究的专著，可以在理论和实践层面为泰国汉字教学的发展提供一定的理论支持。此外，本课题对国际汉字教学界前人未曾系统分析的一些关键问题进行了分析。这些关键问题的提炼为国际汉字教学学科的发展提供了有力的学术支持。2. 研究方法较为全面。本课题运用了多元研究方法，多种方法的综合运用十分有助于解决泰国汉字教学这一较为重大的研究问题。3. 研究角度较为丰富。课题从构成外语教育的四个基本因素入手：教学任务（task）、学生、教师和教学环境（contexts）。突破了以往的汉字教学主要从学科知识和学习者两个因素入手的局限，尤其是将教学环境因素作为十分重要的因素纳入研究范畴，这也必将使研究呈现崭新的面貌。4. 研究意义较为重大。本课题能在一定程度上填补国际汉字教学系统研究（特别是泰国汉字教学）的空白，将汉字教学国别化的研究向前推进，并能对泰国汉语教学及汉字教学起到一定的启发作用。

本课题还对对外汉语教学与国际汉语教学、华语（华文）教学与汉语教学及对外汉字教学与国际汉字教学这三组学科关键概念进行了界定。特别是首次区分了“对外汉字教学与国际汉字教学”中，明确提出了“国际汉字教学”这一学科概念。

第二章 泰国汉语教学情况概述

本章和第三章属于本课题研究的前端分析，涉及泰国教学环境和学科发展的大背景。本章分为三个小节，具体内容是泰国教育制度和教育理念、泰国汉语教学的历史及泰国汉语教学的现状。

第一节 泰国教育制度与教育理念

本小节介绍泰国的教育制度和教育理念，旨在阐释在泰国开展汉语教学及汉字教学的土壤和条件。

一、泰国的教育制度①

泰国正规教育体系具有明确规范的教学目标、管理体系及课程安排，可分学前幼儿教育、初等教育（小学）、中等教育（分初中和高中）及高等教育4个阶段。泰国人一般要接受12年的基础教育，其中6年是初级教育，3年是初中教育，3年是高中教育，即6—3—3制。下面简要介绍一下泰国初等、中等和高等教育。

1. *初等教育*

泰国的初等教育是强制性的义务教育。政府要求适龄儿童必

---

① 泰国教育体系分为正规教育、非正规教育和自主教育三大类。正规教育具有较为严格的结构和体系，非正规教育包括函授、职业教育等，具有灵活性和补充性的特点，学生的可选择性较强。自主教育即终生教育，获取渠道是多种多样的（参见龙伟华：2012）。由于泰国汉语教学以正规教育为主体，所以本小节主要介绍正规教育的几个阶段。

须接受初等教育，即年满 6 岁的儿童都必须接受普通教育，直到 11 岁。泰国小学阶段的教育课程主要包括 5 类课程。基础学科（泰语和数学）；生活体验学科（实用科学方法处理和日常生活问题）；品行教育学科；职业基本知识学科；兴趣体验学科。

2. 中等教育

泰国的中等教育是非强制性的义务教育。中等阶段的教育课程分为三大类：必修课、选修课和活动课程。泰国初中等教育除了知识和理论类课程以外，还注重基本技能、生活经验、道德教育和劳动教育四个方面的教育。

3. 高等教育

泰国的高等教育学制为 4 年，在教育制度上比较接近美国的教育体制。

高等教育机构分为公立和私立两类。泰国目前的高等院校大致可分为四大类：泰国教育部高教委下属的公立院校；各种私立院校；部委院校，如卫生部、国防部、内政部等下属的院校；专门性高等学府，如马哈朱隆功佛学院等专门性高等学府。

图 2-1 《2008 年泰国学习结果衡量和评价标准》

虽然身为亚洲国家，泰国的教育却是一种倾向于西方的自由式教育。学校活动、教学方案的设计都是以学生为主，教学中要求创设轻松活跃的教学氛围。各门课程平时成绩比重最大，教育部要求占到60%～70%①。此外，泰国学校要求学生完成一定的课外实习实践学分，所以学生在学习常规的教学内容之外，还要亲自参加校园实践或者外出参加军事训练。

二、泰国的教育理念与教育特色

了解泰国教育理念和教育特色是更好地开展对泰汉语教学和汉字教学的基础。

1. 寓教于乐，寓乐于教

“寓教于乐”是泰国的教育理念之一，这一点从《泰国国民教育法案》就能看出来，学习应该是“一种快乐的学习”“一种参与性的学习”②。

泰国教育重视基础教育阶段教学内容的实用性和教学方式的趣味性，提倡快乐教学，同时强调学生在教学中的主体性，以符合所有学习者都能够得以自主发展的教育原则。学校也鼓励学生“有更多的机会广泛地选择课程，以便他们从中发现自己的特长和兴趣”③，使学生能够真正按照自身的特点和意愿来选择未来的发展方向。

泰国对基础教育阶段的外语教学有着明确的规定：要让学生喜欢所选修的语言，掌握听说读写等基本技能，使这一阶段的学习成为进一步学习的基础④。可见在外语教育中，国家和学校十分注重寓教于乐，主张根据学生的兴趣发展学习外语的能力和特长。

在寓教于乐理念的指导下，学校要求教师营造轻松活泼的教

---

① 泰国教育部：《2008年泰国学习结果衡量和评价标准》，曼谷：The Agricultural Co-operative Federation of Thailand，2011年第3版。

② 李志厚、冯增俊：《泰国基础教育》，广州：广东教育出版社，2004年。

③ 刘美玲：《泰国华校小学汉语教学现状研究》，暨南大学硕士学位论文，2006年。

④ 李志厚：《为新世纪而学习——泰国教育改革发展方向》，《外国教育研究》，2002年第2期。

学氛围，激发学生的学习兴趣，在愉快的氛围中完成学习任务。“作为课堂活动的设计者和教学进程的引导者，教师们常常运用直观的教学手段，通过游戏和活动等方式鼓励学生参与学习，将动手与动脑相结合、知识与技能相结合。”①

汉语教师如果不能很好地理解这一理念，教学中则会遇到“反弹”：

> 第一学期的我懵懵懂懂，对学生的知识要求很严格，考试成绩也比较苛刻。结果第二学期一开学，泰国老师就找我“谈话”，说汉语对学生来说很难，让我酌情考虑，不能把所有学分都放在考试上，要多给他们一些快乐的活动。(赴泰汉语志愿者教师小张)②

2. 培养学生的综合素质

这一点与“寓教于乐”的教育理念是紧密结合在一起的。《泰国国民教育法案》指出，“教学的进度要与学习者学习的进程一致，并能最大限度地发展学习者的潜能”。泰国的教育目标以“素质教育”和“生存教育”为核心，注重培养学生的综合素质，主张在学生身心健康、智力发展、知识丰富、品德高尚的同时，提高整体素质，而并非单纯以学生在班级中的成绩排名作为衡量依据③。

这一点可以从泰国学校对学生的评估中看出来。泰国中小学教育普遍推行一种 KPA 的教育评定法，即 Knowledge、Performance、Attitude。Knowledge 是指期末考试成绩，占 25%；

---

① 江傲霜、吴应辉、傅康：《泰国汉语教师志愿者教学情况调查对志愿者培训工作的启示》，《民族教育研究》，2011 年第 5 期。

② 本课题中的所有访谈既包括本研究者的直接访谈，也包括本研究者在实地调查中收集的泰国汉语教师的工作总结和汇报等书面材料。

③ 李志厚：《为新世纪而学习——泰国教育改革发展方向》，《外国教育研究》，2002 年第 2 期。

Performance 是指平时成绩，包括平时的课堂作业和家庭作业及各种活动中的表现，占 55%；Attitude 是指平时学习态度和思想道德表现，占 20%。由此可见，科目考试成绩只是学校对学生评估的一种方式。

在这一理念的影响下，学校非常重视学生的动手能力和实践能力，强调学生思维过程和实际技能的训练，注重挖掘学习者的潜在素质，引导他们创造性地解决问题，以便适应将来的社会。学校本着通过实践促进学习的方针，经常组织各种活动来培养和发展学生的创新能力、生存能力及团队协作能力。从泰国初等教育和中等教育课程的安排和设置就可以看出，泰国学校除了重视传授知识，还对实践性学科（如生活体验、兴趣体验、生活经验等）予以高度的重视，旨在发展学生的综合能力。

所以，将课内学习与课外活动紧密地结合成为泰国基础教育的独特之处和鲜明特色，课外活动由此成为整个教学体系中不可或缺的组成部分。当然有时也出现课外活动较多，与教学活动发生小小冲突，而不得不调整课内教学时间的情况。这也对泰国汉语教学提出了挑战，汉语教学机构需要对这类情况予以重视并提出积极的应对策略。

在培养学生综合素质这一教育观念的影响下，泰国的校园文化丰富多彩，内容繁多。

> 学生参与以泰国公主为形象大使的体育运动盛会的准备工作及表演用去了整整一个半月时间，致使教室上课人数寥寥无几。其他活动如父亲节、母亲节、拜师节、教师节、水灯节等节日及运动会、会展活动和地方性活动等在我任教的十个月期间，总数超过二十次。（在泰任教的中学汉语志愿者教师小汪）

大学方面的活动也是丰富多彩，表 2-1 是泰国博仁大学校园活动的内容。

表 2-1　泰国博仁大学课外活动一览表①

时间	活动名称	活动内容
1 月底	春节联欢会	通过中国歌曲、舞蹈、相声、小品和传统戏剧等灵活生动的艺术形式，检验和展示学生的汉语水平
2 月中	文化展览	用贴有图片、文字的展板介绍中国文化，同时展览现场用实物呈现中国文化，如用绿茶、红茶、菊花茶、乌龙茶及茶具来表现中国悠久的茶文化；邀请中国老师教学生包饺子、做凉面来展示中国的饮食文化
8 月中	中文录入比赛	由博仁大学中文系主办，曼谷各大学、中小学派学生参加，也有少数公司职员参加。比赛分为小学生组、中学生组、大学生组和成人组
8 月底	课外实践活动	参观曼谷附近的中国寺庙，了解中国佛教文化
9 月初	朗诵比赛、书法比赛	朗诵主题包括民间故事、优秀散文等
11 月	中国文化日	介绍中国书法、中国围棋知识及中国结的做法，并举办唱中国歌比赛，邀请全校学生参加

可以看出，该学校各类比赛、展览、主题活动接连不断，学校的气氛热闹非凡。

三、泰国汉语学习者特点分析②

在泰国独特教育理念的支持下，泰国汉语学习者也呈现出有别于亚洲其他国家（如中、日、韩）学生的不同特点。本小节对泰国汉语学习者的特点进行了分析。

1. 性格活泼开朗

泰国被誉为“微笑的国度”，无论是来华留学的泰国学生，还是本研究者在泰国中小学所见到的学生，给人最深的一个印象就是开朗、积极、乐观。本研究者在泰国的中小学，就经常见到孩

① 参见陈萍：《泰国博仁大学的中文教育》，《云南师范大学学报》（对外汉语教学与研究版），2007 年第 3 期。

② 此处主要分析泰国中小学学生的特点。

子们在课间脱了鞋、穿着袜子在教室内外、走廊中嬉戏玩耍打闹的欢乐景象。泰国学生积极活泼的个性也是泰国国民集体性格的表现，是由泰国社会竞争压力较小、泰国教育理念相对宽松等综合因素所塑造出的性格。这一良好的性格特点是引导学生开展丰富汉语教学活动的前提。

图 2-2 可爱活泼的泰国学生①

图 2-3 研究者与泰国学生在一起

2. 注重礼貌规范

泰国是礼仪之邦，相对祥和的社会环境和温暖湿润的气候孕育了泰国民众文明、有礼、谦让的特性。

学校对学生仪态、举止、思想品德十分重视，并配有较为细致的培导。本研究者在泰国进行实地考察时就看到过学生们在校园里认真上礼仪课的情形。

泰国学校还非常善于利用仪式化的活动来教导学生，使之对自身的行为规范有所关注，并不断提升自身修养。

> 泰国中小学每天早上8点都要举行升旗仪式，学生在校乐队的伴奏声中声音洪亮地齐唱国歌，齐颂佛经和校训，齐唱歌颂国王的颂歌。随后，老师在国旗下对学生宣讲要注意的事项和规定，如节约用水、尊敬师长、注重仪表之类的。升旗仪式结束后，学生在乐队的奏乐声

① 本课题中的照片，除特别注明，均为本研究者拍摄或提供。

中排队依次井然回到教室。这一景象挺震撼人心的。(本研究者实地观察日志)

泰国学生内在素质和规范的养成有赖于这些日常平凡却是长期持续的活动的训导。

3. 动手能力很强

由于泰国学校贯彻全人发展理念、积极倡导学生提升综合能力，因此几乎每所泰国中小学都开设了手工课，学生们也酷爱手工课。手工课上通常教授泰国传统插花艺术、彩绘、传统美食的制作，因此学生从小就培养出了超强的动手能力。在泰考察期间，本研究者注意到几乎每间教室墙壁上都贴有学生的作品，当班的教师也都很自豪地为大家介绍学生们可爱的手工作品。

图 2-4　泰国学生绘画和汉字作品

图 2-5　泰国学生每日晨间活动

泰国学生具有很强的动手能力，学校积极鼓励学生动手制作工艺品或进行创作。泰国学生从小就喜欢画画、舞蹈和音乐，他们总喜欢在本子上、书上画画，而且很形象、很逼真。学校组织艺术展览时，学生们用废弃的牛奶盒做成了太阳帽、垃圾篓、花盆；用一些铁丝、硬纸壳做成了中国奥运“鸟巢”的形状；用电器包装箱里的白色泡沫做成了法国埃菲尔铁塔；用软揉纸折出的玫瑰、向日葵、菊花看上去是那么的逼真。在他们的教室、

手工展览室到处陈列或张贴着他们的手工作品。（赴泰汉语志愿者教师樊老师）

4. 学习动机不足

由于泰国社会竞争相对较小，加之教育理念宽松，因此泰国人的生活普遍悠闲自在，随遇而安，乐天知足，在教育方面也不例外。在泰国实行的义务教育中，泰国学生从幼儿园到高中学习压力都不太大。

汉语只是泰国学生的一门外语，或者说一项技能，因为汉语在升学考试中不是必考的科目。对于相当一部分泰国学生来说，汉语对其日常生活和今后个人发展的影响并不大。加之很多学生是在家长和学校的安排下学习汉语的，因此学习动机不足，学习信念不强，学习积极性不高。由于汉语学习没有明确的目标，学生也就缺乏学习的动力。

我想用一句话来总结泰国的教育理念，即“你好，我好，大家好，大家好才是真的好”。“不挂学生”作为一项教育政策在全国范围内推行，没有不及格的学生，只有“吹毛求疵”的老师。就算有些学生不来上课，不交作业，甚至不参加考试，老师依然要给他学分。因此泰国学生学习积极性、主动性比中国学生要差很多 。（赴泰汉语志愿者教师小张）

当然，学生的学习动机不足也与泰国汉语教学学科的不成熟有较大的关系。研究者在泰考察发现：不少泰国中小学使用难度较大的供成人学习者使用的教材，书上除了汉字，没有什么图片，学生提不起兴趣，教师的教学方法也较为单调、机械，从而导致汉语教学成为一些不爱学习的泰国学生的精神负担。

5. 学习习惯松散

除了学校对学生在学习方面的要求比较宽松之外，泰国家长对学生的学习也普遍不像中国家长那么紧张和上心。在这一背景下，泰国学生在学习方面相比中国学生来说，略显散漫。主要表现在如下方面：

课堂自制力较差。这是泰国中小学汉语课堂普遍会遇到的问题。课堂自制力差的学生学习态度较为随性，因此在课堂上常以自己为中心，不遵守课堂纪律，在课上说话、在课堂上走来走去、看课外书、做其他科目的作业。[①] 研究者在泰国对一所男子中学进行课堂观察时，发现有学生“不能集中精力投入学习，课堂秩序混乱，只有个别学生被教师点名后回答教师问题，其他学生各做各的事，如聊天打电话等。尽管教师在课堂设计和管理方面做出了努力，但教学几乎不能正常进行。隔壁其他班的教学也大致如此”[②]。

> 我第一次上课的时候，课堂纪律一团糟，那些学生有迟到早退的、有一个学期都没露过脸的、有化妆的、玩手机的、弹吉他的、踢足球的、打篮球的、打架的、躺在老师脚边睡觉的……这些着实考验了我们的耐力和毅力。（赴泰汉语志愿者教师小周）

上课迟到现象较为普遍。泰国本身就是一个生活节奏比较慢的国家，时间观念不够强，所以这也是学生迟到却较少受到责备的一个原因。

缺乏良好的学习习惯。有的泰国学生长期缺乏阅读的习惯，上课不带书本就直接来到教室。本研究者在泰国进行课堂观察时，就看到一些同学手里什么都不拿就来上课的情况。还有，“在不提醒的情况下，学生没有做笔记的习惯，在笔记本上随便扯一张纸

---

① 申雪妮：《针对泰国中学生的汉语教学方法的研究》，郑州大学硕士学位论文，2012 年。

② 田艳：《泰国汉语教学调研报告》，《汉语国际传播研究》，2012 年第 1 辑。

写写就扔了。再者就是学生耐性不够，注意力集中时间很短。基本不执行预习和复习，不能顺利完成课后作业”[①]。

第二节 泰国汉语教学的历史

泰国的汉语教学拥有近300年的历史，其间经历了几段大起大落，均与政治、时局、族群关系有着扯不断的关系。

起步时期。早期的汉语教学主要是在寺庙或家庭中进行，尚未设立专门的学校进行授课。随着在泰华人在泰国社会地位的不断提高，汉语教育也逐渐扩大到了社会其他阶层。1908年，泰国中华会馆创办了第一所华文学校——“华益”学校[②]，这大大推动了泰国汉语教育的迅猛发展，之后汉语教育在泰国经历了一个迅速发展的阶段。同年，泰国颁布了《泰国民立学校法》，从此泰国华文学校被纳入当地的教育体系中。至此，华文学校呈现出蓬勃发展的态势，学校数量迅速增加，且学校的全部课程都用汉语来教授。

低迷时期。20世纪30年代，泰国汉语教育进入了低迷沉闷的时期。1933年，泰国政府开始对汉语教学及其他外语教学进行管制，随后关闭了不少华文学校。1936年，泰国政府规定华文学校所有的课程都必须用泰语进行教学，自此，自由发展的汉语教育受到了遏制。其后，汉语教学在泰国因受到政治因素的影响而多次被禁限。直到“二战”前，泰国政府一直实行排华政策，汉语教育继续受到严重打击。“二战”结束后的几年中，泰国汉语教学

① 潘俊财（泰）：《对泰日韩三国汉语高考试卷的分析》，中央民族大学硕士学位论文，2013年。

② 李峰：《泰国汉语教育的历史、现状及展望》，《国外社会科学》，2010年第3期。

经历了短暂的回弹，华文学校纷纷恢复，出现了短暂的黄金时期，不过这一点无法改变这一时期整体低迷的状态。

限制时期。20 世纪 40 年代末，泰国政府调整对华侨华人政治、经济和教育等方面的政策，在华文教育政策方面逐步由取缔转为限制，华文民校有所恢复，但管制依然存在，这也致使泰国汉语教学出现了数十年的断层，大大削弱了汉语教学的基础。

复兴时期。1975 年，中泰两国正式建交，严格管制汉语学校的政策得以放宽。[①] 许多大学开设了汉语课程，汉语教育在泰国重新受到了重视。但这一时期泰国对华文民校的限定并没有完全放开，规定汉语只在华文学校的 1—4 年级开设，每周的授课时间不能超过 5 小时。汉语也只能作为选修课在学校里开设，且要使用泰国教育部审定的华文课本。20 世纪 80 年代以后，中泰两国间的友好往来、文化交流、经贸合作逐年加强，泰国政府开始实行引进外资的政策，中国大陆及台、港地区的企业纷纷到泰国投资设厂大量增加，泰国对汉语人才的需求急剧增加，这使得泰国政府不得不再次放宽对汉语的教育政策。于是泰国各等级的汉语教育具有了更多的自由性，泰国政府也陆续出台政策，鼓励并支持汉语教育在当地的深入和普及，越来越多的中小学都开设了汉语课。

1992 年以后，泰国政府一改过去对汉语教学反反复复、起伏不定的态度，积极地放宽了对汉语教学的政策，自此，泰国汉语教学也进入了真正快速发展的时期。

---

① 吴应辉、龙伟华（泰）、冯芳忠（泰）、潘素英（泰）：《促进泰国汉语教学，提高国家竞争力战略规划》（译），《国际汉语教育》，2009 年第 1 期。

第三节 泰国汉语教学的现状

一、泰国汉语教学现阶段的发展状况

20 世纪 90 年代起，泰国的汉语教育迎来了一个全新的发展机遇。

1992 年，泰国政府对汉语教育政策进行了调整，放宽了对汉语教育的限制，使汉语拥有了与其他外语平等的地位。泰国政府允许华文学校开办汉语幼儿园、小学以及各类汉语教育补习班，将汉语教育从小学一年级延伸到了小学六年级（以前只能开到四年级）[①]，并恢复每周 10 小时的汉语授课课时，同时也允许具备条件的中学将汉语设为外语选修课。这些举措表明汉语已正式进入了泰国的正规教育体系。泰国政府的上述政策为汉语教育的快速发展提供了良好的先决条件，使汉语教育得以在近期迅速恢复发展。

1995 年，教育部继续放宽外语教学的种种限制，鼓励小学生及初中生选修第二外语，高中生则可自由选修外语，从而使得汉语教育扩大到了高中阶段。

同年，泰国政府批准成立了华侨崇圣大学——泰国第一所由华侨创办的以汉语教育为主的大学。至此，泰国的汉语教育逐渐形成了从幼儿园汉语到大学汉语教学以及各种汉语言教育培训班的规模化发展格局，

1999 年，泰国教育部将汉语列入高等学校入学考试外语选考科目，泰国汉语高考由此诞生。这一举措表明，汉语教育在泰国

① 黄德永（泰）：《泰国汉语作为外语教学政策制定的全球视野比较研究》，中央民族大学博士学位论文，2014 年。

由原来的社会自发行为已转变为政府行为。

2003年，泰国教育部希望中国能向泰国派出汉语教师，以帮助泰国发展汉语教育。就在同一年，中泰合作创办的“汉语教师志愿者项目”正式启动，中国选派23名汉语志愿者教师赴泰任教。自泰国汉语教师志愿者项目实施以来，应泰国教育部的邀请，中国国家汉办先后向泰国派遣了十余批，共计6000多名汉语教师志愿者赴泰教授汉语。2009年来，赴泰任教的中国汉语教师志愿者首次每年突破1000名，随后连年突破这一大关。汉语志愿者教师项目启动后，大批来自中国的汉语师资成为泰国汉语教学的生力军，为泰国汉语教学注入了新鲜的活力。

这一时期，中国政府在各个方面对泰国汉语教学给予了大力支持。2006年，中泰两国签署了汉语教育合约，合约规定中泰双方积极合作，共同促进泰国汉语教育事业的发展。中方根据泰方的需要，在汉语教育方面给予泰国积极的支持，并将泰国作为其他国家汉语教育的典范和榜样。

纵观现阶段泰国汉语教学的发展，可以看出其中有三个特点：

1. 学习人数众多。汉语学习者由2003年的几万人发展到现今的80多万人，且学习者上至泰国王室，下至幼儿园儿童，具有全民新和普及性；

2. 教学层级丰富，立体化结构形成。现阶段汉语教学的主体是正规教育体系中的大学、中学和小学，同时也正在从正规教育群体扩大到非正规教育和自主教育，逐步形成了三位一体、互为补充的结构，整个社会已形成了积极学习汉语的热潮；

3. 泰国汉语教学可持续发展的体制、机制正在形成。“泰国汉语教育可持续发展体制、机制是由泰国政府主导、中国政府鼎立支持下形成的"[①]，这一机制的形成和完善是泰国汉语快速传播的基础和源泉。

二、泰国汉语教学的层次与特点

本小节分层次探讨现阶段泰国汉语教学的特点。[②]

1. 大学阶段的汉语教学

在泰国的汉语教育体系中，大学阶段汉语教学的开展相对完善。

泰国高等学校汉语教育的开展始于朱拉隆功大学。1975 年，朱拉隆功大学文学院开设了汉语专业，最初汉语是副科选修课，开设的课程主要是基础汉语课程。随着汉语教学学科的不断完善以及中泰关系的不断改善，选择汉语作为选修课的学生不断增加。

1978 年，泰国宋卡王子大学开设了中文系，这是泰国最早开设中文系的高校。

20 世纪 90 年代初，随着汉语在泰国普及程度的提高以及泰国高等学校汉语教育的成熟，泰国汉语专业副科课程逐渐被调整为主修课程。到目前为止，几乎所有有影响力的泰国高校都开设了汉语主修课，如泰国法政大学、川登喜皇家大学、东方大学、易三仓大学、博仁大学等。在这些大学中，每年选修汉语课程的学生超过千人。现阶段泰国大学阶段的汉语教学可以分为汉语专业课、汉语辅修课和汉语选修课。此外，一些学校开设了复合型的汉语专业，如泰国易三仓大学开设了商务汉语专业和汉语教育专业。

---

① 吴应辉、杨吉春：《泰国汉语快速传播模式研究》，《世界汉语教学》，2008 年第 4 期。

② 泰国约有几十所幼儿园开设了汉语课，上课时间为每星期 1—5 个小时。教授内容主要为汉语会话、听说读写、写汉字等。（参见龙伟华：2012）由于规模相对较小，本课题没有对幼儿园阶段的汉语教学予以专门的介绍。

至于教学内容，各大学基本上根据各自的师资条件进行安排。大多数高校的汉语课程仍从零起点开始，上课时间为每周每门课1—3个课时，每周每门课1—2次。①

2. 中小学阶段的汉语教学

泰国中小学开设汉语课的情况和性质有些差异，详见表2-2：

表2-2　泰国中小学汉语课程的性质

	华文学校	公立学校	私立学校
小学	必修	—	必修/选修
初中	选修	选修/汉语兴趣班	必修/选修
高中	必修	专业/选修/汉语兴趣班②	

下面就将分别介绍一下泰国小学和中学的汉语教学情况。

1）小学阶段的汉语教学

目前泰国在小学阶段开设汉语课的学校主要是华文学校，目的是让学生接触汉语、体验汉语，培养学生对汉语的兴趣，为将来的学习奠定基础。

在师资方面，小学阶段的汉语教师一部分为泰国华裔教师，这些教师年纪较大，知识结构略有老化，还有一些教师是泰国高校汉语专业培养的汉语专业毕业生，他们的汉语水平参差不齐。近些年也有不少小学汉语教师是从中国派来的汉语志愿者教师。

在教材方面，目前小学阶段使用的汉语教材各不相同，多为中国大陆侨办出版的教材。有的学校也没有固定的教材，有的学校使用教师自己编写的教材。小学阶段开设汉语课的课时相差较

① 参见朱拉隆功大学亚洲研究所中国研究中心泰国汉语教育研究课题组：《泰国华文教学系列研究》，曼谷：朱拉隆功大学出版社，2008年。

② 有些学校的汉语兴趣班称为“俱乐部汉语”。以清迈地区为例，几乎所有开展汉语教学的学校都设有俱乐部汉语，相当于汉语课外活动，有汉字书法课、中国歌曲课、中国舞蹈课等。参见冯忠芳（泰）、吴应辉：《泰国清迈中小学汉语教学调查研究》，《云南师范大学学报》（对外汉语教学与研究版），2009年第4期。

大，从每星期 2—16 个小时不等，教授内容主要有综合汉语、会话、拼音、写汉字、唱歌等。

2）中学阶段的汉语教学

中学阶段教授汉语的机构有华文中学，也有国立及私立中学等。华文中学教授的课程主要有综合汉语、汉语会话、中华文化、旅游汉语等。每周课时为 2—10 节不等。

国立学校及私立学校初中阶段的汉语课基本上属于零起点教学，教学目的也主要是让学生体验汉语这门外语，培养学生对汉语学习的兴趣。此外还要求学生掌握一些生活中常用的汉语基本交际能力，课型一般是综合课并以交际为教学目标。主要课程有综合汉语、日常交际、基础汉语、旅游汉语等，汉语课时有限，一般每班每周 1—2 个课时，有极少的学校每周 4—6 节课。

国立及私立学校高中阶段分理科班和文科班，理科班汉语课每周课时为 1—2 节不等，文科班则学习包括外语在内的文科课程。现在越来越多的学校开设了文科汉语班，高中阶段开设文科汉语班是泰国高中汉语教学的一个主要形式，面向参加汉语高考的高中生，培养其汉语能力，汉语课时也比较多，每周 4—10 小时不等。有的学校为备战汉语高考，高三时还增加了 2 个课时，达到了 6—10 课时。文科汉语班的师资力量也较一般的常规汉语班更强一筹。各校文科汉语班的课程分别为综合汉语、汉语入门、基础汉语、会话、汉语听说、旅游汉语等。

总体而言，各类中学汉语课堂教学大多以汉语教师教授为主，学生的课堂练习时间很少。①

---

① 申雪妮：《针对泰国中学生的汉语教学方法的研究》，郑州大学硕士学位论文，2012 年。

图 2-6　泰国北揽府易三仓中学①

图 2-7　研究者在泰国朱拉隆功大学

本研究者梳理了几所泰国中学汉语课程设置及教材选用的情况，从中能更加清楚地了解泰国中学汉语教学的具体情况，见表 2-3：

表 2-3　泰国中学汉语教学开展情况②

学 校	学校基本情况	汉语课程设置情况	使用汉语教材
清莱府万伟中学	全校 23 个班，平均每个班 30 个学生。全校学生共 700 余人，教师 30 余人。	汉语被列为一门必修课，每周每个班 1 课时。	使用教材为《体验汉语》、《泰国人学汉语》等。
曼谷德伯斯瑞·罗姆克劳中学	全校师生 3600 余人。③	2005 年启动汉语项目。从初中到高中 6 个年级都开设汉语课。学校近 1000 名学生可以选择汉语课程。初中为非专业班，高中有专业班和非专业班。初中非专业班每周 1 个课时。高中专业班每周为 5—7 课时，高中还设立了 3 个非专业班。每课时均为 55 分钟。	汉语专业班使用《汉语教程》，非专业班没有统一教材。此外，适用学生们阅读的汉语图书和文化读物比较缺乏。学校专门设置了一间汉语教室，教室配备了电脑、投影仪等设施。

① 该照片由该校泰籍汉语教师韩丽老师提供。

② 相关资料来源：张鑫：《泰国曼谷地区中学汉语教学情况一瞥——以泰国曼谷 Debsirin Romklao 中学为例》，《世界汉语教学学会通讯》，2012 年第 1 期；梁海燕：《浅谈泰国零 M 中学生汉语学习——以 Phuttirungsriphibul 学校为例》，郑州大学硕士学位论文，2012 年。

③ 限于各种条件，表 2-3 中有关数据略有缺失，并不完全均等。

续表

学 校	学校基本情况	汉语课程设置情况	使用汉语教材
罗勇府吴塌难撒塔翁学校	学校有56个班级，学生3000多名，其中2200名学生学习汉语。	2008年开设汉语课程，以综合课为主。每周1节汉语课（高二、高三除外）。每学期汉语总课时为18—22课时，每课时为60分钟。除此之外，还开设汉语兴趣班课程，每周1课时，供全校学生选修。	教材为《创智汉语》。
差春扫府菩提朗西学校	全校教职员工80人，其中汉语教师3人。全校28个班级，学生1500人。	2007年开设汉语课程，每周1课时。一年级和四年级是完全零基础。二年级、三年级、五年级和六年级至少已经学习一个学年，但汉语学习效果不是很好，不能进行最基本的日常交流，所以应该说是零基础。	教材为《体验汉语》、《跟我学汉语》。
北揽府易三仓中学①	学校初中和高中共2327名中学生。高中部学习汉语的学生人数共有555名。该校汉语教师共有11位，分别为6名本土汉语教师和5名中国汉语教师。	1999年开设汉语课程。以高中部为例，理科班学生每周2节汉语课，教学内容是日常汉语。汉语文科班学生可达到6节汉语课，课程为汉语综合、日常汉语、旅游汉语3门。每节课50分钟。	高中部使用教师自编教材《基础汉语一》、《基础汉语二》、《基础汉语三》。

3. 其他形式的汉语教学

除了正规院校开办的汉语教学，泰国还有非正规教育和自主教育形式。

近几年来泰国创办了很多语言培训性质的补习学校，也称为“语言文化学院”或“语言学习中心”。这类学校规模大小不一，自行设置课程及教学大纲，授课方式灵活自由。这些学校大多在周末及平时的晚上授课，对象以上班族及在校学生为主。周末班

① 本调查由本人指导的泰国研究生、现担任高中汉语教师的韩丽（Chawanluk Aksornpan）协助完成。

每周 2—12 小时，常规班每周 10—20 小时。开设的课程以交际和实用类课程为主，如基础汉语、综合汉语、汉语会话、汉语写作、经贸汉语、速成汉语、HSK 汉语、旅游汉语等。

以曼谷最大的汉语补习培训机构东方文化书院为例，该书院从十几年前创办时的几十个学生发展到现阶段的 4000 多人，其规模号称东南亚最大的汉语培训中心，学生遍及各个阶层，教学效果及口碑均好。另有一个较为有名的补习机构叫“曼谷语言中心”，专门在曼谷的各大购物中心开办汉语教学点。

随着中泰两国经济、文化交流的发展，中国内地一些大学在泰国也开设了分校，如北京语言大学在 2002 年和泰国易三仓商业学院在曼谷联合开办了“北京语言大学曼谷学院”。此外，中国政府与泰国联合开办了 12 所孔子学院和 11 所孔子课堂，这使得泰国的汉语教学机构更为立体化。

三、泰国汉语教学存在的问题

当然，泰国汉语教学在迅猛发展的同时，汉语教学体系中的师资、教材、教法都暴露出了一些问题，汉字教学也成为其中一个十分凸显的问题，引起了本研究者的重视。

1. 缺乏统一的教学大纲

从 2003 年开始，泰国政府规定国立学校也可以从小学开始开设中文课，至此，泰国国民教育体系从小学到大学均可以开设汉语教学。不过问题随之而来，即小学、初中、高中和大学学生学习汉语都要从零起点学起，即当学生完成小学学业之后，进入初中、高中阶段又要从零开始学习汉语，当进入大学之后一般也需要再从零起点重新学习一次，即所谓的“四零现象”，因此汉语学习就如原地踏步走，这为泰国整个汉语教育体制的构建带来了巨大障碍。[①]

之所以出现这一状况，主要原因是泰国教育部至今还没有出台一套从幼儿园到大学的统一明确的指导全局的汉语教学大纲[②]，没有明确规定各教学阶段应该具备怎样的汉语水平，这就使得汉语教学效果无法受到监控。12 年制基础教育阶段中汉语教学缺乏连续性，这也给学生汉语学习水平的全国性评价带来了诸多不便。

2. 汉语教学课时难以保证

泰国中小学汉语课一般为每周 1—2 学时，至多为每周 6 课时。另外泰国节日和宗教活动繁多，去掉寒暑假、节日假期和周末，全年实际上课时间不足 200 天。前文介绍，泰国基础教育并不只是以学习为主，学校里各种节日活动、学校活动很多，因此往往又会占用一定的上课时间，因此有的学校一学年两个学期加在一起汉语课也可能超不过几十节课，汉语教学时间难以保证。由于课时少，课型一般无法从语言技能分项训练的角度来安排，而是按照综合课课型来设置。

另外，泰国的课与课之间没有休息时间，学生从一个教室赶往另一个教室会占用一部分教学时间。比如学校规定 1 个课时是 50 分钟，但实际上课的时间可能只有三四十分钟，这也无形中缩减了汉语教学的实际授课时间。

3. 汉语教学方法传统保守

据研究者的课堂观察，现在泰国的汉语教学普遍采用的仍是最古老、最传统的语法翻译法，教学方法仍较为单一、单调，精讲多练原则并未得到普遍的贯彻。“一支笔、一张嘴、一本教材成为汉语课堂的全部手段”，这不仅影响泰国汉语教学效果，也降低

---

① 黄德永（泰）：《泰国汉语作为外语教学政策制定的全球视野比较研究》，中央民族大学博士学位论文，2014 年。

② 吴应辉、龙伟华（泰）、冯芳忠（泰）、潘素英（泰）：《促进泰国汉语教学，提高国家竞争力战略规划》（译），《国际汉语教育》，2009 年第 1 期。

了学生学习汉语的积极性。本研究者在泰国进行课堂观察中发现，来自中国的汉语志愿者教师课堂气氛相对比较活跃，若是上了一定年纪的泰国本土汉语教师，课堂教学方面有时略显呆板，课堂气氛也略有沉闷。下面是本研究者在泰国对一位本土汉语教师进行的课堂观察①：

授课地点：泰国曼谷

教学对象：高中 1 年级

教学内容：词汇讲解

教学方式：教师坐在讲台前基本上以泰语进行讲解，教学缺乏精心的设计，缺少必要的交际活动，课堂非常安静，气氛较为沉闷。

图 2-8 泰国中学汉语课堂

4. 华裔学生学习优势不在

通常人们会误以为泰国华裔众多，因此开展汉语教学和汉字教学的条件会好一些。实际的情况是，现在泰国的华裔学生多为

① 田艳：《泰国汉语教学调研报告》，《汉语国际传播研究》，2012 年第 1 辑。

第四代华裔，汉语水平参差不齐。

“除了在华校学习期间能使用一定的汉语外，华裔学生在家庭和社会中都缺乏使用汉语的环境，因为他们的家长很多已不会讲汉语，不能对子女的汉语学习提供帮助。”① 华裔家庭内部甚至华裔同学之间的交流也主要以泰语为主，缺乏听说汉语的机会和氛围。此外，华裔学生的汉字水平也不容乐观，有些学生只有借助汉语拼音才能读出汉字，更谈不上能熟练运用、准确书写汉字了。

在这一情况下，华裔学生学习汉语越来越不成为一个优势，汉语对这些学生来说等同于外语或第二语言。

5. 汉字教学受到严重忽视

在泰国，汉字教学基本没有引起重视，从政府层面到学校层面均未采取具体措施开展专门的汉字教学，汉字教学处于放任自流的状态，这极其不利于泰国汉语教学的深入发展（具体情况见第三章“泰国汉字教学发展的相关问题”）。

本章小结

本章介绍了泰国教育制度和教育理念、泰国汉语教育的历史和现状。

泰国正规教育体系具有明确规范的教学目标、管理体系及课程安排，可分学前幼儿教育、初等教育（小学）、中等教育（分初中和高中）及高等教育 4 个阶段。泰国人一般要接受 12 年的基础教育，其中 6 年是初级教育，3 年是初中教育，3 年是高中教育，即 6—3—3 制。

“寓教于乐”是泰国的教育理念和教育特色，在这一教育理念的指导下，学校要求教师在愉快的氛围中完成学习任务。泰国教

① 刘美玲：《泰国华校小学汉语教学现状研究》，暨南大学硕士学位论文，2006 年。

育还十分注重培养学生的综合素质，而并非单纯以学生在班级中的成绩排名作为衡量依据。所以，将课内学习与课外活动紧密地结合成为泰国基础教育的独特之处和鲜明特色，课外活动由此成为整个教学体系中不可或缺的组成部分。

在泰国独特教育理念的支持下，泰国汉语学习者也呈现出有别于亚洲其他国家（如中、日、韩）学生的特点。具体表现为：1. 性格活泼开朗；2. 注重礼貌规范；3. 动手能力很强；4. 学习动机不足；5. 学习习惯松散。前三者是优势，而后二者则是劣势和不足。

泰国的汉语教学拥有近 300 年的历史，其间经历了几段大起大落。1908 年，泰国创办了第一所华文学校，之后汉语教育在泰国经历了一个迅速发展的阶段。20 世纪 30 年代，泰国汉语教育进入了低迷时期。20 世纪 40 年代末，泰国政府在华文教育政策方面逐步由取缔转为限制。复兴时期始于 1975 年，中泰两国正式建交，严格管制汉语学校的政策得以放宽。1992 年以后，泰国政府积极地放宽了对汉语教学的政策，自此泰国汉语教学进入了真正快速发展的黄金时期。现阶段泰国汉语教学的发展呈现出三个特点：1. 学习人数众多；2. 教学层级丰富，立体化结构形成；3. 泰国汉语教学可持续发展的体制、机制正在形成。

泰国的汉语教学在大中小学不同阶段呈现出不同的特点。在泰国的汉语教育体系中，大学阶段汉语教学的开展相对完善。到目前为止，几乎所有有影响力的泰国高校都开设了汉语主修课。中学阶段教授汉语的机构有华文中学，也有国立及私立中学等。

当然，目前泰国汉语教学还存在一些问题：1. 缺乏统一的教学大纲。目前泰国小学、初中、高中和大学学生学习汉语都要从零起点学起，即所谓的“四零现象”。2. 汉语教学课时难以保证。3. 汉语教学方法传统保守。4. 华裔学生学习优势不在。5. 汉字教学受到严重忽视。在泰国，从政府层面到学校层面均未采取具体措施开展专门的汉字教学，这极其不利于泰国汉语教学的深入发展。

第三章　泰国汉字教学发展的相关问题

本章主要围绕泰国汉字教学的四个相关问题进行讨论：泰国汉语学习者汉字学习的优势及难点、汉字在泰国汉语教学中的作用、泰国汉字教育政策及汉字使用的社会环境以及泰国汉字教学的现状。

第一节　泰国学生汉字学习的优势及难点

一、泰国学生学习汉字的优势

泰国学生在学习汉字认知方面较其他国家的学习者具有一定的优势，表现在理解汉字构形、理解汉字笔顺、理解汉语字词组合三个方面。

1. *在理解汉字构形方面的优势*

汉字是二维平面分布，汉字的各种形体被限定在一个方框内，并有上下、左右、内外等不同的排列维度和组合方式。泰文是音位文字，有辅音字母 42 个，元音字母和符号 32 个。泰文元音辅音字母的组合方式是：元音字母可以在辅音字母的前后出现，还可以在辅音字母的上、下位置出现。此外，泰文有 4 个声调符号，标在辅音的上方。因此泰文字母的内在组合方式与汉字结构有相似之处，如表 3-1 所示。

表 3-1　汉字与泰文在结构相似之处对比表

结构组合方式	汉字	泰文
上下结构	学、贾	อี、รู้、ยู่、ชั้、จู
左右结构	汉、相	การงาน、สะอาด

因此，“在泰国学生最原始的认知当中，其实上或多或少早已对汉字的组合方式存有概念”，而不会感到过于陌生。因此教师在讲解汉字结构时，可以利用泰文字母组合方式与汉字字形结构方式的相似性来进行汉字构形知识的教学。

2. 在理解汉字笔顺方面的优势

汉字具有较为严格的书写规则，泰文字母书写时也要依照一些基本的书写规则，有些规则与汉字笔顺有一些相似之处，如表3-2所示：

表 3-2　汉字与泰文字笔顺相似之处对照表①

笔顺规则	汉字例字	泰文字母
先左后右	你、汉	ก、ข、บ 、ม
先内后外	这、边	ด、อ、ฮ、ศ 、ต

3. 在理解汉语字词组合方面的优势

汉字是音节文字和语素文字，汉语中有意义的单音节和语素（用汉字记录）基本上都能充当词素。在汉语中运用复合法构成合成词的情况较为普遍，这一点与泰语中合成词的组合方式十分类似。如表 3-3 所示：

① 这里所说的类似只是在大的方面类似，细节方面还是有差异的。比如ก是从左下角开始起笔，到右下角结束；น是从左上角起笔到右上角结束的。

表 3-3　泰文复合式词语组合范例

泰文语素	泰　文　词　语
นัก—专家	นักศิลปะ（艺术家）、นักแปล（翻译家）、นักวิทยาศาสตร์（科学家）、นักการเมือง（政治家）、นักการศึกษา（教育家）
นัก—人员	นักกีฬา（运动员）、นักแสดง（演员）、นักบิน（飞行员）、นักขาย（销售员）
คน— 人	คนจีน（中国人）、คนไทย（泰国人）、คนรวย（有钱人）、คนชรา（老年人）
เครื่อ—机器	เครื่องซักผ้า（洗衣机）、เครื่องถ่ายเอกสาร（复印机）、เครื่องบิน（飞机）、เครื่องทำขนมปัง（面包机）
รถ —车	รถไฟ（火车）、รถจักรยาน（自行车）、รถแท็กซี่（出租车）、รถบรรทุก（卡车）
สี —色	สีแดง（红色）、สีเหลือง（黄色）、สีเขียว（绿色）、สีดำ（黑色）、สีขาว（白色）

当然，汉泰词语在动宾式、主谓式、动补式、偏正式等词语的组合方面也有很多的相似之处。因此，泰国学生对汉语中一些词语的组合方式并不陌生，所以教学中可以运用汉泰词根语素构成合成词的方法来教授汉语词语，使学生在短时间内积累较多的新词语，这也是泰国学生学习汉字的优势。汉字教学法中有一种字根拓展识字法，即利用汉字构词能力强的特点进行字词教学，泰国学生对这一教学法应该感到亲切、熟悉，并且可以得心应手地加以应用。

二、泰国学生学习汉字的难点

汉字有着几千年的历史，数量众多、笔画繁复、结构多维，是音、形、义结合一体的音义文字。汉字在泰国学生眼里就如同图画一样让人摸不着头脑。对泰国学生来说，汉字难写、难认、难记又难懂。有研究表明，汉字被泰国学习者认为是汉语学习中最大的难点，绝大多数泰国学生认为汉字难学。[①]

1. 汉字字形方面的难点

泰国学生开始学习汉字时，首先要面对的就是字形。

汉字笔画数量多。汉字由笔画（和部件）组成，汉字笔画数量较多，达到30多个，每个汉字的平均笔画数为8—9画，笔画最多的汉字竟达36笔。因此对于泰国学生来说，汉字记忆的负担之重可想而知。

汉字笔画细微复杂。笔画之间的差别十分细微，笔画形变多样，如“撇”的形变就有“横撇”、“竖撇”、“长撇”、“短撇”等很多种。由于汉字笔画细微复杂，从而导致形近字大量增加，这很容易令学习者混淆，难以迅速辨认，如“日—曰”、“人—入”、“己—巳”等。泰国学生由于对笔画记忆不牢靠而随意调换字形，用头脑中的字形代替正确的字形。比如会把撇写成竖，把提写成撇，把点写成撇，把“头”和“兴”弄混，把“未”和“末”弄错，从而造成笔画笔形的失准。另外，汉字是二维平面结构，由复杂多样的笔画交织而成，于是造成了汉字笔画交错、层次复杂。因此，书写汉字时，笔画稍一出现错误就很容易出现别字或是错字。

汉泰文字笔形存在差异。汉字的笔画多是“横平竖直”，很少有圆形笔画，而泰国文字有很多圆角和弧线，因此泰国学生书写汉字中的折笔或由折笔派生的笔画时不甚习惯，常出现偏差。

汉字笔画组合方式多样。如果将两横两竖四个笔画进行线性排列，只可能有“--｜｜”、“-｜-｜”等6种组合形式。如果将两个笔画双向二维组合则可以有“十”、“X”、“∟”、“∠”、“Λ”、“V”、“T”、“⊥”等难以计数的组合形式。[②]

① 汪向：《泰国中学汉语教学现状调查及对策》，《语文建设》，2012年第22期。

② 周健：《汉字教学理论与方法》，北京：北京大学出版社，2007年。

汉泰文字笔画连接方式存在差异。汉字笔画之间的连接方式有相交、相离、相接三种。很多汉字的笔画看起来是连接在一起的，如“口”字，其实是由三个不同的笔画分三个不同的方向组合在一起的。而泰文几乎都是一笔写成，中间没有断笔。泰国学生书写错误中就有一类是“一笔化”错误，即将汉字中两笔或三笔的笔画用一笔写出来，这类错误即是由汉泰笔画连接方式不同而造成的。

汉泰文字笔顺均较为复杂。汉字笔顺与泰国笔顺尽管在一些方面存在相似之处，但两者之间的差异其实更大，这也是造成泰国学生笔顺正确率不高的一个重要原因。汉字笔顺基本规则有 7 类（先撇后捺、先横后竖、从上到下、从左到右、先外后里、先外后里再封口、先中间后两边），但是也有很多衍生规则，如“点在上部或左上时先写点（如广、义、为）”、“点在右上或在字的内部时后写点（如戈、我、瓦）”、“上右和上左包围结构的字先外后里（如句、床、屋）”、“左下包围结构的字先里后外（如远、建、这）”等。

泰文的笔顺规则也很独特，为便于理解，本研究者制作了一个泰文笔顺规则表，详见表 3-4：

表 3-4　泰文独特笔顺一览表

泰文笔顺规则	举　例	说　明
从下往上	ไ、ร、ว	从下面的圆圈开始往上写。另外，元音辅音字母上下组合时，要先写下面的辅音，再写上面的元音。
先上后下	ภ、ฎ、ฏ、ก	一般是从左下角起笔。
先下后上	ง、บ、ย、อ、ข、ท	从上面的圆圈儿处起笔。
混合多元走向	ณ、ฌ、ง、อ、ฬ、ส、ษ、ณ、จ、ล、ธ	笔顺向各个方向伸展。

可以看出，泰文的笔顺规则与汉字的笔顺规则存在巨大的反差，因此，如果泰国学生缺乏对汉字笔顺规则的基本训练，非常容易导致汉字笔顺书写的混乱。比如在书写汉字时，会受到泰文书写习惯的影响出现倒笔现象，如汉字笔画“丿”，有的泰国学生就会从下往上写。

汉字部件组合方式多样。汉字中的合体字占大多数，合体字由部件组成。汉字的末级部件超过600多个，不过很多部件不可称谓，很多部件在字形上也颇为相近，从而导致形近字增多。另外，部件之间的组合方式复杂，远不止上下结构、左右结构那么简单，仅包围结构就有6种之多，且不同种类的包围结构，其笔顺规则也截然不同。如上左包围结构的字（床）与左下包围结构的字（这）的笔顺就存在差别。即使同是左下包围结构，“建”、“这”、“题”、“赶”的笔顺也完全不同。另外，部件位置的改变也会形成不同的汉字或者错字，如杏—呆、陪—部等。

2. 汉字字音方面的难点

泰语是拼音文字，只要掌握了元音、辅音，就很容易将所听到的任何字词正确地书写出来。相比之下，汉语语音就呈现出比较复杂的面貌。

汉字表音方式独特。有学者认为，汉字的意义可以通过视觉符号获得，但是字音则需要单独专门记忆。① 虽然很多研究证明了汉字形声字仍具有一定的表音功能和语音提示功能，但就整体而言，从汉字字形中读取字音并不容易，因此汉字字音的获得和记忆对泰国学习者来说仍然是一个难点。

汉语中同音字很多。因此泰国学生在没有建立起汉字音形联系的时候，就容易出现同音替代的错误，如将“公园”写成“公元”、将“拼搏”写成“拼博”、将“再见”写成“在见”等。

---

① 程朝晖：《汉字的学与教》，《世界汉语教学》，1997年第3期。

汉语中声调差异细微。泰国学生的汉字偏误中就有一类是由声调错误引起的，如有些泰国学生将“田地”写成“天地”，将“教室”写成“教师”，将“已经”写成“一经”，这些都是因为声调辨析错误而导致的书写错误。

形声字表音度存在差异。汉字形声字中的声旁的表音度可分为1—5度，1度表音度最好，表音度为1度的形声字的声旁可以直接、准确表音，但这类形声字并不多，大量的形声字表音情况较为复杂。如果没有经过训练，学生念错形声字的情形还是不少见的。

可见字音也是影响泰国学生对汉字正确识记的因素之一。

3. 汉字字义方面的难点

汉泰两种文字属于不同性质的文字系统，两者的表意方式存在较大的差距。

泰文是拼音文字，由于泰文仅仅是书写符号，记音是直接的，表义是间接的，字形和字义没有直接的联系，所以泰国学生不习惯从字形中提取字义。

汉字的造字来源复杂多样。汉字根据其造字来源可以分为象形、指事、会意、形声等类别，每种类别的汉字表意方式也有所不同。

汉字的认知过程复杂。汉字的认知过程包括音与形、形与义、音与义的结合，要比拼音文字复杂得多。对于习惯拼音字母文字的泰国学生来说，在书写和认读汉字时会遇到较大的不适应，他们很难从所看到的汉字字形本身去理解该字所表达的意义。

汉字经过简化以后，其理据性有所下降。汉字在演变和简化的过程中，其表义性受到一定的破坏，同时还出现了很多多义字，如不经过系统的学习，学生很难掌握字义的多个义项。

由于上述诸多难点的存在，如果泰国汉字教学中缺乏对汉字的音形义进行清晰、系统的讲解和练习，学习者只能采用“机械记忆”、“反复抄写”等僵化的策略记忆汉字，学习效果可想而知。

第二节　汉字在泰国汉语教学中的作用

关于汉字教学在泰国汉语教学中的作用，相关研究并不多见。对这一问题，应从两个方面来进行分析：汉字教学在泰国汉语教学中具有本位作用和辅助作用。

一、汉字在泰国汉语教学中的本位作用

1. 汉字是汉语教学中的重点和难点

“汉语难”在相当程度上首先是因为“汉字难”。

汉字有其独特的结构系统，内部系统分为字形、字音、字义三个层面，外部系统分为字、词、句三个层面，且汉字文化渊源深厚。

前文已经分析，汉字数量繁多，在字形方面，汉字结构复杂，笔画差异细微，笔顺规则多样，这也造成了汉字交错复杂的状况，从而导致汉字书写难度大；在字音方面，泰国学习者不习惯从汉字字形中提取字音，且汉字语音本身的特点会给学习者认读汉字带来困扰；在字义方面，尽管汉字是表意体系的文字[①]，不过汉字表意的透明度在下降，学习者需要经过专门训练才能逐渐掌握。

如果书写相对简单的表音文字，学习者可以先行掌握发音、拼写规则，然后习得文字；而汉字是音、形、义的结合体，形义、音义、音形之间存在复杂的关联性，再加上汉字所携带的文化信息，更赋予汉字一种复杂、精妙的气质，从而令学习者感到难以捉摸。

---

① 黄伯荣、廖序东主编：《现代汉语》，北京：高等教育出版社，2011 年。

在泰国本土学习汉语的学习者中，非华裔泰人的比例越来越大，因此将泰国划入“汉字文化圈”已不符合泰国汉语学习者的实际情况。整体而言，初学汉语的泰国学生跟其他使用拼音文字的学习者一样，觉得汉字是一堆缺乏规则、令人生畏的图案，无从下手。

2. 汉字与汉语具有十分密切的关联性

再从汉字与汉语的关系来看汉字的本位作用。

汉字是综合型、立体型的文字，和语言的关系是深层次的。汉字教学的根本目的是“帮助学生认读汉字、书写汉字、学习汉语，掌握汉语的书面语。”① 同时，“汉字这样的语素文字对汉语的反作用尤其明显，有时会达到惊人的程度”。

文字是记录语言的符号系统，如果一种文字能适应它所代表的语言的特点，满足社会交流的需要，它就会长期地存在和发展下去。汉字千百年来的长盛不衰也证明了汉字是一种能适应汉语特点的文字系统。

1）汉字适应汉语以单音节语素为主的特点

汉字不仅仅是汉语的载体和外壳，汉字还是汉语的细胞和最常见的结构因子。在音节方面，汉字是单音节的构成；在意义方面，汉字是单音节的语素，而单音节语素是汉语中最小的一级语法单位，因此语素、字、音节具有高度的一致性，学习者可以透过字义理解词义，透过词义掌握句义。② 学生可以通过理解语素来理解词义，从而可以避免词语学习中囫囵吞枣式的僵化记忆方式。“关注汉字，就是关注语言的生成”。③ 所以用汉字记录汉语语素很方便，适应了汉语以单音节语素为主的特点。

---

① 卞觉非：《汉字教学：教什么？怎么教?》，《语言文字应用》，1999 年第 1 期。

② 李如龙：《论汉语与汉字的关系及相关的研究》，《语言教学与研究》，2009 年第 4 期。

③ 潘国文：《汉语的构词法研究》，上海：华东师范大学出版社，2004 年。

2）汉字能有效地将汉语中众多的同音语素区分开来

汉语以单音节语素为主，同音语素很多，如“工艺”、“公益”、“公义”几个词语的发音一样，用汉字书写出来却是形体各异，而如果使用拼音书写，同音就同形。由于缺乏汉字在字义方面的提示作用，学习者理解拼音的速度就会大大降低，而且还非常容易产生歧义。因此必须借助书面符号将同音语素区分开来。不同的汉字形体可以记录多个同音语素，从而可以使它们在书面上有所区别，因此，汉字分化同音语素的能力很强，具有十分明显的区分度。

3）汉字具有很强的辨义能力和构词能力

汉字具有很强的辨义能力。汉字在一定程度上可以直接或间接地表达意义，从汉字的象形、指事、会意等造字法就可以看出汉字首先是从意义入手创造出来的，因此汉字的表意能力、辨义能力是拼音文字所无法比拟的。

汉字作为表意文字，语义提取比泰语快，学习者判断辨析词语的时间短，因此有助于理解、记忆和运用词语。汉语教学初级阶段“汉字后学或不学”的做法会影响学生对汉语词语的辨义及习得，因此到了中高级阶段，如果汉字掌握得不好，会影响词语辨析能力的提高。

汉字在构词上具有极大的灵活性和便捷性。现代汉语的语素包括自由语素和黏着语素，一个语素一般用一个汉字表示。汉语语素的构词能力很强，构词方式灵活。“两个汉字只要意义上能搭配，语言习惯上也能认可，就可以以有限的汉字生成难以估量的丰富多彩的复音词”。[①] 以“人”为例，该字构词能力极强，可以构成几百个词语。汉语水平高的学习者，掌握3000个汉字的同时，可以掌握2万个以上的词语。汉字在构词方面具有得天独厚的优

---

① 周健：《汉字教学理论与方法》，北京：北京大学出版社，2007年。

势，比任何拼音文字都更加灵活便捷。

3. 学习汉字对于提高汉语阅读能力至关重要

语言学习的目标既是获得口语能力，也是获得书面语能力。书面语的学习离不开语言的书写系统，汉语是以汉字这种表意文字作为载体的，因此，识字量的多少，在某种程度上直接关系到学生书面语水平的高低。对于中高级阶段的学习者来说，阅读能力是语言能力提高的带动力量，“不能掌握汉字的学生最终会放弃汉语。”[①] 因此，想要具备良好的汉语书面交际能力，必须先学习一定数量的汉字。另外，读写能力对于促进学生的口语语言能力向深入发展也起着至关重要的作用。读写能力高有助于学习者脱离初级口语的随意，可以促使口语表达更加规范、精确。如果对汉字教学采取听之任之的态度，让学生仅仅满足于听和说，读写能力的发展会遇到很大的障碍。新加坡的华文教学就曾经走过这样的弯路。[②]

值得注意的是，进入 21 世纪，全球各类汉语网站不断兴起，中文（汉语）网站中所占的比例也迅速提高。各类中文网站中承载着无可估量的信息和经济、文化、政治等多元价值，而汉字正是这些网络信息的载体，掌握汉字无疑对于掌握如此巨大的信息量有着至关重要的作用。泰国政府已经认同汉语是“可以提高国家竞争力”的语言[③]，如果缺乏汉字（教学）的助力，很难想象汉语会成为提高国家竞争力的语言。

正因为汉字所具有的至关重要的作用，因此突破汉字难关就成为国际汉语教学，当然也是泰国汉语教学的一项重要任务。可

① 李宇明：《重视汉字教学——序吴应辉〈汉语国际传播理论与方法〉》，载《汉语国际传播研究理论与方法》，北京：中央民族大学出版社，2013 年。

② 王革英：《应重视海外汉字教学》，《人民日报》（海外版），2007 年 5 月 27 日 2 版。

③ 黄德永（泰）：《泰国汉语作为外语教学政策制定的全球视野比较研究》，中央民族大学博士学位论文，2014 年。

惜，由于泰国汉字教学多年来疏于治理，使得汉字无可避免地成为泰国学生汉语学习的瓶颈。泰国以举国之力发展汉语教学，从一个国家汉语教学长期发展的角度来看，对于正规教育形式，特别是大学的汉语教学或将汉语作为职业工具的学习者，汉字教学是一个绕不过去的“坎儿”，具有无可置疑的本位作用。因此在泰国的汉字教学应该得到高度重视，学习者要想提高汉语水平或者说是要学好汉语，就必须学习汉字、学好汉字。

二、汉字在泰国汉语教学中的辅助作用

由于泰国汉语学习者学习层次丰富，学习群体复杂，学习动机多样，因此除了上文所阐释的汉字所具有的本位作用，对于那些学习时间相对较短、学习动机不太稳定、学习目标不甚明确的学习群体，汉字教学也具有辅助作用，这可以从三个方面来进行分析：

1. 汉字可以对泰国学习者形成多维冲击

对于泰国汉语学习者而言，汉字笔画棱角分明，结构独具特色，韵律富有节奏，这些都与泰文字形成了较大的差异，因此能在视觉、听觉、思维等方面给学习者带来一定的冲击和新鲜的体验，有利于泰国学生开阔眼界，活跃思维。特别是对于成长中的泰国青少年来说，学习汉字可以调动学生运用双脑进行思考，协调眼、手、大脑的关系，起到益智的作用。长期练习书写汉字，还可以培养学习者严谨、细致的处事态度以及规范精确的做事方式。

此外，每个汉字都携带多维信息，并且汉字具有一种拓扑性质，因此学习汉字具有开发大脑的作用。20 世纪 80 年代，心理学家查德·林博士对日本和欧美四个国家的儿童智商进行测查发现，欧美四国的儿童智商平均为 100，而日本儿童平均智商为 111，原因是日本儿童学习了汉字。日本石井勋教授的研究也表明，儿童

如果从5岁开始学习汉字，学一年智商能达到110；若是从4岁开始学习汉字，学两年智商能达到120。

2. 汉字教学可以为泰国学习者带来学习乐趣

作为世界上历史最悠久的文字之一，虽然经过了不同时期的演进，但是今天汉字的魅力依然存在。无论是象形字还是会意字，指事字还是形声字，每个汉字都携带着远古神秘的气息，充满了独特的旨趣，可以激发学习者探索的欲望。汉字具有视觉化、直观性特点，汉字练习的方法也多种多样，如词语接龙、字词排序、看图写字、生字开花（词语扩展）、韵语唱读、部件拼字等，这些活动可以给沉闷的汉语课堂教学注入新鲜的活力，使汉语教学更加形象、生动、有趣，这一点也非常符合泰国学习者的学习习惯和学习心理。

3. 汉字教学可以为泰国学习者增添文化底蕴

作为独特的文字体系、文化载体以及非物质文化遗存，汉字保留着丰富的人类信息和文化蕴涵，不时地向今人传递出远古时代的文化气息。虽然历经世事沧桑，很多汉字似乎丧失了原来的意义，变成了抽象的符号，然而如果用文化的透镜透视汉字，它们依然可以看作是人类“文明进步全过程的路标”，充满了意义。每个字就是一幅风俗画，它们勾画出造字时代先民生产、生活的众多画卷，是理解文化的珍贵线索。探寻这些文字所遗留的线索，可以解读出中国古人生活的方方面面①，如思维方式、宗教信仰、价值判断、生活方式等，因此可以极大地扩展泰国汉语学习者的见识和视野，增强其文化历史的厚重感。另外，作为汉字书写艺术的瑰宝，书法可以为汉字教学增添无限的文化风采，书法线条所蕴含的旋律、节奏和神韵承载了丰富的文化积淀以及中华民族生生不息的生命力。

① 田艳：《人类学视野下的汉字文化》，《青海师范大学学报》，2006年第5期。

因此，汉字教学中，教师应引导学生把每一个汉字都看成是富有生命的个体而不是孤立的符号，把汉字系统看成一种生命系统而不是分散的音节，并带领学生们去欣赏和探索它的风韵、气质和底蕴，让汉字教学变得更加富有灵性和人文气息。

第三节　泰国汉字教育政策及汉字使用的社会环境

一、泰国汉字教育政策和规划

泰国汉字教育政策的完善与否，首先有赖于泰国汉语教育政策制定的水平。实际的情况是，目前泰国汉语教育政策不尽完善，汉字教育政策也因此处于严重滞后的状态。主要表现在以下几个方面。

缺乏大、中、小学相衔接的标准化汉语教学大纲。这一空白现象在短时期内将依然存在①。因此泰国各阶段、各层次的汉语教学目前处于各自为政的状态，教师的教学目标难以明确。在这种情况下，汉字教学的开展也就无法写进教学大纲，并得到重视。

缺乏统一的课程大纲。目前泰国学校的汉语课程缺乏统一的、针对不同课型而设计的课程教学大纲，因此课程性质、教学对象、教学要求、教学内容、教学安排、教学方式、考核方式、使用教材等也缺乏标准。汉字课的开设也就没有了依据。

缺乏统一的考试大纲。考试大纲是完善教学的一个重要环节。目前尚缺乏有针对性的小学、中学、大学各自独立又相互衔接的考试大纲，因此汉语教学的成果难以评价，考试中关于汉字教学

① 李昊：《中泰合作背景下泰国高校汉语教学的发展及问题》，《华文教学与研究》，2010 年第 1 期。

效果的评估也就无法进行。

2008年，泰国教育部制定了《泰国汉语教学大纲》，并于2009年在基础教育学校推广使用。大纲将汉语教学的学习内容分为四个部分：“交际语言”、“语言与文化”、“语言与其他科学的关系”以及“语言与社区及世界的关系”。“交际语言”是指学习者能够有效地使用语言交际技能交换信息、表达感想；通过说和写的方式提供信息，表达总体思想和意见。“语言与文化”是指了解中国语言和文化之间的关系，了解中国与泰国在语言和文化之间的异同，并能够恰当地运用。“语言与其他学科的关系”是指将外语与其他学科联系起来，并作为个人发展和开阔视野的基础。“语言与社区及世界的关系”是指能够在学校、社区和社会等不同交际场合下使用适合于各种情境的汉语；能够把汉语作为学习、深造、工作和社会生活等方面的辅助工具。

从这份大纲可以看出，大纲中提出的各种能力的获得和表达都需要借助文字来实现：通过文字阅读获得对于文化和深层思想的理解，通过文字表达对复杂事物的观点。不过该大纲并没有提出具体的实现措施，特别是对汉字能力没有提出任何明确的规范和要求。这一缺憾既与泰国汉语教学发展的阶段有关，也与泰国汉语政策制定机构没有认识到汉字教育的重要性密切相关。

因此，泰国汉语教育领导机构应该高度重视汉字教学，编制出汉字教学大纲、课程大纲及考试大纲，明确地阐述各层次汉字教学目标，同时编写出针对不同学习者和学习目标并能体现泰国本土化特色的汉字教材。

二、泰国汉字使用的社会环境

在海外，汉字的学习环境十分重要。学习环境即学生进行学习时所处的环境，包括社会环境和课堂环境。以往研究只关注课堂环境，而对社会环境的重视不足。社会环境对学习者汉字熟识这类视觉符号具有重要的作用，是一种隐性教学资源，应被考虑到教学体系之中。

泰国的社会汉字环境相比于欧美国家，应该说是不错的。

首先，街面上到处可以见到汉字标识和牌匾。华人在泰国总人口中占有一定的比例，泰国华人在泰当地的经济生活中表现得也较为活跃，因此华人商铺、公司遍及泰国的每座城市。泰国大街小巷中的饭馆、店铺、华人会馆的牌匾也常用汉字和泰国文字同时标注，因此汉字（无论是繁体字还是简体字）对泰国人来说并不陌生。泰国非华裔人口虽然不懂汉语，但在街巷上时刻都能看到汉字，所以他们对汉字也有一种熟悉感，对这种平面文字的结构和笔画等具备基本的概念。因此，泰国学生认读汉字相比西方一些国家的学生会更加便利。

另外，泰国的中文报刊也数量可观。首都曼谷和各省府的书店都有中文书刊报纸出售，发行较大的中文报纸有《暹逻日报》、《世界日报》、《亚洲日报》、《中华日报》、《京华中原联合日报》等。这些报纸版面多、信息容量大、内容丰富。这些报刊上的文字以前以繁体字居多，现在也有不少简体字。

图 3-1 曼谷街头的中文牌匾

图 3-2 泰国的中文报纸

第四节 泰国汉字教学发展现状

泰国各教育阶段的汉字教学，在课时安排、课程性质、教学方式等方面都有所区别。下面从小学、中学和大学三个部分来介绍泰国汉语教学中汉字教学的开展情况。

一、小学阶段的汉字教学情况及个案调查

1. 泰国小学汉字教学的基本情况

泰国小学阶段为 1 至 6 年级，每个年级每周 3 至 6 节汉语课，学生包括华裔和非华裔两大类。泰国小学阶段的汉字教学取决于教材和教师，目前使用的教材基本上都是综合型教材，如《中文》、《华语》等。由于使用综合型教材，所以其中的汉字教学部分较少受到重视。一般情况下，教师使用传统的教学方式，即让学生通过反复抄写所学汉字的方式达到使其认读的目的。

泰国小学阶段的汉字教学存在的问题主要是教学方法单一。小学开展汉语教学的多数为华文学校，这些学校有时采用传统的中国学生母语识字的方法，如诵读、抄写等，因此学生感觉汉字难学，有时也难免会产生挫折感。近些年，中国国内母语识字的教学方法比以往先进、灵活、科学，不过由于师资、教材等条件的限制，这些新方法并没有充分运用到泰国小学阶段的汉字教学中。也有一些学校对汉字教学比较重视，如清迈崇华新生华文学校使用《中文》这套教材，在教学时，教师会告诉学生字的部件和笔顺。这种方法可以让学生熟悉汉字的书写方式，同时也是帮助学生记住汉字的一种较好的方式。①

① 信息来源：清迈崇华新生华文学校汉语教师文老师。

2. 泰国小学汉字教学的个案调查——曼谷孔堤学校①

曼谷孔堤学校的汉语教材版本很多，经常使用的是暨南大学编写的教材，分《说话》与《汉语》两类，各12册。《说话》教材与《汉语》同步进行，《说话》的内容根据《汉语》的课文内容加以改编，以加强学生汉语能力的发展。

在数量方面，学生一年能认识一两百个字，汉字教学的方法主要是根据课文的生字表进程来安排。笔画的教学采用反复记忆法，就是点横竖撇捺等基本笔画笔顺的教学。也采用偏旁部首教学法，比如"打"、"抱"、"抖"等字都与手的动作有关，教师可以集中讲解，并介绍"提手旁"的含义。讲木字旁时，请学生联想与树木有关的字有哪些。也采用会意联想教学法，如教"休"字，讲解这个字是一个人靠着树，表示在休息。该校小学一二年级也采用韵文识字法和看图识字的教学法。学生课后作业使用《汉语》教材配套的《练习册》，该练习册上都有不同程度的书写和阅读练习。此外，教师让学生准备作业本，要求学生课后书写正确笔顺。

图3-3　泰国小学汉语师生

① 该调查得到了国家侨办公派汉语教师阿香老师的大力帮助，特此感谢。

由于孔堤学校是华文学校，且接受本研究者调查的教师是从中国派去的教师，因此在汉字教学方面还较为重视。

二、中学阶段的汉字教学情况及个案调查

1. 泰国中学汉字教学的基本情况

泰国中学汉字教学的整体情况是：1）汉字教学基本上是在综合课中完成；2）汉字课缺乏明确的教学目标；3）教师对汉字的重视不够。有研究者对泰国35所中学进行调查，结果发现这些学校均未开设独立的汉字课。[①] 这一调查结果与本研究者的调查发现十分一致。

泰国中学阶段的汉语教学也是从零起点开始进行的，所以汉字教学也是从零起点开始的，主要是让学生抄写所学的汉字，同时教授学生一些书写汉字的规则。如在达叻（Trat）府达叻男子中学的汉字教学中，老师会告诉学生各种笔画的名称，如横、竖、撇、捺、点等，教学生一些汉字部件以及查字典的方法。一些华文中学运用传统识字方法教授汉字：认字、朗读、抄写习字、书写大楷小楷等[②]。由于中学生在认知能力上比小学生成熟一些，因此教师对中学生的汉字能力有更高的期望，例如能够正确地书写和认字等。但在实际教学中，汉字教学的情况不太理想，课堂汉字教学方法单一，没有运用高效、有趣的汉字教学方法。[③] 以清莱府万伟中学为例，该校自2010年开始使用三种教材，分别是《体验汉语》、《泰国人学汉语》、《魔力汉语》，但是没有一本是针对学生具体的汉语水平设计的专门教材。课文中的汉字教学更是采

---

① 史翠玲、陈作宏：《泰国公立中小学汉字教学模式调查分析与改进建议》，《汉语国际传播研究》，2014年第1期。

② 杨金隆：《泰国华语教学概况》，《第二届国际华文教育研讨会论文集》，北京：华语教学出版社，2001年。

③ 信息来源：达叻男子中学汉语教师玛丽老师。

用随文识字的方法，没有根据汉字的系统性和规律性进行汉字教学。在课程设置方面，开设有汉语听说课程、阅读课程，没有开设独立的汉字课程。①

> 我们学校学生写汉字的情况很糟糕，老师要学生们把一个句子抄写五遍，有些学生就把这个句子的一个字抄五遍，然后第二个字抄五遍，这样把一个意思完整的句子拆得七零八散，甚至还有些学生把一个汉字的偏旁抄五遍，再抄这个字的另一半。至于笔顺正确就更难以做到。（赴泰中学汉语志愿者教师樊老师）

2. 泰国中学汉字教学的个案调查——清迈李利娜学校

下面以清迈李利娜学校为例，介绍一下泰国高中汉语班汉字教学的具体情况。②

汉语课程设置：学校汉语文科班课时较多，每周 8 节汉语课，其中汉语必修课 4 节，汉语选修课 3 节，汉语活动课 1 小时。在汉语活动课中学生看中文动画片、听中文歌曲、读中文故事。汉字教学依附于汉语综合课，按照生词、课文的内容讲解，而没有按照汉字的规律来讲解。学校对汉字教学没有特别的要求。

繁简汉字教学：高一时，学校使用任景文编写的《初级汉语》教材，教材是简体字，尽管书后有繁体字对照，不过学校只教授简体字。

笔画笔顺教学：没有完整的笔画、笔顺教学，可能是学校怕给学生增加负担。老师说考试时要考笔顺，所以让学生自己反复练习笔顺，写好以后交给老师。考试时考笔顺，不过只考 5—10 个

---

① 杨敏：《泰国华裔中学生汉字教学初探》，咸阳师范学院本科毕业设计，2014 年。

② 该调查获得了该校毕业生、现在泰国某校教授汉语的泰籍汉语教师马老师的大力帮助，在此表示感谢。本小节介绍的是李利娜学校高中汉语班汉字教学的情况。在泰国，高中汉语班的教学情况相对较好，课时较多，汉字教学也可能稍好一些。

字的笔顺，老师也不讲解其中的规律。

部件结构教学：部件结构教学没有受到特别的重视。老师的教法是让学生抄写汉字，而不是讲解汉字是如何构成的。学生对汉字结构没有完整、理性的认识。

识字量要求：学校规定高中一年级掌握500个汉字，到高中二年级掌握1000个汉字，高中三年级时要掌握1500个汉字。学习这些汉字基本上靠死记硬背。

词语教学：在课时量少的情况下，词汇的练习时间同样也有所减少，练习方式也比较乏味，主要是跟读、认读等方式。

李利娜学校的汉字教学在泰国中学中尚属较好的，有些中学的汉字教学情况则会差很多。

三、大学阶段的汉字教学情况及个案调查

1. 泰国大学汉字教学的基本情况

高校汉语专业是培养泰国师资力量，特别是中小学本土汉语教师的主要机构，由于泰国汉语教学的历史原因，目前泰国高校汉语专业的汉语教学同样属于零起点教学。“目前泰国大学的汉语教师一般都是要求学生重复地书写学过的汉字，作为增强汉字记忆的手段，然后再以听写作为检测的方式，所以很多学生为了达到教师的要求，勉强用死记硬背的短期记忆方式应付了事。一般教师让学生在汉字方格练习本上练习汉字书写。学生书写训练的主要方法是按照笔顺书写还有读写课文或看电影字幕来复习汉字。”

泰国大学的汉语课通常是分技能进行的，如清迈皇家大学汉语专业开设了汉语听力、汉语写作、汉语阅读、汉语口语、汉泰

翻译、汉语报刊等课程[①]，但是基本上没有开设独立的汉字课程。

有研究者曾对泰国 17 所大学的汉字课程设置、汉字教学使用的教材和汉字教学方法等方面进行了详细调查。结果发现，在所调查的 17 所开设汉语教学的泰国大学中，在初级阶段尚没有开设独立的、以掌握汉字技能为主的汉字课。泰国汉字教学部分一般是分散在语法课、口语课、听力课、阅读课等课型教授。[②] 只有华侨崇圣大学和宋卡王子大学在二年级开设汉字技能课，因此泰国大学生总体上缺乏关于汉字字形结构及其理据的系统知识，只是学一个字就认一个字，这就使学习者难于领会和掌握汉字的认知规律，因而汉字教学的效果自然也不理想，这也导致词语学习、汉语学习受到一定的影响。在朱丽所调查的 17 所学校中，有几所开展汉语教学较好的高校（如朱拉隆功大学、泰国农业大学等）在大学三四年级开设了有关汉字源流的课程，这类汉字理论课与本课题所指的以培训技能为主的汉字教学课并无太大的关系。清迈某大学的课程计划里也列出了一门“汉字的演变”课程，且属于专业课里的选修课。不过 2013 年本研究者对该校毕业生进行访谈得知，他们在上本科时，学校并没有真正开过这门课程。

2. 泰国大学汉字教学的个案调查——泰国艺术大学

为了深入了解泰国大学汉字教学的情况，本研究者对泰国艺术大学的汉字教学情况进行了深入的调研。[③]

1）中文课程的设置情况

泰国艺术大学汉语教学的情况是，无论什么学生，要想进入汉语专业，必须先学习三个学期的基础汉语。因为学生的汉语水

---

① 清迈皇家大学汉语专业 2004 年课程，资料来源：清迈皇家大学人文学与社会学学院网站：http：//www. human. cmru. ac. th/Human_ web/index. php。

② 朱丽（泰）：《泰国大学汉字教学现状及分析》，北京语言大学硕士学位论文，2001 年。

③ 该调研得到了该校毕业生、现在在泰国教授汉语的泰籍教师小雯老师的大力支持，特此表示感谢。

平不同，所以每个学生都要从头开始学起。第一学期和第二学期只开设基础汉语课，36 课时。第三个学期开设汉语听力和汉语口语课。在这三个学期，学生除了汉语课，还要学习其他科目，如泰语语法、东西方文明等课程。学生学了三个学期汉语后必须参加汉语考试，且考试合格后才能进入汉语专业。因此二年级的第二个学期才算是真正进入汉语专业。

进入汉语专业后，其课程设置比较丰富。二年级第二学期开设汉语写作、汉语阅读、听力和口语等课程，每门课都是 18 课时。三年级第一学期开设中级汉语写作、中级汉语阅读、中级听力和口语，还增加了初级汉语语法、初级汉泰—泰汉翻译。三年级第二学期开设高级汉语写作、高级听力和口语课阅读、高级汉语写作、中级汉语语法、中级汉泰—泰汉翻译、泰国成语、中国概况等。在四年级开设高级汉泰—泰汉翻译、中国文学、汉语商贸、汉语旅游等课程。

2）汉字教学的基本情况

该校汉语专业没有开设专门的汉字课，汉字教学在综合课中完成。一般都是按生词表或课文内容出现的汉字依序讲解汉字，并没有按照汉字的规律去讲解。教师既要教生词生字，又要教课文、句型、语法。由于教学内容很多，因此大部分老师没有时间讲解汉字规律。而教师在教学中往往注重知识的讲解，不能做到“精讲多练”，也没有处理好汉字教学与听说读写技能训练之间的关系，不能将汉字教学与语言教学有机结合起来。因而学生仅仅靠课堂教学，既不能获得系统的汉字知识，又因大学没有开设独立的汉字课程，而没有较充分的汉字训练及应用的机会。有关汉字的技能和知识，基本上是学生课后练习，所谓的练习一般也只是笔顺练习。看得出来，艺术大学采用的是“随文识字”的教学方式。艺术大学的汉字教学首先教授简化字，第三年级才教繁体字。学生大部分会认繁体字，但是不会写。

3）汉字教学法的运用

开始教授汉字时，通常采用笔画教学法——从笔画和笔顺开始教。教完基本笔画和笔顺以后，有的老师采取了部件教学法，还教一些常见形旁的意义，如提手旁与手的动作有关、单人旁与人有关、三点水与水有关等等。有的老师采取了先整字后分析的教学方法，有的老师却就此为止，再也不对汉字结构进行讲解了，因为他们认为学汉字就要靠学生自己下功夫，必须大量地抄写、反复地训练，于是学生也就对汉字反复进行抄写。有时教师也让学生课下背出下一课的生词，下次上课前要进行听写。因为没有好的教汉字的方法，学生学起来很困难，有不少同学换了专业。

学校使用的教材是《汉语教程》，教学中采用词本位教学法。比如在教授“台灯”一词时，教师没有告诉学生为什么这个词是由“台”和“灯”组成，因此忽略了汉字的语素功能，即“字”的功能。

4）汉字知识的教学

老师在讲解汉字时，为了能够引起学生对汉字的兴趣，通常都会借助图画、汉字的古代形体来讲授，可以说是比较注重汉字的象形性以及字形和字义的联系。但是并没有涉及汉字的基本理论知识，如汉字性质、汉字特点等问题，因此学生头脑中对汉字知识缺乏全面系统的认识。

5）识字量的要求

艺术大学对学生汉字识字量的要求是一年级掌握 400—500 个汉字，到二年级时掌握 500—1000 个汉字，到三年级时掌握 1000—1500 个字，学了四年以后就要能掌握 1500—2000 个汉字。

第五节 对泰国汉字教学情况的调查

为了更全面地了解泰国汉字教学的情况，本课题针对泰国汉语教师（主要为泰国汉语志愿者教师）进行了相关调查。

一、调查基本情况

调查对象：泰国汉语教师38人。

调查工具：调查共设有7个问题，其中前5个问题采用克里特五级量表进行调查，后2个问题采用多项选择题进行调查。

前5个问题如表3-5所示：

表3-5 泰国汉字教学情况调查问卷基本情况

问题	内　容	数　值				
问题1	对泰国汉字教学的满意度	5	4	3	2	1
问题2	对汉语教材中汉字部分编写情况的满意度	5	4	3	2	1
问题3	对自己汉字课堂教学的满意度	5	4	3	2	1
问题4	学生应该掌握的汉字知识（10个选项）	5	4	3	2	1
问题5	学生学习汉字时遇到的困难（8个选项）	5	4	3	2	1

其中问题4和问题5分别有10个和8个选项（详见下文的分析）。

这部分问卷的Cronbach's alpha值为.863，说明问卷具有较高的信度。详见表3-6：

表3-6 泰国汉语教学问卷调查信度统计

Cronbach's Alpha	基于标准化项的 Cronbachs Alpha	项数
.868	.863	21

第6题和第7题为多项选择题，内容为汉字课堂教学存在的问题，以及对汉字教学的处理方式。

二、调查结果分析

1. 调查结果

问题 1 至问题 5 的调查结果如表 3-7 所示：

表 3-7　泰国汉字教学情况调查结果

题号	题目	N		均值	中值	众数	标准差	全距	极小值	极大值	和
		有效	缺失								
1	教学现状	38	0	2.55	3	3	0.69	3	1	4	97
2	教材编写	38	0	2.87	3	3.00[a]	1.14	5	0	5	109
3	课堂教学	38	0	2.71	3	3	0.87	3	1	4	103
4	知识 A	38	0	4.11	5	5	1.03	3	2	5	156
5	知识 B	38	0	3.29	4	4	1.33	5	0	5	125
6	知识 C	38	0	3.95	4	5	1.14	4	1	5	150
7	知识 D	38	0	3.50	3	3	1.18	5	0	5	133
8	知识 E	38	0	3.11	3	3.00[a]	1.25	5	0	5	118
9	知识 F	38	0	3.92	4	5	1.15	5	0	5	149
10	知识 G	38	0	2.79	3	3	1.40	5	0	5	106
11	知识 H	38	0	3.29	3	3	1.21	5	0	5	125
12	知识 I	38	0	3.39	3	3	1.20	5	0	5	129
13	知识 J	38	0	2.89	3	3	0.95	5	0	5	110
14	困难 A	38	0	4.47	5	5	1.06	5	0	5	170
15	困难 B	38	0	4.47	5	5	1.06	5	0	5	170
16	困难 C	38	0	4.03	5	5	1.22	5	0	5	153
17	困难 D	38	0	3.84	4	5	1.26	5	0	5	146
18	困难 E	38	0	3.97	4	5	1.22	5	0	5	151
19	困难 F	38	0	4.03	4	5	1.17	5	0	5	153
20	困难 G	38	0	4.16	5	5	1.13	5	0	5	158
21	困难 H	38	0	4.18	5	5	1.09	5	0	5	159

a. 存在多个众数。显示最小值

2. 对调查结果的分析

问题 1：对泰国汉字教学的满意度

从表 3-7 可以看出，被调查教师对泰国汉语教学的满意度极大值为 4，极小值为 1，均值为 2.55，说明泰国汉语教师对泰国汉字教学的总体满意度偏低。

问题 2：对所教教材中汉字部分编写情况的满意度

被调查教师满意度极大值为 5，极小值为 0，均值为 2.87，说明这些教师对教材中汉字部分的满意度偏低。

问题 3：对自己汉字课堂教学的满意度

对于该问题的满意度极大值为 4，极小值为 1，均值为 2.71，说明调查对象对自己汉字课堂教学现状的满意度偏低。

问题 4：学生应该掌握的汉字知识

该问题有 10 个选项，即：

A. 笔画知识　　B. 笔画名称　　C. 笔顺知识
D. 部件知识　　E. 部件名称　　F. 汉字结构
G. 造字原理/渊源　　H. 汉字文化　　I. 字词关系
J. 部件/笔画的形变

调查对象认为最应该掌握的知识是“笔画知识（选项 A）”，均值为 4.11；次之是“笔顺知识（选项 C）”，均值为 3.95；第三位是“汉字结构（选项 F）”，均值为 3.92. 调查对象选择最少的是“部件/笔画的形变（选项 J）”，均值为 2.89，以及“汉字造字原理及渊源（选项 G）”，均值为 2.79。选项 G 的均值虽然较低，但是标准差却为 1.4，是这 10 个问题中差异最大的一项，本研究者认为，这可能是由于泰国汉字教学时间非常有限，因此被调查教师对于这一项存在一定的分歧。

问题 5：学生在学习汉字时遇到的困难

该问题有 8 个选项，即：

A. 汉字笔画多，难写对　　B. 正确书写笔顺

C. 汉字部件多，难写对　　　D. 正确拆分、组合汉字

E. 记住词语　　　　　　　　F. 写对汉字

G. 记住和区别相似的汉字　　H. 每个汉字的意思比较多

调查对象认为，对学生而言，困难最大的是“汉字笔画多，难写对（选项 A）”、“正确书写笔顺难（选项 B)，二者的均值都高达 4.47。均值在 4 以上的选项还有 3 个，即选项 H（每个汉字的意思比较多)；选项 G（记住和区别相似的汉字)；选项 C（C、汉字部件多，难写对)。困难最小的选项为 D（正确拆分、组合汉字)，其均值也达到了 3.84。这些数值说明，泰国学生学习汉字具有一定的难度。

问题 6：现在泰国汉字教学存在的问题

研究者设计了 7 个选项，即：

A. 教育部门和学校不重视汉字教学

B. 学校对汉字教学没有具体、明确的要求和大纲，因此没有标准

C. 缺乏合适、实用的汉字教材，因此在课堂上很难进行汉字教学

D. 因为课时少，所以汉字教学部分的课时受到挤压

E. 学生对汉字教学缺乏兴趣

F. 很多教师缺乏汉字教学方面的训练和知识

G. 没有充分利用汉字规律、系统性和汉字教学规律进行教学

调查结果见表 3-8：

表 3-8　汉字教学存在问题

选项	选择频次	百分比
A	21	55.26%
B	24	63.16%
C	20	52.63%
D	26	68.42%
E	13	34.21%
F	12	31.58%
G	12	31.58%

从表 3-8 可以看出，调查对象认为最大的问题是选项 D：“因为课时少，所以汉字教学部分的课时受到挤压，占 68.42%。”其次是选项 B：学校对汉字教学没有具体、明确的要求和大纲，因此没有标准，占 63.16%。第三位是选项 A，占 55.26%。这三项均是客观外在因素，也就是说，被调查教师认为外在因素在很大程度上限制了泰国汉字教学的发展。

问题 7：您所在的班级对汉字教学是如何处理的

研究者设计了 4 个选项，即：

A. 因课时有限，所以基本没有时间专门讲解汉字知识、练习书写汉字

B. 偶尔用一点时间讲些汉字知识，练习书写汉字等，但缺乏系统性

C. 会注意到汉字特殊性，每周用固定时间教些汉字知识、做汉字练习

D. 开设专门的汉字课或汉字讲座，系统讲解汉字知识、进行

调查结果见表 3-9：

表 3-9　对汉字教学的处理方式

选项	选择频次	百分比
A	14	36.84%
B	20	52.63%
C	5	13.16%
D	1	2.63%

从表 3-9 可以看出，调查对象对于汉字教学最常用的处理方式是“偶尔用一点时间讲些汉字知识，练习书写汉字等，但无法系统”（占 52.63%）；另外，36.84%的教师认为因课时有限，所以基本没有时间专门讲解汉字知识、练习书写汉字。调查对象最少使用的教学方式是“开设专门的汉字课或汉字讲座，系统讲解

汉字知识、进行汉字技能训练”，只占2.63%。

从本次调查可以看出，被调查的汉语教师对泰国汉字教学的现状、教材中汉字部分的编写情况以及对自己的汉字课堂教学的满意度均偏低；认为泰国学生在汉字学习时会遇到较大的困难；认为外在因素（如政府和学校不重视汉字教学）在很大程度上限制了泰国汉字教学的发展；教师在实际的课堂教学中由于各种原因的限制，一般只是偶尔用一点时间讲些汉字知识，练习书写汉字等，而且缺乏系统性和延续性。可以说，泰国汉字教学的现状并不乐观，甚至令人担忧。

本章小结

本章探讨了四个方面的问题：1）泰国汉语学习者汉字学习的优势及难点；2）汉字在泰国汉语教学中的作用；3）泰国汉字教育政策及汉字使用的社会环境；4）泰国汉字教学发展现状。在第五节还对泰国汉字教学情况进行了调查。

泰国学生汉字学习的优势与难点。根据本研究者的调查，泰国学生在理解汉字构形、理解汉字笔顺及理解汉语字词组和方面具有天然的优势。与此同时，泰国学生在汉字字形、字音和字义的理解方面存在困难。研究表明，泰国绝大多数学生认为汉字是汉语学习中最大的难点。

汉字在泰国汉语教学中的作用。本研究者认为，汉字在泰国汉语教学中具有双重作用，即本位作用和辅助作用。汉字在泰国汉语教学中的本位作用主要体现在：1）汉字是汉语教学中的重点和难点；2）汉字与汉语具有十分密切的关联性；3）学习汉字对于提高汉语阅读能力至关重要。汉字在泰国汉语教学中的辅助作用体现在：1）汉字可以对泰国学习者形成多维冲击；2）汉字教学可以为泰国学习者带来学习乐趣；3）汉字教学可以为泰国学习者增添文化底蕴。

本课题还介绍了泰国汉字教育政策和规划以及泰国汉字使用的社会环境。目前泰国汉语教育政策不尽完善，汉字教育政策也因此处于滞后的状态。泰国汉字使用的社会环境相对于欧美国家来说还是不错，这也使得汉字一种成为隐性、可资利用的教学资源。

本章还对泰国汉字教学发展现状进行的调查和分析。本研究者分别对泰国小学、中学、大学的汉字教学情况进行了总体情况的介绍和个案调查。泰国中小学的汉字教学基本上均为零起点教学，汉字教学目标不够明确、汉字课程设置情况不够理想。而泰国各大学也没有形成比较成熟的汉字教学方法及理论，编写专门的汉字教材也很少见到。[①] 在教学方式上，泰国高校一般只重视“以词为纲”，忽视了作为书写基本单位和语言因子作用的“字”的独特作用，这不但造成了泰国汉字教学滞后的现象，还影响了泰国学生学习汉字的成效。在第五节，本研究者还向泰国汉语教师进行了问卷调查，以获得对泰国汉字教学问题的全面认识。调查发现，泰国汉字教学的情况十分不乐观。

总体而言，泰国汉字教学在各个层面都亟待发展。

---

① 朱丽（泰）：《泰国大学汉字教学现状及分析》，北京语言大学硕士学位论文，2001年。

第四章　泰国汉字教学模式的分析与思考

国际汉字教学的教学模式主要是根据“语”（汉语）和“文”（文字）的关系和教学顺序而确定的，其实这不单纯是一个教学程序和顺序的问题①，而是体现了对汉字和汉语关系的理解。目前学界认同的汉字教学模式有这样几大类：随文识字、语文并进、先语后文、独立设课②。对汉字教学模式的正确理解和科学运用，是关系到国际汉字教学质量的十分重要的前提和关键因素，对泰国汉字教学来说也同样非常重要。

在现有的这几种教学模式中，“随文识字”是目前运用最为广泛的一种模式。“随文识字”顾名思义，即在教授汉语的过程中捎带着教授汉字，而且也主要以“识字”为主。曾有不少研究者将“随文识字”等同于“语文并进”，其实二者并非一回事。“随文识字”说起来是“识字”，不过识字只是在“随文”的过程中顺带进行，没有考虑到汉字本身的规律以及汉字教学的规律。由于这一教学模式是将汉字教学置于可有可无的地位，因此逐渐受到学界越来越多的批评（李大遂：2002；吕必松：2003；周健：2007）。

---

① 杨铮：《谈汉语教学中的“先语后文”和“语文并进”》，《世界汉语教学》，1987 年第 2 期。

② 前人学者认为，“语文穿插”也是一种教学模式。语文穿插即拼音与汉字在课文中交叉分布，以有计划地控制生字的量和调节生字的序。比如：Wǒ shì 中国人、电 shì。该模式是要解决汉字出现的随机性与汉字认知规律之间的矛盾。教学中如果出现笔画、结构较复杂的汉字，且超出了学生的汉字认知能力，则可以用拼音代替汉字。本课题认为，语文穿插不算是一种独立的汉字教学模式，故此处没有进行深入分析，不过该方法不失为一种有效的课堂练习和延展性阅读的辅助汉字学习形式。

尽管如此，根据众多的相关文献以及笔者的赴泰实地考察，泰国汉字教学主要的教学模式仍是随文识字，尽管少数汉语教育机构实行的是语文并进的教学模式，但也并未形成成熟的理论和系统，这也是泰国当今汉字教学严重滞后的重要原因。这其中既有政府层面及教学机构乃至任课教师主观方面对汉字教学不够重视的原因，也有师资汉字能力欠缺、本土汉字教材匮乏等诸等客观因素的存在。

本课题认为，随文识字模式有其便捷的一面，在一个国家汉语教学刚刚起步的阶段采用随文识字模式是可以理解的，但是该模式毕竟不是一种最为科学有效的汉字教学模式。目前，泰国汉语学习者日益多元化，学习人群向各个层次延展，学习需求也越加复杂化、多极化。针对泰国特定的教育情境，汉字教学模式的运用不宜强制实施某一种模式，而是应该根据教学环境、学生需求动机、学习时间等诸多因素来衡量和确定最适合的模式。“学习者可以从自身学习环境出发，按照自己的学习目的和学习要求，对汉语的‘语’和‘文’提出不同的要求。”① 教学环境的多样化带来学习需求的多样化②，学习需求的多样化必然带来教学模式的多样化。德国汉语教学学者 Cornelius Kubler 在 2012 年德语区汉语教学研讨会上也提出应根据学习目标（objectives）来确定教学模式，不能将具体的教学情况进行简化处理。

因此本课题认为，“语文并进”、“先语后文”、“独立设置汉字课”三种汉字教学模式如能突出其针对性和适用范围，皆有适应泰国汉语教育情境的可能性。

---

① 赵金铭：《教学环境和汉语教材》，《世界汉语教学》，2009 年第 2 期。

② 崔希亮：《汉语国际教育“三教”问题的核心与基础》，《世界汉语教学》，2010 年第 1 期。

第一节　“语文并进”教学模式

一、“语文并进”教学模式的特点

“语文并进”汉字教学模式把汉字教学视作辅助性教学，主要为综合课（精读课或读写课）服务，在综合课中讲解课文的主要内容、生词和语法后，完成汉字学习，即“汉字教学后行”。也就是依据各种汉字系联关系，将课文中出现的汉字进行梳理并讲授，同时结合学生汉字水平，讲解相应的汉字知识和汉字文化。语文并进模式下的“汉字教学后行”，还可以体现为对某些出现较早但笔画、结构复杂的汉字可以暂时只要求认读，等学生汉字能力提高到相应水平后再进行听说读写的全面学习，这就可以在一定程度上解决综合课内汉字出现随意性大与汉字认知规律之间的矛盾①。语文并进模式已开始关注汉字教学，将汉字教学置于了一个相对重要的位置，并在教学时间上予以了一定保证，因此相较于“随文识字”模式，在汉字教学方面，“语文并进”模式已经向前迈进出了一大步。

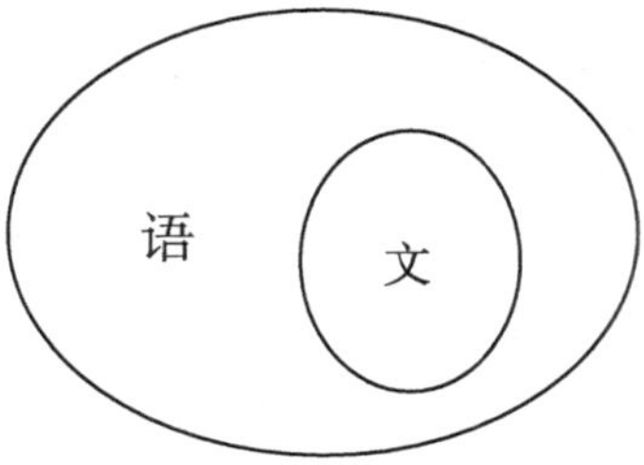

图 4-1　语文并进教学模式示意图

---

① 伍英姿：《初级阶段“语文并进”模式下的汉字教学》，《华南师范大学学报（社会科学版）》，2010 年第 3 期。

因此要想更好地实施语文并进教学模式，教师首先要坚持“语文并重”的思想。其次，为避免汉字教学被语音教学、语法教学等挤压，应坚持在综合课内设立独立的汉字环节讲解汉字、练习汉字。每节课还应保证一定的时间教学生书写汉字并布置适量的书面作业。另外，积极建设配套类汉字教材也能为语文并进教学模式提供物质上的保障。（关于配套型汉字教材，参见第九章第一节“泰国综合类汉语教材中汉字部分的设计与编写”）

二、泰国“语文并进”教学模式的实施

1. 泰国“语文并进”教学模式的课堂实践

本课题认为，泰国汉字教学属于海外汉字教学，海外汉语教学和汉字教学的顺利开展首先受制于课时的设置。如前文所述，在泰国中小学，绝大多数的教学机构是每周 1—2 节汉语课，总体教学时间有限，因此独立设置汉字课无法适合每一个教学机构。而语文并进教学模式是在“精读课框架内设置相对独立的汉字教学环节”[①]，汉字教学内容相对独立，并贯穿于整个学习阶段，可以在某种程度上有助于泰国汉字教学效率的提高。

在教学时间上，根据泰国中小学学科设置的现况，课上教授汉字的时间以每课时 10 到 15 分钟为宜。[②] 也有研究者提出，针对泰国小学生的汉语教学，假如每课时 1 个小时，可以用 30 分钟学习汉语，另外 30 分钟写字。从汉字的笔画、笔顺等基本功开始教起，同时讲解汉字的结构。[③] 当然，也可以隔一段时间，进行一次相对集中的汉字教学，归纳总结综合课中出现的汉字，并适当讲

① 王汉卫：《精读课框架内相对独立的汉字教学模式初探》，《语言文字应用》，2007 年第 1 期。

② 李丹：《试论泰国初中、小学汉语课堂教学特点及教学法》，《现代语文（语言研究）》，2012 年第 1 期。

③ 李茂萱：《泰国小学生汉语教学研究》，《现代语文（语言研究版）》，2012 年第 1 期。

解汉字知识和汉字内在规律。

有泰国中学汉语教师尝试性地运用了语文并进模式，虽然只注重了汉字的书写，并未更多地涉及汉字教学规律，不过也取得了一定的成绩：

> 2012 年三月份在全曼谷市举行的全泰中小学汉语“宝石王杯”竞赛中，在两所国际学校各自选送的 30 名竞赛者中，A 学校有 26 名合格，11 名得到不同程度的奖项；B 学校只有 12 名合格，4 名学生得到不同程度的奖项。两所学校都是每天一节汉语课，为何考试结果如此悬殊？据了解，原因在于两校对汉字认读、书写重视程度的差别：A 校在每节课上都有汉字书写的内容，且课后有适量的汉字书写作业；B 校偏重汉语听说及口语训练，重视拼音而忽视汉字的认读和书写；学生面对考场中的试卷，感到陌生，因为不认识汉字，所以影响了对考题的理解和完成。①

至于泰国大学汉字教学的情况也并不乐观，作为公共课的汉语教学课时每周仅为 2 课时。在这种情况下，本研究者认为，汉字教学时间以每周 15—20 分钟为宜。而开设汉语专业的学校每课时中设置 10—15 分钟左右的汉字（字词）教学环节也会有助于汉语专业学生汉字水平的提高。

> 我觉得在大学公共课的汉语教学中设置汉字课不太现实。一方面是因为每周课时很少，一方面是这些学习者的学习目的没有那么深。因此可以适当设置汉字环节，把汉字知识讲解给学生听，教授学生认读那些用来进行交际的汉字，并通过作业的形式来解决汉字的问题。（泰

---

① 参见李丹：《试论泰国初中、小学汉语课堂教学特点及教学法》，《现代语文（语言研究）》，2012 年第 1 期。

籍汉语教师刘老师)

我以前教大学一年级的汉语综合课，每次课都用 15 分钟左右教授汉字的笔顺、笔画和部件等基本内容。这样坚持了几年，虽然教学方法不算十分丰富，不过还是重视汉字教学的，学生普遍反映也不错。自从我来中国读博士之后，这门一年级的汉语综合课就由其他的老师代课，我改教二年级的汉语综合课，也就是教那些在一年级学过汉语综合课的学生。我发现这些从一年级升上来的学生的汉字有很大的问题，读写能力也不理想，很难顺利升入三年级。经过了解之后，我才得知，那位担任一年级汉语综合课的教师根本不教汉字，导致学生字词基础严重缺乏，遗留了很多问题。我决心在读完博士以后，继续教一年级的综合课，在综合课上狠抓学生的汉字基础。(泰国大学中文专业泰籍汉语教师王老师)

2. 泰国“语文并进”教学模式的教学设计

以上是泰国汉字课堂教学的实际案例，此外有研究者还从不同的角度针对使用的综合教材或综合课教学中的汉字教学内容进行了教学设计，虽然这些研究只是尝试性的教学试验，也并未明确提出运用的是“语文并进”的教学模式，但本课题认为可以将其视作“语文并进”模式的积极探索和有益实践，特在此简要分析一下。

教学设计一[①]：

基本情况：

该研究者任教于泰国叻差弗大学，教学材料为在泰国受到普遍欢迎的教材《泰国人学汉语 1》。

实验情况：

研究者在汉字教学方面进行了专门的安排：

1. 根据字频、笔画效应、字源特征、部件及单字构字能力以及在泰常用程度五个标准，制定出《泰国人学汉语 1》183 字的认读字表和 117 字的写字表。

2. 分别对认读字、书写字设计了不同的教学方法。

3. 该研究者在课程结束后进行了评测，认为这一尝试取得了一定的效果。

教学设计二[②]：

基本情况：

该研究者任教于泰国农业大学中文专业，针对泰国广泛使用的教材《汉语教程》进行了汉字教学设计。实验对象是该大学中文专业二年级学生，该中文专业的汉语课程是每周 3 次课，每次 2 小时，汉字教学部分每次用时 15—20 分钟。

---

① 张颖：《基于“认写分流、多认少写”原则的泰国大学生汉字教学法——以叻差弗大学为例》，山东大学硕士学位论文，2012 年。略有遗憾的是，该作者将笔墨更多地落在教学实施的前期部分，即认写分流理论的探讨和两类汉字的筛选过程，而在教学设计方面探讨得尚不十分深入。

② 曹丛：《“字本位”理念指导下的对泰汉语词汇教学设计》，山东大学硕士学位论文，2012 年。

实验情况：

1. 该研究者将教材中出现的821个汉字中频率较高的165个汉字选为备选核心字。

2. 每次先让学生课下分组自行查找由十几个核心字组成的词语，下次上课时学生讲解这些核心字及其组成的词语。如《汉语教程》第16课讲解“面、调、话、明、爱”几个核心字。

3. 以其中的“爱”为例，具体做法是：1）学生课下扩展组成了“爱戴、爱护、爱国、爱护、爱恋、爱慕、爱莫能助”等24个词语，教师对学生提交的这些扩展词语表进行适当增减，确定接下来要讨论的词语；2）学生们共同探讨其中一半的扩展词语（约12个）的词义；3）然后探讨归纳出核心字义；4）大家再通过核心字义来猜测其余一半词语的词义。

该教学设计为汉字教学（主要是字义教学）预留了时间，在较大程度上发挥了字本位理论对词语教学的指导作用。可以看出，这一尝试适合有一定汉语基础的学习者。

教学设计三①：

基本情况：

该研究者任教于泰国高中，以在泰国广泛使用的教材《体验汉语》（高中版一、二册,）为基础，提出了适用于泰国教育情境的“语文并进”的教学模式。该教学设计从加强汉字意识入手，在综合课框架内保证相对独立的汉字教学实践时间并合理安排汉字教学内容。

---

① 史翠玲：《泰国汉字教学模式调查研究——以泰国公立中小学为例》，中央民族大学硕士学位论文，2013年。

实验情况：

1. 确定汉字教学重点。将《体验汉字》两册教材中全部汉字与《汉语国际教育用分级汉字表》进行比对，确定《体验汉字》中的汉字级别和范围。

2. 将所有汉字区分为“重点生字”、“次重点生字”和“其他生字”。

3. 对所教生字的笔画、笔形、笔顺、部件、结构等进行详细解析。

4. 进行教学设计。将每课弹性汉字教学时间设定为 20 分钟左右，课上主要介绍重点生字书写知识及与之相关的汉字笔画、笔顺、部件、字理等基础知识。

5. 练习主要放在课下进行。

上述教学设计是针对汉字的某一单一层面（如形、义）进行的，虽然研究范围较小，在教学方法和练习部分的教学实施尚显单薄，实践价值还值得验证，但是均对综合课中的汉字教学投入了不少的精力和思考，因此也为学界留下了不少有益的思考，对于今后泰国汉字教学“语文并进”模式的探索铺就了道路。

要之，泰国“语文并进”模式下的汉字教学并不是逐一讲解生词表中出现的汉字，而是在每次课中明确设定具体的汉字教学时间（如 15—20 分钟），结合综合课所学内容，分析课文中出现的汉字，或将教材课文进行字频等多方面的统计，从中提炼出重点汉字，并在此基础上进行汉字认读、书写技能练习。同时根据学生的汉字水平与需求，遵循汉字结构、音形义之间的规律，讲解这些汉字的笔画、笔顺、汉字结构以及常用形符、声符等最基本的汉字构形知识与理据知识。

第二节 “先语后文”教学模式

一、“先语后文”教学模式的特点

上文提到，由于受到诸多因素的影响，如果处理不好相关问题，实施“语文并进”教学模式也可能成为一句空谈。另外也有学者认为，由于学习者学习动机复杂，学习能力存在差异，“语文并进”模式有可能会将汉语和汉字教学的难点叠加，从而造成学习者的心理负担，影响学习汉语的进度。

虽然目前全球学习汉语的人数众多，但是不少学习者中途流失。本研究者在实地调查中得知，泰国某大学一年级选修汉语的人数为几十人，但是到了四年级则减少到只有几人。“汉语学习者中途流失情况较为普遍，这其中有学习者、教学环境等因素的影响，也不排除汉语、汉字难点集中给学生所带来的困扰。”① 于是，有学者提出：“在维持‘语’和‘文’并行的传统教学方法的同时，应该为时间有限、只需口语交际的人开设专门的汉语听说课程，汉字可以不教，或有限度地教，基本上用汉语拼音来尽快提高汉语口语能力。”② “先语后文”教学模式正是在这一大背景下又被重新加以关注的。③ 赵金铭教授（2010）对这一模式进行了深入系统的研究。

所谓“先语后文”教学模式，是指在汉语作为第二语言/外语教学中，在初始阶段，先通过拼音教口语，学生不接触汉字，不

---

① 赵金铭：《初级汉语教学的有效途径——“先语后文”辩证》，《世界汉语教学》，2010 年第 3 期。

② 柯彼德：《汉语拼音在国际汉语教学中的地位和作用》，《世界汉语教学》，2003 年第 3 期。

③ 20 世纪 50 年代中国对来华留学生实施过“先语后文”，但以失败告终。具体原因在随后会加以解释。

图 4-2　先语后文教学模式示意图

写汉字，但不回避汉字。在汉语语音基本授完，并且学习者已具有了一定的汉语口语水平后，开始认读汉字，只认不写。学习者认识一定数量的汉字之后再开始描汉字，最后自己写汉字，同时进入听说读写综合训练阶段，培养学习者汉语综合运用能力。[①]

值得注意的是，20 世纪 50 年代学界实行过“先语后文”模式，不过最终以失败告终，其中最主要的原因是对教学对象的特点、学习动机和学习目标分析得不清晰。这次教学实验的失败也使学者们明白了一个道理：先语后文教学模式并非放之四海而皆准，而是具有一定的适用范围。“先语后文”教学模式适合的对象是一些汉语初学者，这些学习者是初次接触汉语，对汉字也没有特别清晰的概念和理解，甚至有些畏难情绪；学习目的以掌握汉语口语交际为主；学习者可付出的有效学习时间相对较零散，且不具连续性和系统性。

总体而言，“先语后文”的教学设想与教学实践，摆脱了基于印欧系语言而创建的诸种语言教学法，完全从汉语与汉字的特点和实际出发，对于母语书写系统为拼音文字的学习者来说，不失为一种初级汉语教学及汉字教学可尝试的有效、便捷途径。[②]

① 赵金铭：《初级汉语教学的有效途径——“先语后文”辩证》，《世界汉语教学》，2010 年第 3 期。

② 赵金铭：《初级汉语教学的有效途径——“先语后文”辩证》，《世界汉语教学》，2010 年第 3 期。

二、泰国“先语后文”教学模式的实施

泰国社会上存在大量的社会开办的汉语教学机构，学习者中有一些急于首先突破汉语交际难关的学生，其中不乏即将赴华工作、旅游者，这些学习者目标单一，往往无暇顾及汉字学习，这类学习者非常适合采用先语后文模式进行汉字教学。

那么何时“后文”呢？赵金铭教授认为，最好是“第一学期中间”引入汉字教学。本研究者认为，对于相对长期学习的学生可以是这样。也可以根据实际的情况，比如学习者对汉语的兴趣相对稳定下来，交际需求得到了一定的满足，能够进行基本的表达，这时再学习汉字，效果会较为理想。这样下来，可能至少需要一、两个星期，多则也最好不要超过一两个月。比如泰国有的大学是先教授2—4周的语音，随后再进行汉字教学。

接下来又会出现一个问题：“如何后文”？以往的学者似乎对这个问题并未予以重视，或者阐述不甚透彻。本课题认为，需要考虑两个问题：1）学习哪些字；2）如何学习。在这两个问题上，可以参照上文“语文并进”模式的做法。另外，可以适当借鉴集中识字的教学模式，因为在前期“先语”的阶段，学生积累了一定的口语及词汇，如果在“后文”阶段采用集中识字的方法，如基本字带字、根据各类汉字系联关系学习汉字，效果也应该会不错。（具体详见第七章“汉字教学原则与教学方法”中的“集中识字教学法”）

目前，尚未见到泰国汉语结构采用“先语后文”汉字教学模式的教学设计及相关的学术探讨。希望今后学界能在理论和实践层面对泰国实施这一教学模式进行更为深入的分析。

第三节　“独立设课”教学模式

一、“独立设课”教学模式的特点

如前文所述，“语文并进”教学模式对教师的汉字能力和教学设计能力有一定的要求，而“先语后文”模式对于那些学习动机明确、强烈，学习时间相对较长的学习者并不十分适合。因为对这类学习者来说，该模式似乎分散了难点，实际上却集中了难点（后期学生既要学新词，又要重新书写旧字）。

随着汉字教学理论的逐步成熟以及汉字教学缺位带来的问题的日益凸显，独立设置汉字课近些年越来越受到学界的关注。[①]“独立设课”教学模式即在遵循汉字规律和汉字教学规律的前提下，不依附于按词汇项目和语法项目编排的课文，而是单独开设汉字课程，使用专门的教材，教授汉字的内在规律，并运用多种练习形式强化汉学习效果，以增强汉字教学的系统性。当然，综合课和听说课等照常进行。汉字教学要想取得满意的效果，“必须在开设独立汉字课的基础上才能有效发挥作用。”单独设置汉字课意在立足汉字本体，根据“汉字的特点和优势教授汉字”[②]，以集中精力解决汉语教学的难点。

“独立设置汉字课”的理论依据主要是：1）字本位理论[③]；2）汉字本体理论；3）汉字教学理论等。另外，张朋朋认为，语

---

① 赵明德：《对外汉字教学改革探索》，《语言教学与研究》，1999 年第 3 期；陈静：《关于汉字独立设课的一点思考》，《安徽文学（下半月）》，2010 年第 10 期；李杨等：《汉字课、写作课及书面表达能力培养》，《对外汉语教学课程研究》，北京：北京语言大学出版社，2007 年。

② 吕必松：《华语教学初探》，北京：北京语言大学出版社，2012 年。

③ 张朋朋：《词本位教学法和字本位教学法的比较》，《世界汉语教学》，1992 年第 3 期；王骏：《字本位与对外汉语教学》，上海：上海交通大学出版社，2009 年；施正宇：《从汉字教学看对外汉语教学中的本位问题》，《民族教育研究》，2010 年第 6 期。

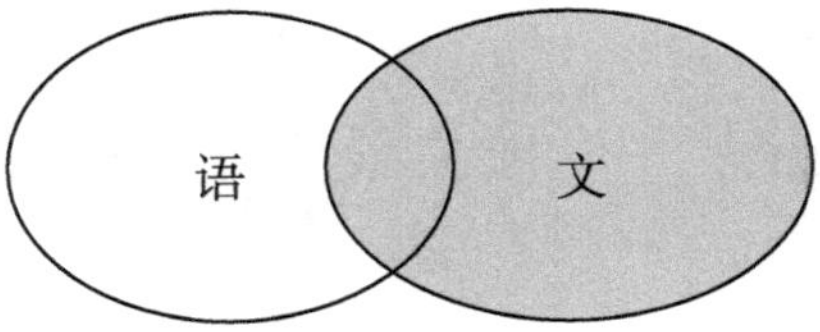

图 4-3 独立设课教学模式示意图

言和文字是两个相对独立又统一于“义”的听觉符号系统和视觉符号系统，应该以语言和文字相互促进的方式来安排教学内容，即分别来教“语言听说能力”和“文字读写能力”。“语”的教学，只教“语”不教“文”，“文”的教学应专教汉字的读写能力[①]。这一观点也为独立设置汉字课提供了有力的理论基础。

近些年，学界对汉字教学、汉字课程设置的认识逐渐完善，汉字教材的编写也取得了突破性的进展（见第九章第二节“泰国独立型汉字教材的设计与编写”），这为独立设置汉字课提供了物质基础和保障条件。

本课题认为，任何一种教学模式都无法适用于所有的教育情境，如果选择适合的教学对象，编写合适的汉字教材，在学习者时间相对充裕、学习动机较强的情况下，独立设置汉字课是一种理想有效的汉字教学模式，十分有利于汉字的教与学，也是未来汉语教学和汉字教学可持续发展的关键因素之一。

就在近些年，随着汉字教学理论与实践的深入，人们对独立设置的汉字课的性质、内容等的认识更加全面。独立设置的汉字课的教学内容不仅应以汉字知识（如笔画、笔顺、部件知识）的传授为主；更应以技能培养为主，不仅是对字形的教学，而是使学习者全面掌握汉字的音—形—义、识—写—用、字—词—句，运用丰富多样的练习和活动，以增强学习者的参与意识，从而全

① 张朋朋：《文字论》，北京：华语教学出版社，2007 年。

面提高学习者的汉字能力。[①]另外，近些年一些独立的汉字教材相继面世，因此这一教学模式也逐渐受到了重视。同时，学界对于中级阶段和高级阶段汉字教学的重点也逐渐有了新的认识[②]，这样也就弥补了以往一些学者所质疑的独立设置汉字课条件不具备的问题。

二、泰国"独立设课"教学模式的实施

泰国在独立设置汉字课教学模式的实施方面还处于较为滞后的状态。以泰国最高学府朱拉隆功大学为例，该校汉语专业虽然每周设置10—15汉语课时，但是在课堂教授汉字书写的时间很少，练习汉字书写往往放在学生课外时间自行练习[③]。

> 我认为，泰国大学中文系应该设置专门的汉字课程，而且应该在大一的时候设置，因为课时比较充分，而且这些学生的专业就是汉语，大学中文系的汉字课开两个学期比较合适。至于泰国高中汉语班，他们要学3年汉语，应该设置单独的汉字课，为以后的学习打下基础。不过开汉字课，教材的选择会比较难，目前泰国还没有看到很合适的汉字教材。(泰籍汉语教师林老师)

基于前面的分析与探讨，本课题提出，除了学科发展逐渐成熟之外，独立设置汉字课需要具备一些外在条件：1）学习动机：学习者的学习动机要比较强，将汉字学习目标设定为专业学习或长期学习。学习汉字对他们而言即是一种客观上的必需，也是一种主观上的兴趣。2）学习时间：一般来说，学习者的学习时间要

① 田艳：《关于对外汉字教学层次性原则的思考》，《汉字文化》，2009年第1期。
② 田艳：《关于对外汉字教学层次性原则的思考》，《汉字文化》，2009年第1期。
③ 朱丽（泰）：《泰国大学汉字教学现状及分析》，北京语言大学硕士学位论文，2001年。

相对充裕；3）学习材料：一般来说要有可依据的丰富合理的汉字教材；4）教师能力：教师需要具有较好的汉字教学素养和汉字教学能力（见图 4-4）。

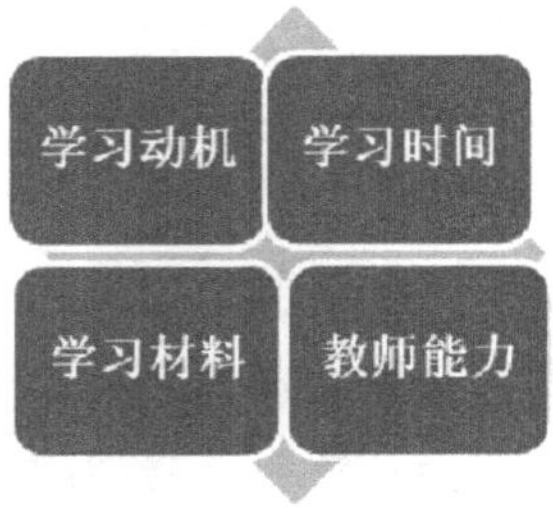

图 4-4　汉字独立设课外在条件示意图

本课题认为，在泰国汉语教学情境下，对于某些特定的学习者和教学类型，独立设置汉字课十分重要，现在的时机也比较成熟，这也是目前国际汉字教学的发展趋势，其必要性和可行性都存在。上文介绍的朱拉隆功大学汉语专业显然是适合也完全有必要设置独立的汉字课。有泰国研究者通过调查发现，在泰国开展汉语教学条件较好的高校中，只有华侨崇圣大学在二年级开设了汉字课。

因为在泰国汉语教学机构独立设置汉字课的情况寥寥，因此目前关于泰国汉字独立设课的研究基本为空白。本研究者在第八章“泰国汉字课堂教学设计与教学活动”中专门探讨了独立设置汉字课模式下（当然也包括汉字环节）汉字教学的实施情况。

第四节　对于泰国汉字教学模式的调查与分析

以往的研究发现，泰国大学生普遍认同开设单独的汉字课有助于全面提高汉字水平①。为了了解泰国中学生对于汉字教学模式的看法，本课题进行了一个相关调查。

一、调查基本情况

调查对象：泰国中学生，年龄在15—18岁，每周1—2节汉字课

调查人数：中学生53人

调查工具：本研究者制作了简单的问卷，共6个问题

问题分类：主要是针对汉字教学模式和教学时间的态度。由于被调查对象是学生，所以研究者没有使用“先语后文”、“语文并进”这样的术语。问卷采用五级量表，5为十分喜欢、十分赞同，1为不喜欢、不赞同。

研究者针对泰国学习者汉语及汉字态度设计的6个问题为：

Q1. 单独开设汉字课

Q2. 每周用单独时间（如用10—30分钟）讲汉字基本知识、做汉字练习

Q3. 根据课文出现的词语讲解、书写汉字

Q4. 先教拼音，再教口语（句形、字词），一段时间以后再教汉字的书写

Q5. 汉语和汉字同时教。一方面教汉语高频字（我、吗）书写和认读，一方面教容易书写汉字（如田、天、日、山）

Q6. 不用专门教汉字，学生看多了就会了，自己课下解决汉字问题

上述问题中，Q1指的是独立设课教学模式，Q2指的是语文并

① 吴有进：《泰国大学生汉字学习情况调查分析及教学对策》，中央民族大学硕士学位论文，2013年。

进教学模式，在综合课中独立设置汉字教学环节，Q3 指的是随文识字教学模式，Q4 指的是先语后文教学模式，Q5 指的是语文并进教学模式，认写分开，同步进行；Q6 指的是不教汉字的随文识字教学模式。

二、调查结果分析

调查结果见表 4-1：

表 4-1　泰国学生对汉字教学模式态度的调查结果

问题＼程度	5	4	3	2	1	标准差	平均值
1	24%	32%	24%	11%	8%	1. 216	3. 54
2	24%	35%	35%	3%	3%	0. 955	3. 76
3	22%	32%	43%	3%	0%	0. 838	3. 73
4	27%	30%	32%	8%	3%	1. 051	3. 70
5	43%	32%	16%	5%	3%	1. 038	4. 08
6	14%	14%	51%	16%	5%	1. 032	3. 14

由表 4-1 可以看出，上面 6 个问题的平均值由高到低分别是：Q5>Q2>Q3>Q4>Q1>Q6。Q5（4. 08）和 Q2（3. 76）均指“语文并进”模式，也就是说，泰国中学生认为语文并进的模式非常适合他们，即认读的汉字和书写的汉字可以有所不同，并且在综合课中开辟独立的汉字环节；而对于不安排汉字教学环节的教学模式（即随文识字）均值最低（3. 14）。泰国学生对于独立设置汉字课的教学模式的均值不算高，只有 3. 54，且该项的标准差最大（1. 216），说明这些泰国中学生对这一模式的看法差异较大。因为泰国中学生每周汉语教学时间非常有限，除了高中的文科汉语班之外，其他形式的汉语课每周只有 2 小时左右，因此语文并进模式在泰国中学生中得到了较高的支持率也是可以理解的，这也符合

泰国汉语教学的实际。

本章小结

本章提出，在国际汉语教学学习者日益多元化、学习需求日渐多样化的情况下，应该积极探索科学多元的汉字教学模式。本章对“随文识字”、“语文并进”、“先语后文”、“独立设课”，特别是后三种教学模式进行了分析。本章还结合对泰国汉语学习者的问卷调查进行综合分析，以期获得对泰国汉字教学模式的整合性的思考。

“语文并进”教学模式是在综合课课文、生词、语法的教学之后完成汉字学习，即“汉字教学后行”。相较于“随文识字”模式，“语文并进”模式已经向前迈进出了一大步。泰国学校语文并进教学模式的开展不算理想。本课题认为，根据泰国学校学科设置的现况，教授汉字的时间以每课时中 10 到 15 分钟为宜。此外，本章还对三项前人研究进行了分析，虽然这三项研究（实验）并非专门针对“语文并进”教学模式展开的，但是却为今后泰国语文并进模式的探索铺就了道路。

“先语后文”教学模式具有一定教学适用性，适合的对象是汉语初学者；学习目的以掌握汉语口语交际为主；学习者可提供的有效学习时间相对较零散，且不具连续性和系统性。泰国社会上存在大量的社会开办的汉语教学机构，学习者中有一些急于首先渡过汉语交际难关的学生，这些学习者非常适合采用先语后文模式进行教学。目前在泰国还未见到实施“先语后文”的教学案例，希望今后能有教学单位积极尝试这一教学模式。

无论是“语文并进”还是“先语后文”模式，都不能很好地解决一个问题，即难以按照汉字本身的规律来安排教学顺序。”因此，“独立设课”模式应用而生。“独立设课”教学模式即单独开设汉字课程，使用专门的教材，教授汉字的内在规律，并运用多种练习形式强化汉学习效果，以增强汉字教学的系统性。当然，综合课和听说课等照常进行。

目前，泰国在独立设置汉字课教学模式的实施方面还处于较为滞后的状态。本课题认为，独立设置汉字课需要具备一些外在条件：1）学习动机：学习者的学习动机要比较强，将汉字学习目标设定为专业学习或长期学习。学习汉字对他们而言既是一种客观上的必需，也是一种主观上的兴趣。2）学习时间：一般来说，学习者的学习时间要相对充裕。3）学习材料：一般来说要有可依据的丰富合理的汉字教材。4）教师能力：教师需要具有较好的汉字教学素养和汉字教学能力。对于一些具备上述外在条件的学校，如泰国高中文科汉语班、高校汉语专业都适合采用“独立设课”的方式。

在汉语推广的背景下，影响汉语教学、汉字教学的因素日益多元和复杂，每种汉语、汉字教学模式均各有其长处及适用性。泰国各汉语教学机构可以结合学习者的特点及学习需求、学习时长等因素适当地选择适宜的汉字教学模式。

第五章　泰国汉字教学标准的思考

本章主要探讨泰国汉字教学的核心问题之一：汉字教学的标准。第一节分析和探讨了泰国汉字教学的字类，第二节探讨了泰国汉字教学的字量及等级，第三节探讨泰国汉字教学的字种。本章是对泰国汉字教学内容实行规范化和标准化的关键步骤。本章所探讨的内容在以往研究中相当薄弱，而这一问题却是泰国汉字教学良性发展的根基之所在。泰国汉字教学要想取得良性发展，必须要制定符合泰国本土实际的汉字教学标准，确定合理的教学字类、字量、字种，分阶段、分等级、循序渐进地安排教学，以促进泰国汉字教学的规范发展。本章研究内容见图 5-1：

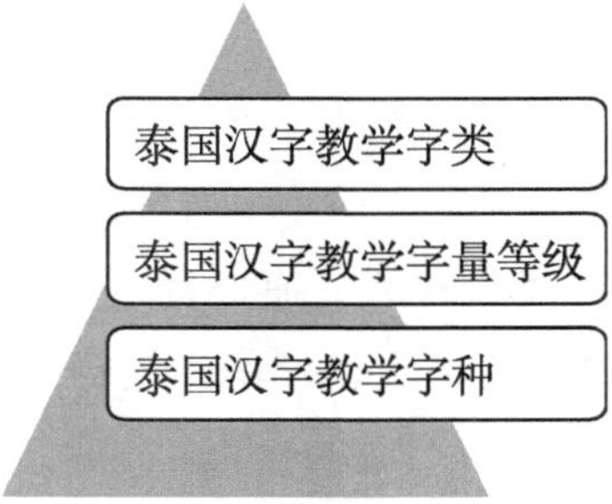

图 5-1　第五章研究内容示意图

第一节　泰国汉字教学的字类选择

一、影响泰国汉字教学字类选择的因素

本课题认为，开展海外汉字教学的前提是要对文字形态进行

分析和思考，因为这一问题会影响到教育机构教学材料的选择和教学内容的实施。繁体字曾经是汉字在海外的唯一形态，在泰国也不例外，但这种情况在20世纪八九十年代中国经济迅速崛起以后发生了很大的转变。目前，包括泰国在内的海外社会的汉字形态基本是“繁体字”和“简化字”并存，这一状况还会在未来的一段时间内持续。

探讨泰国汉字教学繁简字类的选择，要充分考虑以下几个因素：

1. 泰国社会汉字形态的使用情况

传统上泰国华人社会一直使用的汉字形态为繁体字，书面语和店铺牌匾一直沿用繁体字，交际文字也是繁体字。近些年，简化字的使用频率大为增加，并已开始出现在了各大华语出版物上，一些报纸甚至直接转载中国大陆的简化字文章，因此在同一份华语报纸上，可以同时看到繁体字和简化字，即所谓的“繁简混用”。此外，泰国地处东南亚的经济中心，和中国大陆、香港以及台湾地区均有密切、频繁的往来，因此将汉语作为交际工具的人可以同时接触和使用繁体字和简体字两种文字形态。

还有，泰国华人社会内部目前仍普遍使用繁体字，因为使用繁体字会使人有一种与传统文化和华人族群紧密相连的心理感受，这一点不容忽视。

2. 泰国教育部门的相关规定

泰国教育部在2008年颁布了《泰国促进汉语教学，提高国家竞争力战略规划》，该规划建议泰国汉语教学使用汉语拼音和简体字。[①] 虽然这只是一个战略性的建议，但可以看出未来泰国汉字教学在汉字形态方面的走向和趋势。2010年，泰国又颁布了《高等

---

① 吴应辉、龙伟华（泰）、冯芳忠（泰）、潘素英（泰）：《促进泰国汉语教学，提高国家竞争力战略规划》（译），《国际汉语教育》，2009年第1期。

教育汉语教学战略规划》，该规划指出，应培养学习者同时了解繁体字和简体字两种系统，能够识读和记忆繁体字①。

泰国教育部门对中小学的汉字教学没有特别的要求，但是对大学汉语本科专业的字类选择有所规定。泰国汉语教学历史相对较长的大学汉语专业，基本上都要求先教授繁体字再教授简体字，即一、二年级教授繁体字，三、四年级则可以教授简体字。② 比如在朱拉隆功大学本科四年的教学中，前两年的教学都使用繁体字，教授繁体字（为此他们要专门将简体字教材打印成繁体字教材），三年级以后才开始认读简体字。③ 不过一般高校的汉语本科专业、辅修课、选修课则没有这样的要求。中小学在字类的选择上则有更大的自由选择权，没有硬性的规定。

3. 泰国汉语教材的使用情况

在很多时候，选择繁体字还是简体字并不是教育机构自行或主动决定的，而是在很大程度上受到所使用的教材的限制。使用简体字教材的机构在教学中基本上会以简体字为主，反之亦然。

在泰国各汉语教育机构现在使用的汉语教材中，也是简体字和繁体字并存。目前中国大使馆和国家汉办向泰国各级学校赞助了大量的汉语教材，这些教材均为中国大陆出版社所出版，使用简体字编写。随着中国大陆教育部门与泰国汉语教学界联系的日益密切，未来使用简体字教材的学习者会越来越多。由于简体字比繁体字更容易认写，因此在一定程度上可以减轻学生学习汉语的负担。不过，现在泰国仍有一部分的华文学校使用中国台湾地区出版的繁体字教材，并且教授繁体字。

---

① 泰国教育部高等教育委员会国际高校合作战略局：《高等教育促进汉语教学战略规划》，曼谷：Bangkok Block 出版社，2012 年 。

② 陈萍：《泰国博仁大学的中文教育》，《云南师范大学学报》（对外汉语教学与研究版），2007 年第 3 期。

③ 江云凤：《泰国华文学校教育》，《新校园》（下旬刊），2010 年第 5 期。

以泰国大学为例，80%的大学使用大陆出版的《汉语教程》一书，这也影响到了大学汉语教学字类的选择。除了一些专业基础比较深厚的大学在一二年级主动选择繁体字教学，一些开设汉语选修课的大学基本上还是倾向于选择先教授简体字然后教授繁体字的教学方式。比如泰国艺术大学使用的教材是《汉语教程》，该书是用简化字编写的，因此该校主要教授简体字。

在泰国中小学中，中国高等教育出版社出版的《体验汉语》具有较大的影响力，另外《快乐汉语》、《汉语乐园》等教材也占有一定的份额，这些教材均使用简体字编写。由此，简体字的教学在泰国中小学中也就自然推行开来了。

4. 泰国就业市场的需求情况

中国台湾、香港地区，马来西亚等东南亚国家海外华人聚居的地区普遍使用繁体字，受这一因素的影响，打算毕业后与这些地区在经济贸易等方面进行联系的学生以及与泰国华人社会有着紧密联系的学习者自然倾向于繁体字的学习。而那些有意到中国留学、毕业后到大陆就业或与中国进行贸易往来的学生则倾向于学习简体字。

5. 两种字体的难易程度

众所周知，繁体字在形体和书写方面较简体字更为复杂，因此直接从繁体字入手，会使不少学习者产生畏难情绪。不过繁体字的理据性更强，富于文化内涵，学习繁体字对于汉字识记更有好处。

从上述的分析可以看出，就目前而言，繁体字和简体字在一定时间内还会共存、“混用”，绝非一纸硬性规定就可以统一或“标准化”的。

在实际的教学中，泰国各学校的汉字字类选择基本上可分为5种情形：1）只教授简体字；2）只教授繁体字；3）繁体字为主，简体字为辅；4）简体字为主，繁体字为辅；5）繁简并列。详见表5-1、表5-2：

表 5-1　泰国（国立、私立）中学繁简汉字教学情况 ①

使用的汉字形态	国立及私立学校	比例
全部使用简体字	397 所	81.18%
简体字为主，繁体字为辅	32 所	6.54%
全部使用繁体字	26 所	5.32%
全部使用繁体字	26 所	5.32%
繁体字为主，简体字为辅	6 所	1.22%
繁简并用	2 所	0.41%

表 5-2　泰国大学繁简汉字教学情况

使用的汉字形态	高等学校	比例
全部使用简体字	33 所	51.56%
繁简并用	14 所	21.88%
全部使用繁体字	8 所	12.50%
繁体字为主，简体字为辅	8 所	12.50%
简体字为主，繁体字为辅	1 所	1.56%

从表 5-1、表 5-2 可以看出，泰国大中小学校中全部使用简字体进行教学的学校所占比例均最高。此外，中学中“简体字为主，繁体字为辅”的比例居第二位，大学中“繁简并用”的比例居第二位。

二、泰国汉字教学字类选择方面的建议

基于上述分析，本课题认为，在泰国汉字教学的字类选择上，可以采取如下原则：

1. 繁简兼顾、各取所需

这是符合泰国本土化特色的一个选字原则，两种文字形态不

---

① 表 5-1 和表 5-2 内容参照了龙伟华的《泰国汉语教学大纲的采用分析》，载“第九届国际汉语教学学术研讨会”组委会编《第九届国际汉语教学学术研讨会部分论文及摘要》（内部资料），2012 年，并在数据呈现形式上略作了调整。

可偏废任何一种。如果只选用中国大陆出版的教材教授简体字，学生在与泰国华人交流、阅读泰国华文报纸、毕业后到使用繁体字的公司或地区工作就会遇到困难。相反，如果只教授繁体字，因为繁体字复杂难学，泰国学生会产生畏惧心理，丧失学习动机，同时也无法顺应全球汉语教育发展的趋势。不过还可以根据所在学校、使用教材等情况来选择。

2. 识繁写简，符合趋势

就目前的情况看，简体字已后来居上，且渐成主流，并具有简便易学的特点，因此对于大多数没有特殊需求的学习者，可以教授他们会认读繁体字，并能够较为准确地书写简体字，这也是符合泰国汉字教学实际的做法。

本课题认为，泰国汉字教学应提倡繁简兼顾，以培养学习者既懂繁体字又懂简化字的能力为目标。在繁简字体中，以简体字为主，繁体字为辅，培养面向多元化市场的人才。

第二节　泰国汉字教学的字量等级

一、前人学者对国际汉字教学等级、字量的认识

1. 国内对外汉语教学的汉字等级及字量要求

谈到汉字教学的内容，有两个问题需要面对：一是学习多少字，二是学习哪些字。本小节和下一小节将探讨这两个问题。

在汉字数量和等级的研究中，针对母语学习者的研究非常丰富，很多大纲、字表都是针对母语学习者而设计的，如《现代汉语常用字表》确定了 2500 个常用和 1000 个次常用字[①]。20 世纪 90 年代以后，关于来华留学生的汉字学习量及汉字等级问题，开

① 国家语言文字工作委员会汉字处编：《现代汉语常用字表》，北京：语文出版社，1988 年。

始有学者予以关注，相关的研究有常宝儒（1998）、易洪川等（1998）等。

同期，国家对外汉语教学领导小组办公室（简称“国家汉办”）针对来华留学生，也先后出台了两个重要的汉字大纲。1992年，国家汉办发布了《汉语水平词汇与汉字等级大纲》，大纲收录2905个常用字，分为甲、乙、丙、丁四级，其中甲级字800个、乙级字804个、丙级字590个、丁级字670个，并且丙级字和丁级字共附录41个字。这份大纲是我国面向来华留学生初等、中等汉语水平考试的主要依据，也是一份重要的汉字等级大纲。

2002年，国家汉办为来华长期进修留学生（半年以上、三年以下）制定了《高等学校外国留学生汉语长期进修教学大纲》[①]，该大纲共收录汉字2605个，其中初级阶段汉字共1414个，中级阶段汉字共700个，高等阶段汉字共491个。

尽管出台了这些大纲，但对于不同母语背景的来华留学生，还没有一个科学、完整的（等级）分类大纲，不同阶段学生习得字量的多少也没有一个比较准确的定论。

2. 海外汉语教学的汉字等级及字量要求

在海外汉字教学方面，由于海外各国汉语教学课时设置不同，学习环境差异大，因此针对海外的汉语学习者，有关部门目前也无法发布权威统一的汉字等级规定和标准。

在海外汉语教学中，法国的汉字教学开展得有声有色，从20世纪80年代就开始旗帜鲜明地走“字本位”的模式，尤其是在初级水平阶段高度重视汉字教学[②]。目前法国开设汉语课的中学已经

① 国家对外汉语教学领导小组办公室：《高等学校外国留学生汉语长期进修大纲》，北京：北京语言文化大学出版社，2002年。

② 由于汉语教学发展势头空前，法国教育部于2006年3月正式成立汉语总督学一职，担任这一职位的是法国汉语教师协会前主席，巴黎东方大学语言学院白乐桑（Joel Bellassen）教授。

遍及全国，连一些偏远地区也开设了汉语课，而且绝大多数学生是非华裔学习者。以白乐桑教授为核心的法国汉语教学督导部门于2002年颁布了《法国中学汉语教学大纲》，为法国汉字教学设立了四个等级，即405个字、505个字、805个字、1555个字①，其中前三个等级是针对中学生而设置的。这是一个较早的国别化的汉字字表。

法国中学生学习汉语的情况分为三类，分别为第一外语、第二外语、第三外语，每周均为3课时。不同类别的学生学习汉语的起始时间也有所不同，分别为初中一年级、初中三年级和高中一年级。《法国中学汉语教学大纲》针对不同类别的学生，对汉字学习的数量要求也有所不同，并在认读和书写上也作了区分。法国中学具体汉字学习情况见表5-3：

表5-3　法国中学汉语课程及汉字字量等级表②

汉语课程性质	起始年级	学生学习比例	汉字字量要求
第一外语	初中一年级	15%	805个（505个四会字）
第二外语	初中三年级	35%	505个（355个四会字）
第三外语	高中一年级	55%	405个（255个四会字）

此外，法国学者安雄通过研究制定了《一级阅读字表》，该字表收入了1440个汉字③。他认为，如果能辨认这1440个汉字，就能识别一般刊物或应用文的大部分汉字；如果能很熟练地掌握它

① 随后，法国又以频率和组合构词能力为标准，公布了一个104个偏旁表。频率的依据完全从教学出发，从100个最常用高频字中去发掘频率最高的偏旁。参见白乐桑（法）：《法国汉语教学的现状、教学标准及其学科建设》，《世界汉语教学通讯》，2013年第2期。

② 参见安雄（法）：《法国中等教育的汉字教学》，《识字教育科学化教学荟萃》，北京：轻工业出版社，2006年。

③ 安雄（法）：《〈一级阅读字表〉及说明》，《国际汉语教学动态与研究》，2005年第4期。

们（能用汉字构成常用词汇），就能阅读教材以外的文章，并能顺畅地理解阅读材料的大意。这份《一级阅读字表》虽然是针对西方学生而设计的，不过对其他国家汉字等级的确定仍有较大的借鉴意义。

二、泰国学者对汉字教学字量、等级的认识

关于泰国汉字教学的字量及等级标准，研究者可谓甚少。泰国籍博士龙伟华在《泰国“汉语能力标准”研究》中将汉语能力（包括汉字能力）分为 16 个等级，并确定了每个等级汉字的字量[①]。虽然这一标准主要是针对汉语能力而设计的，不过其中涉及了汉字教学，这是目前可见的、比较明确的泰国汉字（词语）的等级表，每个等级的标准详见表 5-4：

表 5-4　泰国研究者制订的泰国汉语能力标准（字词部分）

等级		掌握汉字数量	掌握词语数量
初级	1	掌握 30 个常用汉字	能使用约 50 个常用词汇
	2	掌握 60 个常用汉字	能使用约 100 个常用词汇
	3	掌握 100 个常用汉字	能使用约 150 个常用词汇
中级	4	掌握 130 个常用汉字	能使用约 200 个常用词汇
	5	掌握 160 个常用汉字	能使用约 250 个常用词汇
	6	掌握 200 个常用汉字	能使用约 300 个常用词汇
准高级	7	掌握 350 个常用汉字	能使用约 400 个常用词汇
	8	掌握 450 个常用汉字	能使用约 500 个常用词汇
	9	掌握 550 个常用汉字	能使用约 600 个常用词汇

① 龙伟华（泰）：《泰国“汉语能力标准”研究》，北京：中央民族大学出版社，2013 年。

续表

等级		掌握汉字数量	掌握词语数量
高级	10	掌握 650 个常用汉字	能使用约 800 个常用词汇
	11	掌握 800 个常用汉字	能使用约 1000 个常用词汇
	12	掌握 1000 个常用汉字	能使用约 1200 个常用词汇
准精通	13	掌握 1100 个常用汉字	能使用约 1500 个常用词汇
	14	掌握 1200 个常用汉字	能使用约 2000 个常用词汇
	15	掌握 1400 个常用汉字	能使用约 2500 个常用词汇
	16	掌握 1500 个常用汉字	能使用约 3000 个常用词汇

该汉字等级表针对泰国汉字教学的字量进行了初步而大胆的尝试，不过目前尚未针对这一标准进行过实证性的研究。

该汉字等级设定具有以下特点：

1）将汉字能力纳入到了汉语能力的标准中

该研究重视汉字能力的考察，将其纳入到了汉语能力的标准中，同时也将汉字能力分为多个等级，且各等级汉字数量明确，便于操作和执行。

2）将 30 个字作为最低门槛字

以往的研究最低门槛几乎都超过了 100 字，甚至 200 字，而这一研究将 30 个字作为泰国学习者汉字学习的起步门槛，这一设定适合泰国汉字教学的具体教育情境。

不过该等级表也存在一些问题：

1）没有将汉字等级拉来距离

该标准各等级汉字数量只是平均平稳地递进式的增长。其实汉字学习量并非随时间和等级平均增长，而是存在一个累积和飞跃，是从量变到质变的过程，这一特点要在泰国汉字字量及等级的设计中体现出来。

2）汉字等级的科学性还值得商榷

这一标准主要是针对汉语能力而设计的，汉字等级的科学性还值得商榷。比如将 350 个字作为准高级的起点，将 650 个字作为高级的起点，这一数值的设定显然过低。另外，准精通类的最高级也只是设定为 1500 个汉字。虽然泰国汉字能力的制定必然要考虑到海外汉字教学的局限性，要求不能像国内来华留学生那么高，不过如果作为一个国家级的标准化等级，还是应该考虑到大纲的科学性和受众的广泛性。

本课题认为，泰国汉字能力等级可以实行“双规制”，即从两个方面进行考量：将社会的评估标准与教学机构的教学标准分开（见图 5-2），并在教学机构的教学标准中对大中小学分别提出要求，以适应泰国汉语教学的“四零问题”。

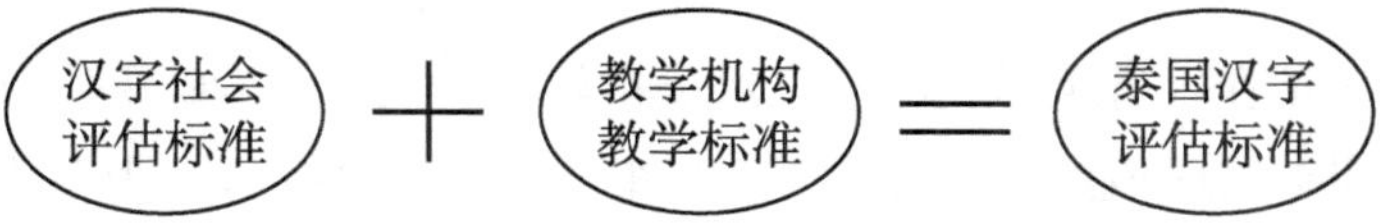

图 5-2　泰国汉字教学“双轨制”评估体系示意图

三、泰国汉字教学字量、等级的社会评估标准

社会评估标准是一种客观标准，不依附于任何具体的教学机构，不与特定的课程或特定的教学内容直接关联，而是面向社会开放。该标准可以用作大规模标准化考试的汉字标准，用来相对客观地评测出学习者的汉字水平和能力。

国际上社会性的汉字能力评估以日本的“汉字能力检定”影响力最大，该测试是日本的全民性汉字考试，每年举行三次。该考试创立于 1975 年，2008 年前由日本文部省主持，如今由日本汉字能力检定协会主办。日本近 500 所大学（包括早稻田大学、筑波大学等日本名校）都把“汉字能力检定”等级作为入学评价标准。该考试共分 12 级，最低为 10 级，针对小学一年级学生，要求掌握的汉字量是 80 个；最高级是 1 级，要求掌握的汉字量为 6000 字。由于拿到 1 级的考生非常之少，因此在一级之下又设置了

“准1级”，要求识字量是3000个，在2级之下设立了“准2级”。在该考试中获得高等级资格的人在就业方面享有不少优势，比如日本的各大电台招聘主持人的必备条件之一就是具有汉字能力考试2级以上资格。

日本汉字能力等级测试可以为泰国汉字社会评估标准的建立提供一定的启示。本课题认为，泰国汉字字量、等级的社会评估标准需要首先确定几个重要的标准：

入门标准：200字。本课题认为，海外汉字教学的门槛不宜设得太高，根据泰国汉语教学的实际，这一标准可以设定为200字。其中又可细化为3个档次，最低的门槛字为50个字。

初级标准：500字。有学者认为，从交际功能来看，500字造出的句子在日常生活交际中已经基本够用，500个基础汉字基本可以适应初级阶段的汉字教学。① 另外，朱志平教授从三张字表中选出530个字作为“初期累计高频字”②，这一数字与本研究设定的500字还是较为接近的。

准中级标准：800字。作为初级向中级的过渡。

中级标准：1000字。周有光先生发现了“汉字效用递减率”，即1000个常用汉字可以覆盖大约90%的书面阅读材料。由此有学者推出：学习者掌握1000个常用字就能应付日常阅读的需要。这是从汉字规律本身以及汉字所具有的功能的角度来看的，也是以往几乎所有汉字教学定量的最重要的基调。朱志平也将1000字作为海外汉字教学的第三级目标③。因此本研究将1000字作为中级的标准。

---

① 崔建新：《五百个基础汉字造出的句子可以覆盖多少个语法点》，《汉语研究与应用》第四辑，北京：中国社会科学出版社，2006年。

② 朱志平、张江丽：《海外中小学汉语第二语言教学汉字的优选与分级》，《识字教育科学化论文荟萃》，北京：轻工业出版社，2006年。

③ 朱志平、张江丽：《海外中小学汉语第二语言教学汉字的优选与分级》，《识字教育科学化论文荟萃》，北京：轻工业出版社，2006年。

准高级：1500 字。前文介绍过，安雄认为学会 1440 个字可以基本上突破汉字大关。另据统计，1500 个常用字的覆盖率约为 95%。因此本研究将 1500 个字设定为准高级。

高级：2500 字。1988 年颁布的《现代汉语常用字表》中收录了 2500 个常用字，2500 个高频常用字覆盖各类读物的比率是 98% 左右。因此一般认为，2500 字的认读数量是一个重要节点，可以达到较好的阅读能力。研究者制作了泰国汉字等级标准表，见表 5-5：

表 5-5　本课题制定的泰国汉字等级标准

等级	掌握汉字数量		汉字能力目标
入门级	1	50	学生在掌握一定数量汉字的同时，需具备一定的“汉字能力”，即对汉字的基本笔顺、笔画、部件、构形和基本造字规律等有一定的了解。
	2	100	
	3	200	
初级	4	300	进一步学习汉字，扩大字词量，建立字词连通关系，学习常用的构词法。
	5	500	
准中级	6	600	进一步扩大字词量，深入了解汉语构词法。对多义字的义项有所了解，对形声字形旁、声旁的表音表意规律有所了解。
	7	800	
中级	8	1000	
准高级	9	1200	1）对汉字形声字的复杂表音表意系统的认识进一步深化； 2）进一步学习同形多义字； 3）对汉字学知识有所了解，系统了解和掌握汉字的文化蕴涵。
	10	1500	
高级	11	2000	
	12	2500	

本标准具有如下特点：

1）标准分为六大等级 12 个层级。

2）将入门级细化为三个等级，其中 50 个汉字设为最低门槛，有助于吸引和鼓励更多的泰国汉语学习者学习汉字。

3）各等级之间的级差非平均匀速递进式发展，而是客观反映出汉字等级发展的规律。如 1 级和 2 级之间相差 50 个字，11 级和

12 级之间则相差 500 个字。

4）设定等级的同时，也设定目标。也就是说，并非单纯以汉字数量作为唯一的衡量单位。

应该说，这一标准可以视为一个统一化的标准，与汉语、汉字学习起点和学习时长没有关联，因此可以超越泰国汉语教学四零问题，较为有效地衡量泰国学习者的汉字能力。当然，该标准有待于在理论和实践两个方面接受检验。

四、泰国汉语教育机构汉字教学字量、等级要求

如果说汉字社会评估标准不依附于特定的课程和教学内容，具有标准化大纲的特点，那么根据泰国汉语教学“四零现象”，对不同的教学类型提出不同的汉字教学（学习）要求，则体现了泰国汉字教学本土化、积极面向实际的原则。

2008 年，泰国教育部制定了《泰国汉语教学大纲》，该大纲以泰国外语教学大纲的标准框架、教学内容为依据，结合泰国汉语教学的情况进行改进调整后编写而成。值得一提的是，该教学大纲尝试根据不同的教学情况，编写了三类不同的大纲：1）针对小学一年级到高中三年级的 12 年教学大纲；2）针对初中一年级到高中三年级的 6 年教学大纲；3）针对初中一年级到高中三年级的 3 年教学大纲。前文也介绍过，法国汉语教学在这个方面也已经做出了尝试，即根据汉语学习时长的不同，设定不同的汉字等级要求。

这也给了我们一个很好的启示，同时也是一个理论支持：即汉字教学大纲也应该根据泰国汉语教学特有的“四零现象”提出有层次性的要求①。

本课题认为，“四零现象”是泰国汉语教学的特有现象，短时

---

① 本小节的内容与泰国汉语教学界的泰籍教师黄博士、潘博士进行了商讨，特此表示感谢。

间内无法改变，在一定程度上也没有改变的必要。[1] 语言教育政策的制定应该根据教学实际进行有针对性、可行性的设计。

1. 小学阶段为起点的汉字教学

由于泰国汉语教学层级复杂，学习者学习动机差异很大，因此不能单纯地将字量作为一个绝对的标准。另外，汉字教学存在一个规律，就是在学习初期，学生对汉字的认知和理解需要花费一些时间，因为这一阶段处于汉字的积累阶段。等学习者对汉字的概念逐渐建立起来后，后期会出现飞跃发展，这一特点是由汉字教学的特性所决定的，要予以重视。

小学阶段开设汉语课一般为 4—6 年，到小学毕业时，一般而言，学生应该掌握 200—400 个汉字，达到或接近初级水平[2]。另外，引起学习者学习汉字的兴趣、了解汉字的基本规律、形成正确的汉字观念也是以小学阶段为起点的汉字教学的主要目标。

如果这些学生在初中、高中阶段继续学习汉语，到高中毕业时理论上应该掌握 1000—1500 个汉字。但这只是理论上的说法，因为实际教学中，接续性的课程很少，初中、高中往往还要经过两个零起点，从而在一定程度上减缓了汉字学习的速度和进度。

2. 中学阶段为起点的汉字教学

马燕华教授曾提出海外中文学校识字总量不宜过大，年平均识字量控制在 100—200 个[3]。泰国中学的汉字教学虽与美国中文学校在性质上有所不同，但同属于海外汉字教学，因此马燕华教

---

① 在泰国，只有英语教学不存在所谓的“四零问题”，就是说学生从小学一年级开始一直到大学连续性地学习英语。在海外，即使是在法国这样汉语教学发展迅猛的国家，汉语教学的开展也是大学的情况比中学好，中学的情况比小学好，也存在“四零现象”。在很多国家，甚至只在大学，至多在高中才开设汉语教学，甚至根本谈不上有“四零问题”，因为只有两个阶段开展汉语教学。

② 当然，对于一些汉语教学开展得较好的学校或者华裔学生为主的学校，识字量也可以有更高的要求，如小学毕业时达到 600 个字。

③ 马燕华：《论海外周末制中文学校教学的性质、特征及教学原则》，《暨南大学华文学院学报》，2007 年第 2 期。

授提出的这一观点可以作为一些参考。

泰国中学学习汉语的非华裔学习者逐步增多，且大部分为零起点，汉字教学也无可避免地要从零开始。同时，由于有的学生在小学或初中已学习了汉语、汉字，因此这一阶段学习者汉字水平的差异性开始呈现出来。

以初中阶段为起点的汉语课一般情况下是每周 1—2 课时，理想的状态是三年的识字量能达到 300—400 个，到高中毕业时能达到 600—800 个。

高中阶段才开始的汉语课，普通班每周 1—2 课时汉语课，理想的识字量是三年学习 300—500 个汉字，因为高中学生的认知能力比初中生大幅度提高；高中文科汉语班的情况比较特殊，学习者学习动机相对比较强烈，且每周 6—8 节汉语课，理想的识字量是三年学习 800—1500 个汉字，但实际上各学校情况并不一定都能达到这一标准①。

3. 大学阶段为起点的汉字教学

受四零问题的影响，大学阶段的汉字教学学生水平仍存在差异性，而且水平差距会更大。因此，大学阶段的汉字教学要做好两件事：A. 解决汉字能力差异性问题；B. 确定这一个阶段的汉字要求。

国家汉办于 2002 年颁布了《高等学校外国留学生汉语言专业教学大纲》② 共收录汉字 2503 个：其中一年级字表收录汉字 1491

---

① 就泰国高中汉语班学习者的学习动机和学习情况，研究者者对曾经是泰籍高中汉语文科班的学习者进行了访谈。在访谈中得知：“虽然是文科汉语班，学习动机理应比小学、初中生强，但是我认为不是每个学生的学习动机都达到了‘强烈’这一程度。能表现出具有强烈的学习动机的学习者，也许只占全班比例的 20—30%。我也是文科汉语班的学生，我们班里的同学们学习动机较为强烈的学习者不超过 5 个人（全班 28 个人）。当然，我们班的情况不一定有代表性，也许不能以偏概全。”

② 国家对外汉语教学领导小组办公室：《高等学校外国留学生汉语言专业教学大纲》，北京：北京语言文化大学出版社，2002 年。

个（一级字795个、二级字696个）；二年级汉字字表收录545个；三年级、四年级汉字字表收录汉字467个。

本课题认为，泰国大学阶段的汉字识字量可以适当参照《高等学校外国留学生汉语言专业教学大纲》，即大学四年汉语专业（每周授课10—12节）的识字数量应该为2000—2500个汉字。尽管有大学也超过了这个识字量，不过2000—2500这个识字量仍然是主流，有研究者在对17所泰国大学汉语专业进行的调查中发现的数字也大致如此①。

关于泰国学校各阶段汉字教学识字要求，详见表5-6：

表5-6　泰国不同起点的汉语教学识字量的要求

教学阶段	识字量要求及教学要求
小学为起点的汉字教学	为汉字的积累阶段，等学习者对汉字的概念逐渐建立起来后，后期会出现飞跃发展。小学阶段开设汉语课一般为4—6年，到小学毕业时，学生一般应该掌握200—400个汉字，达到或接近初级水平。另外，引起学习者学习汉字的兴趣，了解汉字的基本规律、形成正确的汉字观念也是以小学阶段为起点的汉字教学的主要目标。
初中为起点的汉字教学	中学阶段年平均识字量可安排在100—200个。初中阶段的汉语课一般情况下是每周1—2课时，理想的状态是三年的识字量能达到300—400个，到高中毕业时能达到600—800个。
高中为起点的汉字教学	高中阶段才开始的汉语课普通班每周1—2课时汉语课，理想的识字量是三年学习300—500个汉字，因为高中学生的认知能力比初中生有大幅度提高；高中文科汉语班的情况比较特殊，学习者学习动机相对比较强烈，且每周6—8节汉语课，理想的识字量是三年学习800—1500个汉字，但实际上教学机构并不一定都能达到这一标准。
大学为起点的汉字教学	泰国大学四年汉语专业（每周授课10—12节）的识字数量大体应该为2000—2500个汉字。

① 朱丽（泰）：《泰国大学汉字教学现状及分析》，北京语言大学硕士学位论文，2001年。

第三节 泰国汉字教学中的字种选择

明确字量的同时，还要对字种进行梳理。同样的识字量，如果学习的汉字不同，所达到的学习效果就可能存在根本性的差异。比如对于初学者来说，同样学习 100 个汉字，学习 100 个甲级字与学习 100 个丁级字，效果应该是截然不同的。

海外汉语教学受到课时、教材等诸多原因的限制，因此要想充分发挥汉字对汉语教学的积极促进作用，就要高度重视汉字的优选工作，做到分清轻重缓急，确定优先次序。

要让泰国汉语学习者在较少的时间内，由浅入深、循序渐进地掌握一批汉字，就需要确定一批最适合于泰国学生汉字学习的用字。汉字体系庞大，数量众多，形体复杂，那么教学中应该怎样来进行汉字优选工作呢？本研究认为，这个问题的解决要分几步走。第一步，从字频的角度考虑，选出人们日常生活中使用频率最高的汉字；第二步，对将要进入教学的高频字加以筛选，考察其构字、构词能力；第三步，根据泰国学习者汉字习得和认知特点选择汉字；第四步，根据泰国学校的教学容量和泰国本土特点选择一些特色汉字。详见图 5-3：

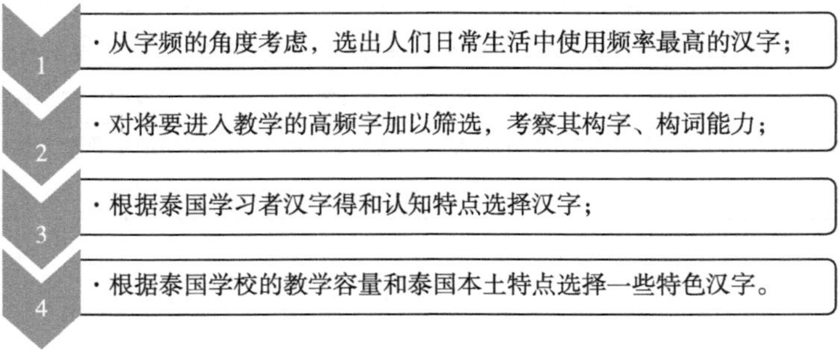

图 5-3 泰国汉字教学优选工作步骤

一、首先选择使用频率高的汉字

海外中小学汉语教学的首要目标是交际①，在这个总的教学目标之下，汉字教学要体现为汉语教学服务的宗旨，因此应首先选择那些使用频率高的汉字。

汉字教学中存在着一个“汉字效用递减率”现象，即汉字出现频度的不平衡规律。使用频率越高的汉字，覆盖面越广，效用越好；使用频率越低的汉字，覆盖面越窄，效用越差。这一规律提醒我们，汉字教学中的字频选择非常重要。

1998 年，前人学者对汉字的字频及所占比例进行了统计②，这一统计比较清晰地印证了汉字效应递减/递增的情况，详见表 5-7：

表 5-7　高频汉字覆盖率统计表

字频	汉字覆盖率	字频	汉字覆盖率
1—500	77.22%	1301—1500	95.34%
501—1000	90.22%	1501—3000	99.45%
1001—1300	93.78%	3001—5764	100%

常宝儒的研究也表明，使用频率最高的 1000 个常用字的覆盖率在 90%以上。③ 除了上述字频统计，其他很多汉字字频统计也都显示出同一现象，即汉字“常用字”高度集中的现象④。

---

① 朱志平、张江丽：《海外中小学汉语第二语言教学汉字的优选与分级》，《识字教育科学化论文荟萃》，北京：轻工业出版社，2006 年。

② 转引自安雄（法）：《〈一级阅读字表〉及说明》，《国际汉语教学动态与研究》，2005 年第 4 期。

③ 常宝儒：《汉语教学常用汉字的选优问题——前 1000 个高频字的对比分析》，《第二届国际汉语教学讨论会论文选》，北京：北京语言学院出版社，1998 年。

④ 根据 2006 年出版的《中国语言生活状况报告》的绿皮书统计：最常用的 581 个汉字可以覆盖媒体语料的 80%，935 个汉字可以覆盖 90%，2314 个汉字则可以覆盖媒体语料的 99%。

具体的高频字的选择可以参照《现代汉语频率词典》和《汉语水平词汇与汉字登基大纲》的研究成果，也可以参照《现代汉语常用字表》中2500个常用字以及1000个次常用字的分级标准，当然还应该考虑参照一下泰国本土教材中高频字的字表。①

> 应该以难易度和复现率对汉字进行选择区分。首先应教授常用字。一方面这些汉字大多都很简单，易读易写，这样有利于学习者激发兴趣、增强信心。另一方面，这些汉字生活中必不可少。“学以致用”不仅能使学习者及时巩固学习效果，还能确实地方便他们的日常生活。（泰国帕府阿努彭帕查琳学校余老师）

二、注重汉字的构字、构词能力

字频是泰国汉字教学用字优选的基本原则之一，但这也只完成了第一步，因为汉字教学仅凭字频还不能解决所有的问题。理性的汉字教学方法应该尊重并体现汉字本身的规律，并据此考虑汉字教学的字序问题，应从汉字构字规律及与汉语词汇关系的角度来探讨常用汉字的优选与分级。教授构字、构词能力强的汉字可以为将来的学习打下基础。

汉字“构字能力”主要是指作为汉字成字部件组成新的整字的能力。汉字优选工作应注重选择构字能力强、意义明确的独体汉字，如“心”、“口”、“月”、“女”、“木”、“日”等。这些字构字频率高，特别是作为表义部件的构字频率高，优先学习这些汉字有利于带动下一阶段汉字教学的开展。

崔永华提出汉字教学应重视“基本字”的教学，“基本字”是

① 吴峰在其博士论文中对泰国汉语教材中汉字等级及频次进行了统计，可以作为泰国汉语教学汉字优选工作的重要参考。吴峰：《泰国汉语教材及其本土化研究》，中央民族大学博士学位论文，2012年。

指笔画不多又有较强生成能力的整字，即本课题所说的构字能力强的整字①。卞觉非提出先学习构字能力很强的独体字和常用合体字，可以为以后的汉字学习打下基础②。安雄指出，理想的方法就是教授构字能力强的独体字或“成字部件”，后教由它们组成的生字③。

汉字“构词能力”是指汉字组成词语的能力。应重视选择构词能力强、意义明确具体的汉字，如“人”、“大”、“好”、“天”、“中”、“年”等。

此外，还可以考虑选择组成常用词的其他一些汉字，如“话”、“国”、“饭”这些字，因为这些字可以组成如下的常用词语：说话、电话、中国、国家、吃饭、饭店、中国饭等。

三、注重学生汉字习得和认知规律

在泰国学生的汉字习得和认知规律方面，可以从三个层面考虑汉字的优选问题：

1. 字形的复杂程度

根据前人学者研究，学习者书写汉字时存在“笔画数效应”，多笔画字书写起来比少笔画字更难④，书写起来错误明显增加。因此一般而言，应优先选择笔画数相对较少、结构相对简单的常用独体字，如“人”、“山”、“口”、“小”，或者结构和笔画都比较简单的合体字（结构和部件不超过 2 个），如左右结构的“体”、“好”、“明”，上下结构的“花”、“字”、“早”等。

---

① 崔永华：《关于汉字教学的一种思路》，《北京大学学报》（哲学社会科学版），1998 年第 3 期。

② 卞觉非：《汉字教学：教什么？怎么教?》，《语言文字应用》，1999 年第 1 期。

③ 安雄（法）：《谈对外“理性识字法”的构造》，《世界汉语教学》，2003 年第 2 期。

④ 刘丽萍：《笔画数与结构方式对留学生汉字学习的影响》，《语言教学与研究》，2008 年第 1 期。

2. 字义的明确程度

先选择意义明确的字而非抽象的字，如“好”、“去”、“个”，这些汉字一般可以作为自由语素加以运用；再选择意义不太明确的字，如“成”、“民”，这些字一般要放在词语的环境中才便于学习，所以应稍后再予以考虑。

3. 汉字中的“入门字”

易洪川等学者提出了“入门字”的概念，并将其定义为“供处于好奇而无明确目的可言的学习者学习的少数汉字”。这些字展现了汉字的风貌、汉字的造字特点和优点，例如字义明确、字形鲜明的象形字（如“鱼”、“鸟”、“手”、“足”等），语义结构关系简单明确的会意字（如“休”、“看”、“从”、“尖”等），以及由这些字组合成的表音表义规则清晰的形声字。这些字能激发学习者的兴趣，进而产生学习愿望。[①]

本课题认为，以往对于汉字习得的研究多集中在笔画、部件数量少、字义明确的汉字，易洪川等提出的“入门字”概念对于泰国学习者，特别是中小学中将汉字作为兴趣课、选修课的学生十分适合。

四、根据泰国的本土特点安排字种

泰国汉字教学还可以“突破汉字等级和难度的限制，使汉字教学更具有科学性和实用性。”[②] 在泰国汉语教学情境中，应该考虑汉字优选的国别化和地域性。一些汉字尽管是“超纲词”，但具有较高的使用频率，如“泰”、“曼”、“铢”、“椰”、“裙”、“檬”等，这些汉字涉及泰国的地名、宗教、物产（水果）、生活方式

① 易洪川、杨夷平、朱全红：《从基本字表的研制看汉字学与汉字教学》，《语言文字应用》，1998 年第 4 期。

② 吴峰：《泰国汉语教材及其本土化研究》，中央民族大学博士学位论文，2012 年。

等，也应该考虑补充到泰国学生的优选汉字库中。

当然，泰国汉字的优选还要考虑到教学容量、课时安排以及学习者的学习动机等诸多因素，此处就不展开论述了。

本章小结

本章探讨了泰国汉字教学标准方面的重要内容：泰国汉字教学的字类、字量和字种问题。

在泰国汉字教学的字类选择方面，本章结合泰国汉字社会使用情况、泰国教育部门的相关规定、泰国汉语教学的使用情况、泰国就业市场的需求以及繁简汉字的难易程度等几个方面的具体情况，提出了泰国汉字字类选择的两大建议：1. 繁简兼顾、各取所需；2. 识繁写简、符合趋势。

在泰国汉字字量等级的设置方面，本章首先分析和探讨了针对国内留学生设置的汉字等级标准、其他国家的汉字等级标准以及泰国研究者设定的汉字等级标准，随后提出了本研究的泰国汉字能力等级的“双轨制”，即“汉字社会评估标准”和“汉语教学机构教学标准”。

针对汉字社会评估标准，本课题提出了 6 个等级 12 档标准。其中入门级分为三档，分别为 50 字、100 字及 200 字；初级分为两档，分别为 300 字和 500 字；准中级为 600—800 字；中级为 1000 字；准高级分为两档，分别为 1200 字和 1500 字；高级分为两档，分别为 2000 字和 2500 字。该标准可以超越泰国四零问题，较为有效地衡量泰国学习者的汉字能力和汉字水平。

针对汉语教育机构汉字字量及等级要求，本研究结合泰国汉语“四零现象”，提出了以小学、初中、高中、大学为起点的四个阶段的多元汉字教学等级要求，以适合泰国独特的汉语教学情境和汉字教学发展阶段。

在泰国汉字教学的字种选择方面，本章提出该问题的解决要分几步走。第一步，应从字频的角度考虑，选出人们日常生活中使用频率最高的汉字；第二步，对将要进入教学的高频字加以筛选，考察其构字、构词能力；第三步，根据泰国学习者汉字习得和认知特点选择汉字；第四步，根据泰国学校的教学容量和泰国本土特点选择一些特色汉字。

建立科学合理的泰国汉字教学的标准，将有利于泰国汉字教学建设良性、快速地发展。

第六章　泰国学生汉字习得情况的分析与思考

由于汉字自身的特殊性以及泰国学习者固有的认知方式等因素的影响，泰国学习者在汉字习得方面呈现出较为复杂的状态。本章从三个方面分析阐述泰国学生汉字习得和认知的情况：泰国学生汉字学习策略情况、泰国学生笔顺偏误情况、泰国学生其他书写偏误情况。

第一节　泰国学生汉字学习策略的调查与思考

一、学界对于汉字学习策略的研究

汉字学习策略是指学习者为了促进汉字的获得、存储、提取和利用而采用的学习策略。记忆研究表明，人们通常会对已经学过的知识，哪怕是松散的知识进行组织，以便于回忆，也就是说人们习惯于运用学习方法和学习策略将知识系统化、条理化。

对泰国学习者汉字学习策略进行调查研究具有积极的作用：1）可以把学习者隐性的汉字学习过程显性化，挖掘他们汉字认知的过程；2）教师可以根据学生汉字学习策略的使用情况，积极运用与汉字学习策略相匹配的教授方法；3）学习策略的使用与汉字的学习效果具有正相关的关系①，因此培养学习者积极合理的汉字

① 江新、赵果：《初级阶段外国留学生学习策略的调查研究》，《语言教学与研究》，2001 年第 4 期。

策略意识，将有助于提高其汉字学习效果；[①] 4）为泰国本土化汉字教材的编写提供良好的启示作用。以往有关学习策略的研究主要是欧美学者和国内学者的研究，近些年也有人对泰国学习者的汉字学习策略展开了研究。

欧美学者的相关研究。Mc Ginnis 对国外汉语初学者汉字学习方法进行研究，结果发现被试最常用的策略是机械重复、编造与意符和声符无关的故事，而利用意符和声符策略不是学生最常用的策略[②]。Ke C. 以美国大学的汉语初级学习者为调查对象进行调查，发现学生认为比较有效的汉字学习策略包括汉字部件（意符和声符）的学习和应用、重复书写汉字、注意新旧字形结构和意义上的联系[③]。

国内学者的相关研究。国内学者的研究主要以来华留学生为研究对象。江新、赵果的《初级阶段外国留学生汉字学习策略的调查研究》将汉字学习策略分为两大类：认知策略（笔画策略、音义策略、字形策略、归纳策略、复习策略、应用策略）和元认知策略（监控、计划）。结果发现，留学生最常使用的是整体字形策略、音义策略、笔画策略和复习策略，其次是应用策略，最不常用的是归纳策略[④]。随后，江新、赵果继续对初级阶段留学生汉字学习策略和汉字学习成绩的相关性进行分析[⑤]。周健、尉万传通过研究发现：1）学习者汉语学习成绩与汉字学习成绩存在正相关关

---

① 何琼：《初级阶段欧美学生汉字学习策略与教授方法研究》，厦门大学硕士学位论文，2008 年。

② Mc Ginnis, S. 1995. Student attitudes and approaches in the learning of written Chinese. Second Language Acquisition. NY: Cambridge University Press. Oxford.

③ Ke, C. 1998. Effects of strategies on the learning of Chinese characters among foreign language studies. Journal of the Chinese Language Teachers Association, 33 (2), 93-112.

④ 江新、赵果：《初级阶段外国留学生汉字学习策略的调查研究》，《语言教学与研究》，2001 年第 4 期。

⑤ 江新、赵果：《什么样的汉字学习策略最有效?》，中国对外汉语教学学会第七届学术讨论会论文，2001 年。

系；2）偏旁部首策略优于部件策略，部件策略又优于笔画策略和字形联想策略，理据策略优于机械策略。而在开始阶段，字形策略是最有效的策略。优秀学生更多地采用了音意符归纳策略或整字策略。① 在这些研究中，研究者比较一致地认为：留学生较多地使用字形策略与重复策略，而较少使用音符的学习策略；理据性的学习策略优于机械性的学习策略等。研究者们不一致的地方是：有的学者（如江新）认为字形策略可能不利于汉字书写的学习，而有的学者（如周健）却认为，在开始阶段字形策略是最有效的学习方式。

泰国学者的相关研究。姜美玲对112名泰国大学初级阶段学生的汉字学习策略进行了调查与研究。研究结果表明，初级阶段的泰国学生在汉字学习策略中，母语策略的使用频率为最高，其次为音义策略、笔画策略、字形策略、归纳策略、猜字策略、应用策略。在记忆汉字策略方面，泰国学生跟“非汉字圈”的学生一样，大多使用整体字形记忆的策略，多通过词语记忆汉字。平常他们练习汉字的主要方式是抄写汉字，然后通过读课文或看电视字幕来复现汉字，因此他们认为不常见、不常用的汉字和形近字是最难记住的汉字②。韩冠玲的研究也是针对大学生进行的。研究发现，大多数泰国大学学生认为有效的学习方法是巩固强化策略，而不是分析和了解汉字的规律；汉语水平对字形与字音意识策略有显著影响；在字形与字音策略当中，机械记忆始终占有重要地位。归纳策略无论是形、音、义都没有明显发展且不是常用策略。③

---

① 周健、尉万传：《研究学习策略改进汉字教学》，《暨南大学华文学院学报》，2004年第1期。

② 姜美玲（泰）：《泰国学生初级阶段汉字学习策略调查研究》，山东大学硕士学位论文，2012年。

③ 韩冠玲：《泰国学生汉字学习策略的研究》，北京语言大学硕士学位论文，2009年。

二、对泰国学生汉字学习策略的调查与思考

可以看出，前人研究者针对泰国大学生群体进行了一定的汉字学习策略的调查。为了对泰国学习者的汉字学习策略获得更为真实和全面的认识，本研究者对汉字学习调查策略量表略做了修改，并对泰国中学生和大学生两个群体进行了相关调查并对调查结果进行了分析，以补充前人调查的不足。

1. 调查对象及调查工具

本次调查以泰国初级阶段的高中生及大学生为主，学生年龄跨度为 16 岁至 20 岁，平均年龄 18 岁，母语为泰语。调查总共发出问卷 56 份，收回 55 份。一般认为，样本量应该在 30 以上（$n \geq 30$），所以该调查样本量具有可信度。

本调查采用问卷调查的方法，借鉴江新、赵果、周健等人[①]的汉字学习策略量表，制定本课题的汉字学习策略量表（见表 6-1）。该量表分为三大部分：形式操练策略；功能（意义）操练策略；母语策略。三大类下有子策略（具体的子策略见下文的“调查结果分析”）。每个子策略下细分若干子项目，共设计了 32 道选择题，均为五级量表。数字所代表的含义分别是：1：从来不这样做；2：很少这样做；3：一般这样做；4：通常这样做；5：总是这样做。

2. 调查结果分析

研究者按照 8 个子策略分别进行分析。数据采取四舍五入的方式分析平均值和标准差，精确到小数点后两位。

---

① 周健、尉万传采用学生自我口头描述的方法，归纳了 20 余种汉字学习策略：临摹、抄写、手指空写、使用卡片、形象联想、部件拆分、偏旁部首、形近对比、同音组词、分类记忆、结合语境、查字典、扩大阅读、看电视字幕、定时复习、培养 对汉字的敏感、使用汉字、练习书法、学习汉字电脑输入方法、汉字游戏等。周健、尉万传：《研究学习策略改进汉字教学》，《暨南大学华文学院学报》，2004 年第 1 期。

表 6-1　本课题设计的汉字学习策略表

<table>
<tr><td></td><td>策略类型</td><td>子类别</td><td></td></tr>
<tr><td rowspan="4">A</td><td rowspan="4">形式操练策略</td><td>笔画策略</td><td>主要指从笔画入手，按照笔画笔顺记忆和书写汉字</td></tr>
<tr><td>部件策略</td><td>主要是学习部件并按照部件记忆和书写汉字</td></tr>
<tr><td>字形策略</td><td>主要指注重汉字的整体形状</td></tr>
<tr><td>音义策略</td><td>主要指注重汉字读音和意义</td></tr>
<tr><td rowspan="3">B</td><td rowspan="3">功能（意义）操练策略</td><td>归纳策略</td><td>主要指对形近字、同音字、形声字进行归纳学习</td></tr>
<tr><td>应用策略</td><td>主要指在实践中应用汉字</td></tr>
<tr><td>猜测策略</td><td>主要是指通过词语来辨析和猜测同音字、同义字</td></tr>
<tr><td>C</td><td colspan="2">母语策略</td><td>主要指借用本母语（泰语）来学习记忆汉字</td></tr>
</table>

1）笔画策略

研究者在笔画策略这一项中设计了 3 个问题：

Q1：我喜欢按照笔画顺序书写和记汉字

（ข้าพเจ้าชอบยึดหลักลำดับขีดของ 笔画 ในการเขียนและจำอักษรจีน）

Q2：记住笔画的名称有利于记住笔画的写法

（จดจำชื่อของ 笔画 เป็นประโยชน์ต่อการจำหลักการเขียน 笔画）

Q3：我很注意一个汉字内笔画的长短和差异

（ข้าพเจ้าให้ความสำคัญกับความสั้นยาวและความแตกต่างของ 笔画 ของตัวอักษรจีน）

具体的调查结果见表 6-2 “笔画策略调查结果”：

表 6-2　笔画策略调查结果

	笔画策略		
	Q1	Q2	Q3
AVERAGE	3.40	3.07	3.16
stdevp	0.76	0.91	1.07

从表 6-2 可以看出，学生对笔画策略中三个问题的喜好程度

由高到低分别是 Q1>Q3>Q2，不过三项数据的平均值均低于 3.5。在三个子策略中，学生更喜欢按照笔画顺序书写和记汉字（3.4），会注意一个汉字内笔画的长短和差异（3.16），而对于记住笔画的名称能力则略差（3.07）。在标准差方面，三个问题的数值为 Q3>Q2>Q1，可以看出，学生对于是否记住笔画的名称这一问题存在的差异略大于其他的问题。

2）部件策略

部件策略是很重要的学习策略，以往的一些研究对这一子策略没有予以充分的重视。研究者在部件策略这一项中设计了 3 个问题：

Q4：我很注意部件的不同和相同的地方
（ข้าพเจ้าให้ความสำคัญกับความเหมือนและความต่างของ 部件）
Q5：把一个复杂的汉字分开，我容易记住
（นำเอาตัวอักษรจีนที่ซับซ้อนแยกกันทำให้จำง่ายขึ้น）
Q6：我注意部件的位置
（ข้าพเจ้าให้ความสำคัญกับตำแหน่งของ 部件）

具体的调查结果见表 6-3 “部件策略调查结果”：

表 6-3 部件策略调查结果

	部件策略		
	Q4	Q5	Q6
AVERAGE	3.35	3.11	3.51
stdevp	0.90	1.25	0.91

从表 6-3 可以看出，泰国学生对于部件的运用也不算乐观，三个子策略的均值也基本上在 3.5 以下。对于部件策略中 3 个问题的喜好程度从高到低分别为：Q6>Q4>Q5。也就是说，学生更容易注意部件的位置（3.51），而对于将复杂的汉字拆分开来的策略则

相对使用得少一些（3.11）。在标准差方面，三个问题的数值从高到低是：Q5>Q6>Q4，也就是说，学习者对于将复杂汉字拆分开来这一策略的运用差异略大一些。

3）字形策略

对于字形策略，研究者设计了 5 个问题：

Q7：我喜欢反复练习单个汉字

（ข้าพเจ้าชอบฝึกฝนตัวอักษรจีนตัวเดี่ยวซ้ำๆหลายครั้ง）

Q8：我喜欢在头脑中想象汉字的样子

（ข้าพเจ้าชอบจินตนาการลักษณะของตัวอักษรจีน）

Q9：我注意汉字整体的字形，而不仅仅是个别笔画、部件

（ข้าพเจ้าให้ความสำคัญรูปของตัวอักษรจีนไม่ใช่เพียงแค่ส่วนของ笔画、部件）

Q10：我使用卡片学习/复习汉字

（ข้าพเจ้าใช้บัตรคำในการเรียนและทบทวนอักษรจีน）

Q11：我觉得书空的方法帮助我记住汉字

（ข้าพเจ้าเห็นว่าวิธีการเขียนบนอากาศช่วยในการจดจำอักษรจีน）

具体的调查结果见表 6-4 “字形策略调查结果”：

表 6-4　字形策略调查结果

	字形策略				
	Q7	Q8	Q9	Q10	Q11
AVERAGE	3.65	3.24	3.15	2.53	3.11
stdevp	1.07	1.21	0.92	0.91	1.17

由表 6-4 可以看出，学生对字形策略的运用略有差异，5 个子策略的喜好程度由高到低为：Q7>Q8>Q9>Q11>Q10。也就是说，在字形策略中，学生比较倾向于反复练习单个汉字（3.65）、喜欢在头脑中想象汉字的样子（3.24），不太习惯于使用卡片学习/复

习汉字（2.53）。在标准差方面，5 个问题的数值分别是：Q8>Q11>Q7>Q9>Q10，也就是说，学生在想象汉字的样子以及利用书空的方法记忆字形这两项的差异相对更大一些。本研究者在调查中了解到，泰国大学生很少使用书空这一形式，这可能是引起标准差差异略大的原因。

4）音义策略

在音义策略方面，研究者设计了 6 个问题：

Q12：我注意汉字的读音

（ข้าพเจ้าให้ความสำคัญกับเสียงของตัวอักษรจีน）

Q13：我注意汉字的意义

（ข้าพเจ้าให้ความสำคัญกับความหมายของตัวอักษรจีน）

Q14：通过读音相似的汉字记新的汉字

（ใช้ความเหมือนของเสียงตัวอักษรจีนจดจำตัวอักษรจีนใหม่ๆ）

Q15：通过意义相似/相反的字记新字

（ใช้ความเหมือนของความหมายตัวอักษรจีนจดจำตัวอักษรจีนใหม่ๆ）

Q16：讲汉字故事或汉字来源的方法帮助我记住汉字

（ใช้นิทานอักษรจีนหรือที่มาของอักษรจีนจดจำตัวอักษรจีนใหม่ๆ）

Q17：老师用图片讲汉字（字义）的时候，容易记汉字

（อาจารย์ใช้รูปภาพในการสอนอักษรจีนช่วยให้ง่ายแก่การจำ）

具体调查结果见表 6-5 “音义策略调查结果”：

表 6-5 音义策略调查结果

	音义策略					
	Q12	Q13	Q14	Q15	Q16	Q17
AVERAGE	4.13	4.18	3.18	3.25	2.78	3.73
stdevp	0.92	0.88	0.97	1.03	1.06	1.09

由表 6-5 可以看出，学生对音义策略的运用情况差异较大，5

个子策略的平均值由高到低分别是：Q13>Q12>Q17>Q15>Q14>Q16。也就是说，泰国学习者注意汉字的意义（4.18）、注重汉字的读音（4.13）、教师用图片讲汉字（字义）的时候，容易记忆汉字（3.73）。在标准差方面，数值由大到小分别是：Q17>Q16>Q15>Q14>Q12>Q13。也就是说，在注重字音、字义方面，学习者差异相对较小，在用图片讲解字义及讲解汉字故事和汉字来源方面，学习者的差异相对较大，这很可能是泰国大学生和中学生因所处年龄、思维方式以及认知方式存在差异造成的。

5）应用策略

前人研究发现，泰国学生应用策略的运用较差（韩冠玲：2009；姜美玲：2012），因此本研究者在这一个子策略中设计了8个问题，以详尽考察这一子策略的运用情况：

Q18：如果一个汉字在词语中出现，我记得快

（หากตัวอักษรจีนปรากฏในคำศัพท์สามารถจำได้อย่างรวดเร็ว）

Q19：如果一个汉字在句子中出现，我记得快

（หากตัวอักษรจีนปรากฏในประโยคสามารถจำได้อย่างรวดเร็ว）

Q20：我用汉字记笔记/写信，用汉字记录一些想法

（ข้าพเจ้าใช้อักษรจีนจดบันทึกและบันทึกความเห็นต่างๆ）

Q21：我阅读汉语的文章或报纸

（ข้าพเจ้าอ่านบทความหรือหนังสือพิมพ์จีน）

Q22：我看中文的电影和电视的字幕

（ข้าพเจ้าดูคำบรรยายภาพยนตร์และรายการโทรทัศน์จีน）

Q23：我喜欢用儿歌/歌谣的方式学习汉字

（ข้าพเจ้าชอบใช้เพลงเด็กในการเรียนอักษรจีน）

Q24：老师带着做汉字练习容易记汉字

（อาจารย์ให้นักเรียนทำแบบฝึกอักษรจีนระหว่างเรียนช่วยให้ง่ายแก่การจำอักษรจีน）

Q25：老师带着做汉字游戏容易记汉字

（อาจารย์ให้เล่นเกมอักษรจีนระหว่างเรียนช่วยให้ง่ายแก่การจำอักษรจีน）

具体调查结果见表 6-6 “应用策略调查结果”：

表 6-6 应用策略调查结果

	应用策略							
	Q18	Q19	Q20	Q21	Q22	Q23	Q24	Q25
AVERAGE	2. 93	2. 91	2. 42	1. 98	3. 11	2. 96	3. 96	3. 47
stdevp	1. 01	1. 00	0. 85	0. 84	1. 14	1. 21	0. 97	1. 01

由表 6-6 可以看出，学习者对 8 个应用策略子策略的运用普遍较差，平均值由高到低分别是：Q24>Q25>Q22>Q23>Q18>Q19>Q20>Q21。也就是说，在应用策略中，学生更喜欢做汉字练习（3. 96）、做游戏（3. 47）、看中文电影和电视的字幕（3. 11）。而使用汉字记笔记、写信（2. 42）、阅读中文报纸（1. 98）的数值则颇低，这也反映出泰国学生对这两种应用策略相对较为陌生。

在标准方面，数值由高到低分别为 Q23>Q22>Q18>Q25>Q19>Q24>Q20>Q21，也就是说，在读歌谣学汉字（1. 21）和看影视字幕学汉字方面（1. 14）观点差异较大，这很可能是泰国大学生和中学生因所处年龄、思维方式以及认知方式存在差异造成的。

6）归纳策略

在归纳策略方面，研究者设计了 4 个问题：

Q26：我用形声字的意符（meaning）把新的汉字和已经学的汉字联系起来

（ข้าพเจ้านำ “ตัวอักษรรูปเสียง” ที่แสดงถึงความหมายของตัวอักษรจีนตัวใหม่กับอักษรจีนที่เคยเรียนมาแล้วเข้าด้วยกัน）

Q27：我用形声字的声符（sound）把新的汉字和已经学的汉字联系起来

（ข้าพเจ้านำ “ตัวอักษรรูปเสียง” ที่แสดงถึงเสียงตัวอักษรของอักษรจีนตัวใหม่กับอักษรจีนที่เคยเรียนมาแล้วเข้าด้วยกัน）

Q28：我对字形相近的汉字进行对比

（ข้าพเจ้าดำเนินการเปรียบเทียบตัวอักษรจีนที่รูปร่างใกล้เคียงกัน）

Q29：我利用分析“意符”和“声符”的方法学习汉字

（ข้าพเจ้าใช้วิธีของ“แสดงถึงความหมายของตัวอักษร”และ“แสดงถึงเสียงของตัวอักษร” เรียนอักษรจีน）

具体的调查结果见表 6-7“归纳策略调查结果”：

表 6-7　归纳策略调查结果

	归纳策略			
	Q26	Q27	Q28	Q29
AVERAGE	3. 13	3. 24	3. 35	3. 23
stdevp	0. 94	0. 89	1. 01	0. 93

由表 6-7 可以看出，归纳策略的 5 个问题平均值由大到小分别是：Q28>Q27>Q29>Q26。在这个子类中，4 个数值均较低，都低于 3. 5。在标准差方面，4 个数值没有明显差异。

7）猜测策略

Q30：不认识的字，我先猜一猜，然后查字典

（เห็นตัวอักษรจีนที่ไม่รู้ ข้าพเจ้าจะเดาความหมายก่อนแล้วค่อยหาในพจนานุกรม）

Q31：看到不认识的汉字，我利用上下文（词语或句子）猜它的意思

（เห็นตัวอักษรจีนที่ไม่รู้ข้าพเจ้าจะใช้เนื้อหาของประโยค （คำศัพท์หรือประโยค）เดาความหมาย）

具体的调查结果见表 6-8“猜测策略调查结果”：

表 6-8 猜测策略调查结果

	猜测策略	
	Q30	Q31
AVERAGE	3.16	3.29
stdevp	1.00	1.04

由表 6-8 可以看出，Q31 的平均值略大于 Q30，不过差异不算明显，且二者的数值均不高。在标准差方面，Q31 的标准差（1.04）略大于 Q30（1.00），不过差异也不算明显。

8）母语策略

在母语策略方面，研究者设计了一个问题：

Q32：学习新汉字时，总是把它翻译成泰国语来理解

（เมื่อเรียนตัวอักษรจีนใหม่ๆ มักจะแปลเป็นภาษาไทยมาทำความเข้าใจ）

具体调查结果见表 6-9 “母语策略调查结果”：

表 6-9 母语策略调查结果

	母语策略
	Q32
AVERAGE	3.82
stdevp	0.92

从调查数值来看，母语策略的运用程度还比较高。

9）对 8 项子策略的横向对比

研究者还将 8 项策略每一子策略中的问题进行整合和对比，采取的是取平均数的方法。对比结果见表 6-10 “泰国学生汉字学习策略子策略对比表”：

表 6-10 泰国学生汉字学习策略子策略对比表

	笔画策略	部件策略	字形策略	应用策略	音义策略	归纳策略	猜测策略	母语策略
AVERAGE	3.21	3.32	3.13	2.97	3.54	3.20	3.23	3.82

从表6-10可以看出来，本调查的泰国被试汉字学习策略总体运用情况如下：母语策略>音义策略>猜测策略>部件策略>笔画策略>归纳策略>字形策略>应用策略。这一调查结果与姜美玲“泰国学生的母语策略运用情况最高”是一致的，与韩冠玲“泰国学生归纳策略运用程度较低”也是一致的。所不同的是，从调查结果看，泰国学生字形策略、应用策略的运用情况也并不理想。今后泰国汉语教学应适当参照根据泰国学生汉字学习策略的运用情况来进行，从整体上提高学习者汉字策略的运用能力，并根据需要，对于那些平均值较低的汉字学习策略的运用加以引导和培训。

第二节　泰国学生笔顺偏误情况的调查与思考

前人文献发现，泰国学生的笔顺书写存在不小的问题（赵丽梅、杨阳，2011；钟宝娟，2011；谢秀秀，2012；熊倩，2013等），令人担忧。本小节旨在对泰国学生笔顺偏误情况进行调查，从中得出较为科学的结论，并提出有益的教学建议。

一、对泰国学生笔顺教学的要求

1. 学界及一线教师对泰国学生笔顺书写的要求

每一个汉字都要依照固定的书写笔顺，正确书写顺序是准确、美观、快速书写汉字的前提，因此汉字教学中的笔顺教学必不可缺。

国内对外汉语教学界比较重视笔顺教学，至少从学界的角度来看，均大力提倡学习者应按照正确的笔顺书写汉字。海外汉语教学的学者也认为：“汉字的书写笔顺可以成为汉字认读时的提醒线索。也就是说，汉字的笔顺可以成为大脑对该汉字的记忆表征，这一线索被激活可以导致对汉字的正确认读。”①

泰国汉字教学中的笔顺教学一直以来均受到严重的忽视并呈现出一些规律性的问题，从以有文献、笔者的课堂观察、访谈以及学生的作业中都可以很明显地看出这个问题。

> Phuttirungsriphibul学校能够正确书写汉字笔顺的学生寥寥无几。一年级和四年级学生在学习词汇之后，会给出正确的汉字笔顺让学生书写。但学生对于汉字笔顺的原则没有认识，他们认为只要把汉字写出来就行，无所谓顺序，这就导致学生即使在抄写笔顺时，也不会按照所教的笔顺去书写。例如：学生在写笔画时常常会把横从右到左书写，竖有时会从下到上书写，而撇和捺不分就会造成书写时的混乱。(赴泰汉语教师梁海燕②)

这一情况并非鲜见。尽管泰国学生笔顺问题较为严重，但是在泰国的实际汉语教学中，教师们对笔顺的认识却存在不小的分歧。

> 他们（指学生们——本研究者注）的汉字不单是不好看，而且顺序是错误的，只是按照自己的意愿，把这些汉字当作一个图画来完成就行啦！
>
> 中文教师（之间）就因为书写顺序的问题引起过争议。有的老师说：“中国的汉字太难啦！学生们年纪还小，到时候再纠正吧！”“他们是外国的孩子，不用要求那么严！”我当时听到这些话心里特难受，我觉得：你有想过你自己作为一名教师的责任吗？你不远千里过来这里教授中文，不应该教给学生正确的中文知识吗？为什

① 沈禾玲：《汉语字词教学》，北京：北京大学出版社，2011年。

② 梁海燕：《浅谈泰国零基础中学生汉语学习——以Phuttirungsriphibul学校为例》，郑州大学硕士学位论文，2012年。

么要把时间浪费在纠正错误上呢？与其让学生们以后（笔顺错误化石化）再进行改正，为什么不一开始就教给学生一些正确的（笔顺）知识呢？（赴泰汉语教师梁老师）①

而有的汉语老师则认为提出在基础阶段应该贯彻“先写会，再写对”的汉字教学原则。本章认为，这一想法会导致学生写汉字时出现笔画增减、笔形失准、笔顺错乱等诸多错误。而且这些错误在“首因效应”的强化作用下，会达到根深蒂固的程度，以致他们会觉得写汉字时随意性很大，因而写出来的汉字不是“缺胳膊少腿”就是“乾坤大挪移”。

2. 对泰国学生笔顺教学的原则

笔顺是汉字书写中十分重要的因素，教师应该予以高度重视。不过是否要求外国学习者像中国人一样正确书写笔顺，这仍有待进行深入的探讨。本小节提出，针对海外汉字教学和泰国汉语教学的实际，在笔顺教学中应该注意考虑两个方面的问题：

1）“刚性原则”与“柔性原则”相结合

有学者通过研究提出，“只要不影响汉字‘成品’形体上的正确性，可以忽略一些笔顺问题”②，本研究者认为，应客观、辩证地看待这一问题。对于海外汉字学习者，宜采用“刚性原则”与“柔性原则”相结合的方式。

所谓笔顺教学中的“刚性原则”，即遵循硬性规定，严格按照正确笔顺的要求来书写汉字，坚持“刚性原则”的目的是使学习者能够打下良好的笔顺基础。教学中对于清晰的笔顺书写规则（如“从左到右”、“从上到下”），教师在教学中要予以坚持和贯

---

① 参见：http：//www. bbrtv. com/2011/0212/57168. html。

② 安然、单韵鸣：《对非汉字圈学生的笔顺问题》，《暨南大学华文学院学报》，2006年第3期。

彻。所谓“柔性原则”是指在不违反基本笔顺规则的情况下，根据学习者的实际情况，特别是海外汉字教学的实际情况，对笔顺适当放宽要求，以最终书写正确即可。有些笔顺规则在不同的汉字标准和教材中也存在不同的看法，连中国人也容易混淆，对于这些规则，应适当采取柔性原则。

2）入门者与非入门者适当区别对待

关于笔顺问题，以往的研究者认为，汉字的笔顺书写偏误贯穿汉字习得过程的始终，是每一个汉语习得者的必由之路，这种偏误是在不断向正确的书写形式靠近的[①]。本研究者同意前半句的观点，但是认为“书写偏误可以不断地向正确的书写形式靠近”这一观点也许只是一种理想的情况，在教学实际中，情况并非如此。实际的情况是，入门者和非入门者在汉字笔顺方面的能力存在较大的差异，因此在笔顺教学中有必要将这两类学习者进行一定的区分。

对于汉语（汉字）入门学习者，应该十分注重笔顺的规范性，以使他们养成良好的笔顺书写习惯。汉字初学者“对汉字的认知还很薄弱，加之对母语书写习惯的依赖，很容易养成不良的书写习惯。所以，针对该阶段学生的汉字教学重点应放在独体字及基本笔画的教学方面。教师应有意识地提前预测学生母语书写习惯对学生汉字学习的影响，帮助学生尽快形成正确的汉字笔画、笔顺意识，以减少母语的负迁移带来的影响”[②]，因此应及时地发现入门者或初学者汉字书写中存在的笔画、笔顺问题，帮助他们及时改正，避免出现“化石化”现象。

而对于学习汉语（汉字）一段时间或者时间较长者，他们的

---

① 李斌：《泰国学生汉字书写动态过程研究》，《现代汉语（语言研究版）》，2013年第2期。

② 李斌：《泰国学生汉字书写动态过程研究》，《现代语文（语言研究版）》，2013年第2期。

一些笔顺书写习惯已经养成，即所谓的“化石化”。错误的观念一旦形成，再予以纠正，就会付出极大的时间成本和情感成本，且效果几乎不明显，甚至会引起学习者的抵触情绪。这也再次提醒我们，应该在入门阶段就高度关注笔顺教学，为今后的汉字书写和汉字学习打下坚实的基础。

> 我教的是泰国补习班的学生，这些学生年纪比较大，学习汉语也已经有一段时间了。每次我纠正他们汉字笔顺的时候，有的学生会说：“我以前就是这样写的啊！”有的学生在我纠正他们之后会改正一些笔顺，不过下次来上课的时候，基本上还是按照以前的错误笔顺书写汉字。看来养成的习惯要改变实在是不容易，所以后来我也就不强求了，免得这些学生连写汉字的信心和乐趣都丧失了。（泰国汉语教师常老师）

泰国学生学习汉字时会受到泰文书写方式的影响，即使从来没有接触过汉字的学生也不例外，甚至到了一定水平后还摆脱不了母语文字书写方式的影响。因此在入门阶段能否正确地掌握笔画、笔顺、部件、偏旁等汉字的基本单位，是汉字教学的一个关键问题。

从以往的研究中可以看出，无论是初级阶段还是高级阶段，基本笔形和符合笔形的书写问题都存在。这提醒我们，初级阶段、中级阶段汉字正字法教学的重要性，从初级到高级阶段都应重视基本笔形、笔顺的正确书写方法。不过在笔顺教学中也应注意不宜平均用力，对待入门阶段的笔顺教学尤其要予以高度重视。

二、对泰国学生笔顺书写情况的调查与思考

1. 调查对象及调查工具

为了深入了解泰国学习者笔顺的书写情况，本研究者针对泰

国高中学生和大学生的笔顺书写情况进行了调查。调查者为：高中生 42 人，大学生 30 人，学习时间基本都在一年以下。

本研究者根据笔画的多少和难易程度，从 2500 个常用字中选择了 58 个汉字，笔画数从 2 画到 11 画均有分布，这些汉字按照结构划分依次为：独体字 36 个，包围结构和混合结构 10 个、横向结构 8 个、上下结构 4 个。这 58 个汉字基本涵盖了汉字常用的基本笔画和基本结构。

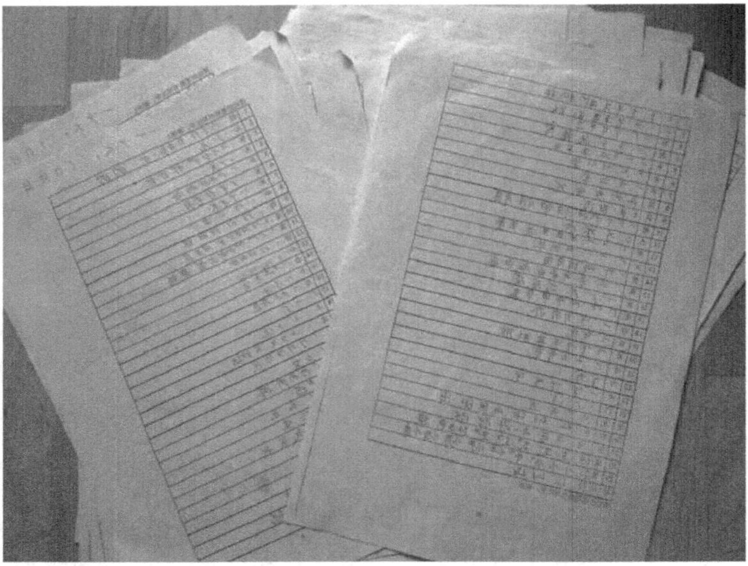

图 6-1　泰国学生笔顺书写调查表

测试的汉字中既有学生学过的，也有他们没有接触过的，这有利于更好地观察泰语背景汉语学习者的汉字书写方式和特点。研究依据 1997 年 4 月中国国家语委和新闻出版总署联合发布的《现代汉语通用字笔顺规范》来判断被试笔顺正误与否。每位被试的书写都独立进行，随后定量分析被试汉字书写笔顺的正确率。表 6-11 为本次调查的情况及结果：

表 6-11　泰国学生笔顺书写正确率调查结果表①

序号	汉字	高中生	大学生	平均	序号	汉字	高中生	大学生	平均
1	儿	100%	100%	100%	2	你	100%	100%	100%
3	大	96%	100%	98%	4	日	92%	100%	96%
5	多	96%	95%	96%	6	有	92%	95%	93%
7	中	71%	100%	86%	8	回	76%	96%	84%
9	是	76%	89%	83%	10	家	76%	89%	83%
11	田	76%	90%	82%	12	心	53%	94%	80%
13	去	63%	87%	72%	14	小	68%	75%	71%
15	在	72%	70%	71%	16	厂	100%	60%	71%
17	上	64%	80%	71%	18	这	55%	96%	70%
19	包	55%	91%	69%	20	再	41%	89%	66%
21	巴	50%	87%	64%	22	北	65%	61%	63%
23	生	47%	72%	60%	24	我	47%	72%	60%
25	少	60%	55%	58%	26	女	39%	87%	57%
27	及	47%	67%	57%	28	里	41%	72%	57%
29	起	35%	78%	57%	30	民	45%	74%	56%
31	非	65%	44%	54%	32	补	47%	61%	52%
33	耳	39%	70%	51%	34	来	41%	61%	51%
35	坐	24%	72%	49%	36	平	32%	74%	48%
37	很	26%	78%	46%	38	发	41%	50%	46%
39	队	18%	83%	43%	40	水	37%	48%	41%
41	美	34%	52%	41%	42	年	47%	33%	40%
43	由	24%	56%	40%	44	乘	35%	44%	40%
45	成	29%	52%	38%	46	办	41%	28%	34%
47	也	12%	56%	34%	48	那	12%	56%	34%
49	专	37%	26%	33%	50	力	21%	52%	33%
51	门	16%	57%	31%	52	可	24%	39%	30%
53	五	6%	50%	29%	54	出	18%	17%	18%
55	张	7%	26%	15%	56	建	11%	17%	13%
57	情	16%	9%	13%	58	山	8%	20%	13%

① 表中的数字为笔顺书写正确率的百分比。

2. 调查结果分析①

通过泰国学习者笔顺偏误的调查，得出以下发现：

1）汉字结构与笔顺偏误

汉字结构包括独立结构、横向结构（左右结构）、纵向结构（上下结构）、包围结构以及混合结构等。

A. 汉字结构类型与笔顺书写偏误没有直接的联系

前人学者认为，独体字对泰国学生而言是最容易掌握的汉字类型，这里所说的掌握可能是就成品汉字的书写而言②。就笔顺书写过程来说，本研究者发现，泰国学生的笔顺错误有时与汉字结构关系不大，合体字的笔顺错误有时低于独体字的笔顺错误。从表6-11的数据可以发现，在笔顺正确率最高的十个字和正确率最低的十个字中，独体字与合体字的笔顺偏误率的比例为12∶8，就足可以说明这一点。此外在合体字中，前人学者认为横向结构和包围结构是泰国学生书写的难点③。本研究者认为，包围结构的确是书写难度最大的结构类型，不过横向结构的字未必都是泰国学生笔顺书写的难点，而与具体的汉字有关。如同为横向结构的“你”和“情”，其笔顺正确率差异甚大，前者为100%，后者则为13%。

B. 独体字笔顺书写错误类型多样

在独体字中，对于主体部分明显的独体字，正确的笔顺规则应是先写主体部分，后写非主体部分的“横”、“竖”或“点”，

---

① 为了验证泰国学生笔顺问题的错误程度，本研究者也将这些汉字交给母语是汉语的中国人（共28人）进行书写，以便进行对比分析，发现其中存在的问题。调查结果发现，汉语母语者笔顺平均正确率仅为88%。这也提醒我们，对待泰国学习者的汉字笔顺要求不能过于苛求。不过在坚持笔顺“刚性原则”方面，还是不能有所放松的。

② 周旭东（2006）和李斌（2013）认为，“独体字是泰国学生最易掌握的结构”。

③ 周旭东（2006）和李斌（2013）认为，“横向结构和包围结构的汉字是泰国学生汉字习得的难点”。

如“中”、“女”、“办”（笔顺书写正确率分别为86%、57%、34%）等。而泰国学生先写横、竖、点，后写主体结构的倾向却非常明显。还有一些独体字的规则是先中间后两边（如“水”），而泰国学生习惯于按照左右结构来写，即从左到右。

C. 框架和轮廓类错误较为明显

泰国学生也存在先写框架和轮廓，后写细节的情况，本研究者将其称为“框架和轮廓类错误”。书写这类汉字时，学习者习惯于先书写主体结构，如“日”字先写“口”，“来”字先写“十”，“平”字先写一横和一竖，“可”字先写“丁”，再写“口”；“也”的第二笔不是写竖，而是写竖弯钩。其他出现偏误的汉字有“乘”、“年”、“巴”等。

2）汉字笔画数与笔顺偏误

A. 汉字笔画数量与笔顺偏误没有必然的联系

前人学者认为，“随着笔画的增加，汉字书写正确率呈递减趋势。”① 这应该是指成品汉字的正确率。本研究者的调查发现，泰国学习者笔顺偏误中笔画数效应不是十分明显，比如“山”、“五”、“出”均为笔画数较少而笔顺错误率较高的汉字，不过平均正确率仅为13%、18%和29%。因此本研究认为，泰国学习者笔顺的正确率与所写汉字笔画数的多寡并不存在正相关关系，而与笔画规则的清晰程度有关。

B. 笔画拆分错误导致笔顺书写错误

有些偏误是由于笔画拆分错误造成的，比如“专”、“去”两个字的笔顺错误在很大程度上是学习者在拆分笔画时出了错。如“专”的第三笔应该是由一个笔画书写而成（即撇折撇），不过被试的错误多为先写“撇”，再写“横撇”；而“去”的笔顺错误则

① 李斌：《泰国学生汉字书写动态过程研究》，《现代语文（语言研究版）》，2013年第2期。

是将“竖”和“撇折”连在一起写。

C. “一笔化“现象突出

本研究者发现，泰国学生普遍存在“一笔化”现象，这一发现与前人学者的研究十分吻合。前人的研究发现，汉字和泰文书写符号体系中相似、相近的部分会被母语书写习惯所替代①。例如在遇到“门”、“月”、“厂”、“贝”、“匚”、“几”、“卩”等部件时，被试倾向于把其中本该分开写的笔画连成一笔书写。一笔化情况包括：由下往上或者自右向左一笔写成，如“人（人、夫）”；先逆笔从下往上写撇，再接着写捺；从左往右一笔写成，如“几”；含有“口”的字均由一笔写成。

3）笔画关系与笔顺偏误

笔画之间的关系有三类：相交关系、相接关系、相离关系。泰国汉语学习者由笔画关系引起的笔顺问题也比较多，这里分析三类较为明显的笔顺偏误。

A. 竖（竖钩）笔和其他笔形相接或相交时出现的笔顺书写偏误

竖（竖钩）笔和其他笔形相接或相交时，前人学者的研究发现，被试先书写竖（撇、竖钩）笔的倾向性明显大于其他笔形，本调查印证了这一观点（如“十”）。这样的书写习惯和母语的负迁移有着较为直接的相关性。

B. 竖笔与两横相交并与最下面的一横相接时出现的笔顺书写偏误

当竖笔与两横相交，并与最下面的一横相接时，被试倾向于先写三横，再写一竖，如“生”、“⺷”和“美”的上半部。

C. 撇和其他笔画相交或相接时出现的笔顺偏误

---

① 李斌：《泰国学生汉字书写动态过程研究》，《现代语文（语言研究版）》，2013年第2期。

当遇到撇和其他笔形相交或相接时，被试倾向于先写撇再写其他笔画。例如遇到“力”、“厂”、“成”等，学习者一般先写撇再写其他笔画。

4）偏旁偏误与笔顺偏误

一些特定的偏旁错误率很高。如“忄”的正确笔顺是先写两点再写竖，而并非遵循从左到右的规则，这让泰国被试无所适从，书写错误的泰国同学基本笔顺都是“点”—“竖”—“点”。

本章认为，泰国学生出现各类笔顺偏误主要有以下几个原因：

1）泰文的负迁移

以“一笔化”为例，在泰语44个辅音字母中，有40个字母是用一笔书写出来的，只有4个辅音字母需要两笔写完。这应该是导致泰国学生笔顺书写“一笔化”现象的重要因素。汉字书写中的“一笔化”问题如未能在初、中级阶段得以纠正，则很可能会出现“化石化”的情况。

2）笔顺规则不够明朗、难度大

汉字的基本规则有7条，但是这些规则并不能覆盖所有的汉字，一些衍生规则的覆盖面也有限，如“五”、“力”、“出”、“非”、“山”等。以“山”为例，正确的笔顺是先写中间的长竖，再写竖折和右边的短竖，这一规则遵循的是先中间后辅助的原则，而这一规则与从左到右的规则略相矛盾。有些汉字笔画数较多，书写规则也复杂，如“里”、“乘”、“建”、“张”、“那”等，这些汉字的规则较为复杂，需要一个一个地记忆，对于这些汉字，学习者较难依照以前习得的笔顺规则进行类推。

3）教师对笔顺教学缺乏重视和训练

不少泰国汉语教师缺乏对笔顺的重视，笔顺教学仅止于在黑板上演示一遍而已。其实笔顺需要在实践中反复操练才能巩固和掌握，因此教师应该运用各种练习和操练使学生掌握正确的笔顺。

本章由于没有将学习者学习汉语的时间考虑进来，也缺少笔顺动态书写的考察，因此未必十分全面，不过本章的发现仍具有一定的启发意义。

第三节　泰国学生其他汉字书写偏误情况的调查与思考

除了笔顺偏误以外，泰国学生汉字书写的偏误还有很多。本课题从泰国学生平时的作文和作业中收集汉字书写偏误作为分析语样本，以此全面分析泰国学习者的汉字偏误。①收集到的语料约为5300字，主要偏误包括字形方面的偏误、字音方面的偏误和字义方面的偏误。

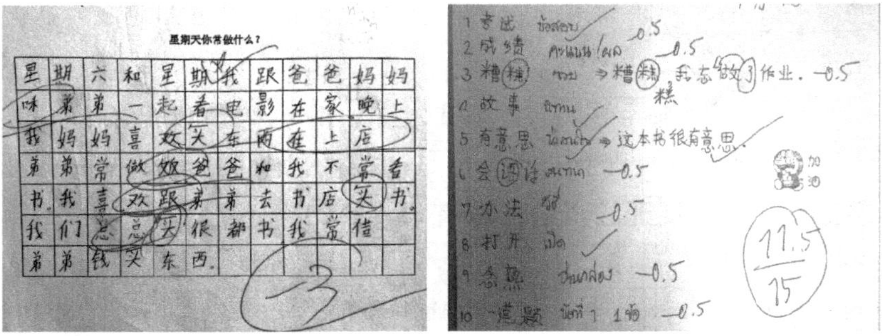

图6–2　泰国学生汉字作业中的书写偏误

一、汉字字形方面的偏误

1. 笔画方面的偏误

1）笔画形状错误

由于各种原因，泰国学生笔画书写的训练较少，学生书写笔画并没有养成良好的书写习惯，所以在书写的时候就会出现笔形

① 样本主要来自泰国三所学校：玛希隆大学、清迈大学和伞甘潘中学。

失准的错误。具体可分为：

A. “横”有时不是写得笔直、平直，而是写成“斜上”，或者用倒笔来写；

B. “撇”写成“提”，短撇写成横；

C. “点”写成提，提写成撇；

D. “捺”不是从左上向左下一笔写下来，而是写成“竖弯钩”。

2）笔画增减错误

笔画增减错误分为笔画缺失类错误和笔画增误类错误。

笔画缺失是指在汉字书写过程中丢失一笔或多笔的情况，而笔画增误是指在汉字书写过程中增加一笔或多笔冗余笔画。如“我”字的第六笔“撇”会漏写，“考试”中的“试”右边加上了一撇等。

有学者通过实验发现，笔画缺失类偏误高于笔画增误，往往表现书写的缺笔和少笔，这类偏误现象反映出泰国学生汉字意识的缺乏以及学习汉字时的遗忘规律和趋简心理。下面为一些偏误样例，前者为正确的汉字，后者为偏误汉字（下同）：

笔画误增：东西—东酉

笔画缺失：鸟—乌　交通—文通　桌子—卓子　太快—大快

3）笔画混淆错误

笔画混淆是将类似笔画替代正确笔画，即大的轮廓正确，但是细节却不禁推敲，此类错误有：

东西—车西　东西—乐西

4）笔画关系错误

笔画的连接关系分为三类：相接、相交、相离。泰国学习者容易将笔画相接关系的“人”写成笔画相离关系的“八”，将笔画相接关系的“午”写成笔画相交关系的“牛”，将“己”写成

"已"。这些错误基本都是将笔画之间关系的混淆所导致的。

2. 部件方面的偏误

1）部件缺失错误

部件缺失错误是指汉字书写过程中丢失一个或几个部件的错误类型。根据笔者收集到的样本，泰国学生在书写汉字过程中，部件缺失主要表现为表意部件的缺失，如"骑"写成"奇"，将"像"写成"象"等。由此也可以看出，形声字中的声旁对于泰国学习者来说具有突显作用，他们已经有了初步的声旁意识，并在书写汉字的过程有意无意地利用字音信息来识记汉字。但由于缺乏扎实充分的训练，因此会缺失表意部件（形旁）。这类错误中写错的字有非字，不过更多的是别字，如：

安静—安争、阅读—阅卖、很晚—很免、
中国菜—中国采、要上课—西上课

2）部件误增错误

部件误增错误是增加形旁或表意部件，表音部件则不变：

20 米—20 迷、风景—风影

当然，这类偏误与语音偏误也有一定的关系。

3）部件更换错误

部件更换是指在汉字书写过程中，将 A 部件更换为 B 部件。与部件缺失类偏误不同，部件更换类偏误主要表现为形声字形旁的更换以及形似部件的混淆。下面是错误的样例：

写错的字是非字：吹—攻、冰—冰、跑—趵
写错的字是别字：狗—拘、没有—设有、老师—孝师、关税—关锐、刻苦—该苦、不太好—不太妈

还有一类部件更换错误是由于某汉字受到所在词语中另一个字的影响而出现的偏误，比如受到"结婚"一词中"婚"字

"女"字旁的影响，将"结婚"写成"姑婚"；受到"漂亮"中"漂"字"氵"字旁的影响，将"漂亮"写成"漂湸"。

有研究发现，占80%以上的部件更换错误源于对形旁的认识的不充分。由此也提醒我们，对泰国学生偏旁和独体字（作为形旁部件）意义的教学也非常重要。

4）部件位移

这类错误并不多，调查只发现了"和"写成了"呩"一例。

3. 汉字结构方面的偏误

结构错误是指学生对汉字左右结构、上下结构和包围结构的书写错误。由于一些泰国学生对汉字的结构不甚清楚，在书写的时候经常任意安排汉字，尤其是较复杂的合体字，从而导致布局结构松散。本调查发现的具体样例如下：

端—立耑　材—木才　这—辶文　题—是页

二、汉字字音方面的偏误

字音方面的错误可以分为三类，有同音字的偏误、近音字的偏误及语音连带错误。无论哪种偏误，汉字字音方面的偏误往往都是别字而非错字。

1. 同音字的偏误

同音字错误的发生没有特别的规律，只是在字音上受到了同音字的影响。当然，一般是较难的低频字会写成较常见的高频字。

我们—我门、办事—半事、未来—为来、
担心—单新、进去—近去

2. 近音字的偏误

这类错误分为"与声旁有关的近音字偏误"和"与声旁有关的近音字偏误"。

与声旁有关的近音字偏误：

昨天—作天、文化—文花、请多指教—情多指教

与声旁无关的近音字偏误：

提高—体高、目标—目表、眉毛—美貌、想法—想发、

大使馆—大室馆、回到宿舍—会到宿舍、向你问好—想你问好

3. 语音连带错误

语音连带错误是指学生受发音错误的影响而写出别字。本调查发现的具体样例如下：

磁带—时代、迎接—迎家、宣布—全部、事情—式形、

曼谷—曼苦　牛奶—刘来、兴趣—兴气

各种各样—客种客样、跟朋友谈谈—跟朋友淡淡

泰国学生因为发音不正确造成汉字书写错误的比例不小，这类错误在语音上具有一定系统性和关联性，如“t-d”、“t-k”、“c-z”、“j-x-q”、“n-l”、“ie-ia”等，从中可以看出泰国学生在语音上的听辨和发音偏误规律会影响到书写的正确性。这也提醒我们，要重视对泰国学生的语音教学，因为这会在一定程度上影响到汉字书写的正确性。因此在对泰国学生的教学在语音阶段就应该进行有针对性的训练，对一些成系统的错误应及时纠正，从而降低汉字书写的误差。

三、汉字字义方面的偏误

由字音的相似引起的字义错误。本调查中这类错误不多，只发现了一例，即将“游轮”和“邮轮”混淆。

由双音节语素的错误替代引起的错误。由于泰国汉语教学普遍采用“词本位”进行教学，缺乏对词语内部的语素进行深入辨析，导致学生囫囵吞枣地学习词语，出现“识词不识字”的现象，也就误将词语的一个字写成双音节词语中的另一个字，如受“结

婚”一词的影响，把“婚礼”写成“结礼”；受“负责”一词的影响，把“责任”写成“负任”等。本调查发现的具体样例如下：

将“冬天”写成“冬气”、将“会话”写成“会语”

将“责任”写成“负任”、将“游泳”写成“旅泳”

发生上述偏误，究其原因，泰国学生对汉字缺乏全面的认识。学生觉得汉字就是一个图画，既然是画画，就不必注意细节问题，这就导致他们书写汉字时，对笔画随意进行增减。此外，认知心理学的研究发现，学习者在汉字识别过程中，对整体的反应快，而且错误少，对于局部的反应慢①，这一认知特点也会影响到书写的正确率。泰国学习者整体的学习策略是：看整体轻局部，对汉字整体的认知先于对其组成部分的认知，从而导致书写偏误的产生。由于泰国学生在初写汉字时无暇顾及汉字各组成要素之间的配合关系，只关注书写完成后的形似，从而造成了诸多书写偏误。汉字承载的信息量增大、字形轮廓较难辨识，学生无法从自身原有的书写规则体系中提取有用的信息来帮助其完成书写，于是只能依葫芦画瓢地把汉字画出来。如果缺乏系统训练，很难达到精确的程度。

因此，应对泰国学生加强有针对性的汉字书写训练，以提高泰国学生汉字书写的正确率。通过分析字形、讲解字理等办法强化学习者对汉字的认知，教学中强调笔画的方向、位置及相离、相连、相交的位置关系等细节，关注部件的学习与认读。还有一些书写偏误是由于学习者对于词语内部构造的模棱两可造成的，对这类错误，如果能从汉字和语素入手进行教学，学生对于词语中的汉字则会具有更加精细的辨析能力。

---

① 罗春荣、纪桂萍、房路江：《从汉字识看视觉信息监测的整体优先性》，《心理学报》，1987 年第 2 期。

本章小结

本章针对泰国学习者汉字习得情况进行了调查研究，主要包括泰国学习者汉字学习策略、汉字笔顺偏误以及其他书写方面的偏误三个部分。

第一节首先对第二语言学习者汉字学习策略的相关文献进行了梳理和分析，随后对学习泰国学习者的汉字学习策略进行了调查。调查的汉字学习策略为 8 项：笔画策略、部件策略、字形策略、应用策略、音义策略、归纳策略、猜测策略、母语策略。研究发现，这些策略的平均值都低于 4，泰国被试汉字学习策略总体运用情况如下：母语策略>音义策略>部件策略>猜测策略>笔画策略>归纳策略>字形策略>应用策略。这一调查结果与姜美玲“泰国学生的母语策略运用情况最高”是一致的，与韩冠玲“泰国学生归纳策略运用程度较低”也是一致的。所不同的是，从调查结果看，泰国学生字形策略的运用情况也并不理想。今后泰国汉语教学应适当参照根据泰国学生汉字学习策略的运用情况来进行，从整体上提高学习者汉字策略的运用能力，并对于那些平均值较低的策略运用情况加以重点引导和培训。

第二节针对泰国学生笔顺偏误进行了调查和分析。研究者对泰国汉字笔顺教学原则进行了思考，提出了笔顺教学应该考虑的两个问题：1）刚性原则与柔性原则相结合。所谓笔顺教学中的“刚性原则”，即遵循硬性规定，严格按照正确笔顺的要求来书写汉字。所谓“柔性原则”是指在不违反基本笔顺规则的情况下，根据学习者的实际情况，特别是海外汉字教学的实际情况，对笔顺适当放宽要求，以最终书写正确即可。2）入门者与非入门者区别对待。对于汉语（汉字）入门学习者，应该十分注重笔顺的规范性，以使他们养成良好的笔顺书写习惯。而对于学习汉语（汉字）一段时间或者时间较长者，因其笔顺书写习惯已经养成，即所谓的“化石化”，所以不宜反复纠正。研究者认为，上述两个笔顺教学原则注重了教学对象和教学阶段的区别，因此具有一定的实践应用价值。

在这一节，研究者还针对泰国大学生和中学生进行了笔画书写情况的调查，并从汉字结构、汉字笔画数、笔画之间的关系、偏旁错误四个方面，对笔顺偏误进行了归纳和分析。

第三节针对泰国学生其他书写偏误从字形、字音、字义三个方面进行了调查和分析。汉字字形方面的错误包括笔画方面的偏误（笔画形状错误、笔画增减错误、笔画混淆错误）、部件方面的偏误（部件缺失错误、部件增误错误、部件更换错误、部件位移错误）和汉字结构方面的偏误；汉字字音引起的偏误包括同音字的偏误、近音字的偏误以及语音连带偏误；字义方面的偏误包括由字音引起的字义错误、双音节语素的错误引起的偏误。本小节还分析了泰国学生汉字书写偏误的原因，并提出了相应的解决办法。

第七章　泰国汉字教学原则与教学方法

本章探讨泰国汉字教学原则与教学方法两个方面的问题。教学原则反映了人们对某一学科教学活动本质性特点和内在规律性的认识，正确、灵活地运用教学原则对于提高汉字教学质量和汉字教学效率起着保障性作用。教学方法是教学过程中教师与学生为实现教学目的和教学任务要求，在教学活动中所采取的行为方式。研究泰国汉字教学原则与教学方法这两个问题能在中观层面和微观层面对泰国汉语教学起到很好的指导作用，因此具有重要的作用。

第一节　泰国汉字教学原则

关于国际汉字教学原则，已有一些研究者就一般的教学对象和教学情境进行过探讨①，如循序渐进、认写分流、系联学习等。本课题结合泰国汉字教学的实际，特别提出了“运用非汉字因素”这一独特的教学原则。

汉字教学是汉语教学的一个重要组成部分，与教学环境因素、学生心理因素、课堂管理因素等有着十分密切的关系。本研究在泰国汉字教学原则中提出运用“非汉字因素”这一概念，其目的是在注重汉字本体规律及教学规律之外，将泰国的教学环境、学生特

---

①　如尉春艳、何青霞：《近十年对外汉字教学原则和方法研究综述》，《现代语文（语言研究版）》，2012 年第 1 期；黄璐：《浅谈对外汉语初级阶段的对外汉字教学原则》，《考试·教研版》，2013 年第 2 期等。

点、教育情境等因素纳入到教学原则的设计中。这些非汉字因素运用得好坏与否在相当程度上关系到汉字教学开展得如何。海外汉字教学要想顺利开展，应该对“非汉字因素”予以关注，并加以合理利用。本研究者在对泰国汉语教学进行实地考察时，发现非汉字因素往往能对汉字教学开展得成功与否产生很大的影响，所以不能忽视。因此要想在泰国很好地开展汉字教学，不能只关注汉字（教学）因素及汉字本体知识，还应该积极运用“非汉字因素”。

本课题提出的运用非汉字因素进行泰国汉字教学的5个原则如图7-1所示：

图7-1　泰国汉字教学“运用非汉字因素”原则示意图

一、善用合作学习模式

合作学习（co-operative learning，collaborative learning）是一种教学理念和教学技巧，旨在提高学生之间的互动性，是语言学习者能否积极投入有效学习的必要前提①。合作学习是“为了使学

① Jacobs, G. M. & Inn, L. W. (2003). *Using cooperative learning in large classes. In Mary Cheian & Rosalind Y Mau (eds.)*. Teaching Large Classes. Singapore: McGraw Hill Edition. p. 142.

生能够团结互助以求最大化其个人和他人的学习成果而以小组形式进行教学的组织模式”①。合作学习所倡导的互动观是一种多边立体的互动观，是对课堂师生互动的创造性应用。

汉字教学中的合作学习是指学生为了完成共同的汉字教学任务所采用的教学模式，是有明确责任分工的互助性学习，这种学习方式鼓励学生为小组和个人发挥自己的能力，在完成共同任务的过程中提高自己的汉字水平。

泰国学生活泼开朗，喜欢活动和互动，合作学习的方式十分适合泰国学生的这一性格特点和学习习惯，有助于高效地开展好汉字教学。

> 新教师可以对班里的学生进行了解，然后从中选出几个汉语基础好的同学担任“小老师”。教师要把全班同学分成几个组，让这些“小老师”担任组长。小组内的学生互相帮助、各有分工，最后共同完成教学任务。比如规定每组都要做出附有拼音、汉字、泰语翻译及图画的生词卡片，小组成员就可以一起合作来完成，而丝毫不会觉得枯燥。做好后，教师负责将这些字卡进行评比，对优秀作品给予适当奖励。(赴泰汉语志愿者教师江老师)

二、注重多种复现方式

信息和知识的储存和保有存在一定的规律。信息最先进入短时记忆，不过在短时记忆中保持的时间一般很短。德国心理学家艾宾浩斯（H. Ebbinghaus）通过研究发现，遗忘在学习之后立即开始，这也说明了短时记忆不够牢靠。不过如果加以适当的复现，大脑就可以继续保有记忆，多次的复现可以促使短时记忆向长时

① Johnson, D. W., Johnson, R. T., & Holubec, E. J. (1990). *Circles of Learning: Cooperation in the Classroom.* Association for Supervision and Curriculum Development, p. 32.

记忆发展。艾宾浩斯同时发现，遗忘的进程并不是均匀的，最初遗忘速度很快，以后逐渐缓慢。因此复练就具有非常重要的意义，可以使得遗忘的速度大为减缓。

复现、复练汉字并不是片面机械地重复某一个教学活动，或者让学生机械地抄写同一个或同一批汉字。在实际的教学中，大量的机械性训练会使喜欢创新性活动的泰国学生产生心理负担和厌烦情绪。因此，对泰国学习者的汉字训练不能只讲数量，不求方法。汉字复练的方式很多，可以有课前复现、课中复现、课后复现和定期复现等多种方式。

课前复现。课前复现是每次上课之初，根据教学内容，充分利用学生已有的旧知识带出新知识。可由偏旁部首带出学过的字，再引出生字，如“女—妈—奶—姐”一起练习。也可由基本字引出熟字再学生字，如“日—昨—明—晚”一起学习。

课中复现。教师在教完生字后，应运用多种练习和活动加强学习者对汉字的记忆。如可以采用“音—形—义”、“字—词—句”、“识—写—用”等多个维度进行练习，复练所学的汉字，巩固汉字教学成果。

课后复现。课后复现即是通过布置汉字作业来达到使学生巩固记忆的目的。

定期复现。定期复现是指定期对一段时间内所学的汉字内容通过滚雪球的方式进行复练，以巩固汉字教学的效果。教师定期组织学生复习所学汉字，要求学生认读这些汉字，并组织学生用学过的汉字进行组词。定期复现可以“起到‘少写来复现、再认得巩固、循环牢记忆’的作用”①。

泰国汉语教学是非目的语环境下的教学，汉语教学课时少，学习间隔长，遗忘是汉字教学的一大障碍，因此应该高度体现复

① 选自泰国达府美速智民学校孟老师的工作总结。

现原则，以帮助克服学习者难以记忆汉字的困难。

三、加强汉字课堂管理

课堂管理是指教师在教学活动中通过协调课堂内的师生关系，吸引学生积极参与到课堂教学中来，使教学效果达到最优化的状态，从而实现预定教学目标的过程。课堂管理是影响课堂活动效率和质量的重要因素，良好的课堂管理是课堂活动顺利进行的保证。“课堂问题行为的管理最终指向教育目标的达成，即使人获得发展。”①

前文介绍过，泰国学生学习动机不足，学习习惯松散，课堂自制性较差，因此课堂管理就显得十分重要。好的课堂管理可以使师生都从中受益，高效、有序的课堂管理能对汉字教学产生积极的助力作用。课堂管理的类型很多，本研究者根据访谈材料，提出两种汉字课堂管理方式。

设立规矩。设立规矩就是对班级的同学提出一些规定和限制，从而保障课堂教学能够顺利进行。

> 在课堂管理上我设立了几个规矩，例如“迟到等于没来”；每堂课课前课后两次点名；课前“三无两有一后”：上课前桌面无手机、无电脑、无化妆用品，有笔记本、有笔，书包放在椅子后面；“报告准批”，如果学生不打报告就擅自离开座位或走出教室，平时分将被扣除；“每课一背”：每堂课都会给出充足的时间背诵，先背诵完的学生先下课。当学生已经熟知我的要求之后，逐渐形成良好的课堂秩序，为每堂课的开展扫除不必要的麻烦。(赴泰汉语志愿者教师丁老师)

适当奖赏。奖赏可分为精神奖励和物质奖励。奖赏的目的是

---

① 姚涛：《国内外课堂管理问题的研究及启示》，《林区教学》，2011 年第 1 期。

对于课堂中的正面行为予以鼓励，这些正面行为受到鼓励，会对班级同学起到很好的示范作用。

孩子们喜欢被肯定、被称赞、被表扬、被需要。老师们要不时地在孩子们表现好的时候表扬他们，并给他们加分，或者买礼物奖给他们。对于来自老师的礼物，孩子们都特别高兴、特别珍惜，因为这代表他们受到了肯定。我在讲解人民币时，准备了一些一角、五角的人民币，作为奖励送给表现好的学生们，这也大大提高了他们课堂参与的积极性。（赴泰汉语志愿者教师小周老师）

四、巧留汉字课后作业

作业的处理也是课堂教学中不可忽视的一个环节，作业不是教学内容的翻版，而是教学内容的延伸和拓展。作业可以使学生巩固和复习所学内容，是教学的必要环节。①

目前泰国中小学的汉字作业有两种情况，一是不留作业，因为学生不太喜欢作业；二是留一些抄写作业，这类作业在汉字作业中是非常常见的。其实作业的形式可以更加多元，在作业中嵌入汉字教学内容。

泰国学生都不喜欢做作业，所以作业布置量不宜多。如果是抄写、做笔记之类的练习，很多泰国学生都不能及时交作业，因而作业最好都是课堂完成的作业，教师可以把重点放在课堂练习上，让学生当堂完成作业。课外可以给学生布置一些制作词卡、生词表、节日卡片或者出汉语板报、报纸等灵活性、实践性比较强的作业。（赴泰汉语志愿者教师晓双）

---

① L. Clandfield, Lindsay, L. Prodromou, (2007). *Dealing with Difficulties: Solutions, Strategies, and Suggestions for Successful Teaching*. Surrey: Delta Publishing. p. 88.

在这些将汉字教学与活动结合起来的作业中，泰国学生非常喜欢将绘画与汉字学习结合起来。

> 泰国学生们喜欢手工，动手能力强，在作业布置上可以叫他们画画、做手工。我在第一堂课教他们自我介绍后，让他们设计制作属于自己的自我介绍卡片，大家都很认真地进行设计制作。孩子们都很喜欢画画，孩子们的想象力天马行空，设计格式各异的插图特别可爱。我在教授孩子们动物和水果等词语的时候，让学生课后在生词后面附上插图，他们做得不亦乐乎，教学效果当然不错。（赴泰汉语志愿者教师小周）

还有一类作业，本研究者将其命名为“实践类作业”，即让学生真实地使用汉字完成任务。比如同学们要春游了，就让他们用汉语和汉字将春游要准备的物品写下来，然后让他们之间进行比较，看看大家准备的物品是否一样。某个学生即将过生日了，请大家用汉字书写贺卡送给这位同学。教师可以将大家的作业张贴在教室、走廊里，以激发同学们的学习热情和自豪感。

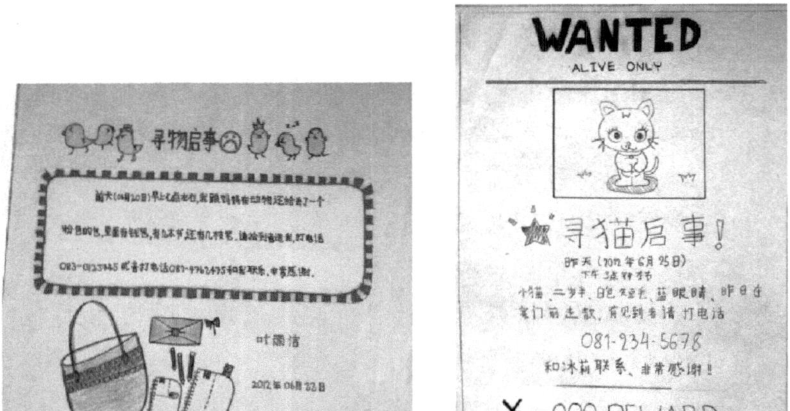

图 7–2　泰国学生完成的“生活实践类作业”

五、利用考试促进教学

测试既是一种检测手段，也是一种教学方法，更是一种激励措施。在教学中适当加入一些测试，可以给学生施以适当的压力，督促他们及时复习所学的内容，帮助教师和学生及时发现教学和学习过程中存在的问题和漏洞。针对泰国学生学习习惯松散的特点，应该将小测验结合在各个阶段的汉字教学中。

> 我第一学期采用了各种互动性的教学方式，但是教学效果却不太好。灵活的方法不管用，我就用强制性的方法。有了第一学期的经验，第二学期我就把所有的教学内容分成若干小单元，平时课堂上给学生各种小练习、小测验，然后给出相应成绩，把练习和测验结合，每个练习都有相应的分数。结果学生的总体成绩有了很大提高，学习积极性也大大提高了。(赴泰汉语志愿者教师刘老师)

第二节　泰国汉字教学方法

教学方法在教学过程中起着极其重要的作用，它直接影响到教学目标能否实现，以及实现教学目标所达到的程度和效率。教学方法的作用不仅仅限于完成课程的教学任务，同时在调动学生的学习主动性和积极性、培养能力以及形成健全的个性方面都能起到重要作用。①

面向外国学生的汉字教学法是在吸收和借鉴母语识字教学的

① 刘珣：《对外汉语教育学引论》，北京：北京语言大学出版社，2000 年。

基础上发展起来的[①]。目前经过多年的发展，国际汉字教学已经发展并总结出了很多行之有效的教学方法。不过在现行的课堂教学中，汉字教学方法的运用仍然较为单一。本小节借鉴国内母语识字的成果，结合泰国教学的具体情境，提出了一些适合泰国汉语学习者的汉字教学法（见图 7–3）。

图 7–3　泰国汉字教学法示意图

一、笔画识字教学法

笔画是现代汉字的基本结构和基本层级单位，笔画识字教学法是最为基本的汉字教学法。该教学法适用的汉字主要为独体字；适用阶段为入门阶段和初级阶段；课堂运用方式可以是课堂练习、活动和游戏等多种方法。

笔画教学法的内容涉及：

笔画名称：应该知道基本笔画的名称；其他笔画可以有选择地教名称或运用对比的方法来教

笔画书写：笔画走向、笔画的变体

笔画数量：汉字的笔画数、笔画数量的比较和归类

笔画顺序：基本笔顺规则、衍生笔顺规则

笔画之间关系：相交、相接、相离 3 种

笔画形状：形近笔画的比较、形近字和错别字笔画辨析

泰国学习者笔画笔顺方面的偏误较多（见第六章第二节“泰国学生笔顺偏误情况的调查和思考”），因此应该对笔画阶段的教

---

① 田艳：《母语识字教学及其对对外汉字教学的启示》，《民族教育研究》，2000 年增刊。

学予以高度重视，为今后的学习打下良好的基础。

另外，由于汉字笔画差异细微，组成的形近汉字也较难辨析，因此可以结合造字原理进行讲解，如“日”、“白”、“旦”等字。当然，笔画教学法不太适用于所有合体字的教学，也不太适合有一定基础的华人、华裔学习者。

有关笔画教学的实施与操作，参见第八章第二节中的“笔画教学的设计”。

二、部件识字教学法

部件识字教学法是按照汉字的部件来分析字形结构的一种教学方法，是汉字的三个构形层级所决定的汉字教学的常规模式（即笔画教学法、部件教学法和整字教学法）中被公认为是最实用的汉字教学法之一，该教学法充分体现了汉字教学的特色。相关的专家学者对于这一教学法予以了充分的肯定（费锦昌：1996；王宁：1997；石定果、万业馨：1998；梁彦民：2004 等）。

部件识字教学法最大的优点之一是可以减少记忆单位（崔永华：1997；周健：2007）。初学汉字的人由于缺乏对汉字部件的组合能力，常将笔画看成是汉字的基本单位，从而造成记忆单位过多。如“激”字，从笔画来看，共有 16 笔，而按部件理论分析则可以分为“氵”、“白”、“方”、“攵”4 个部件，记忆单位减少了 70%。据统计，汉字平均笔画数为 7—9 个，而平均部件数则为 2.3 个。由此可见，把由若干笔画构成的基本部件作为一个整体的模块来记忆，其记忆量要比记忆笔画少得多。教学中可以利用部件将汉字进行系联，成串学习汉字，这样可以提高学生的汉字记忆效率。

汉字的特殊规律和复杂性决定了单一的教学法不可能适用于所有教学阶段和教学对象的汉字教学，因此过于偏重和依赖“部件教学法”的局面应有所改变。

有关笔画教学的实施与操作，参见第八章第二节中的“部件教学的设计”。

三、字理识字教学法

所谓字理，是指汉字的构字依据和组成规律。字理识字教学法是依据汉字的构字规律，运用汉字字形与字义的关系进行汉字教学的方法，也就是说通过对象形、指事、会意、形声等造字法的分析，运用直观、联想等手段识记字形，以达到识字的目的。[①]这种识字教学法立足于汉字的造字理据，是一种比较科学的汉字教学法。国内母语识字教学非常重视运用这一方法，并取得了较好的效果。

在对海外汉语学习者开展的汉字教学中，字理识字教学法针对不同的汉字造字类别，有四种不同的教学内容。

1. 象形分析法

象形字是汉字体系中最基本的结构类型，也是最能体现汉字造字规律和特点的一种文字。象形分析法主要是针对象形字而设计的汉字教学法。象形分析法具体教学步骤为：

a. 展示汉字的原始图形；

b. 演示该汉字从甲骨文到现行文字逐步演化的过程；

c. 分析原始图形与字义的联系；

d. 综合分析图形、字形与字义三者之间的联系。

该方法具有直观形象的特点，将古文字与新文字进行勾连，非常有助于学生认识了解汉字的来源和深层文化。

---

① 贾国均：《字理识字研究与实践》，北京：中国轻工业出版社，1998 年。

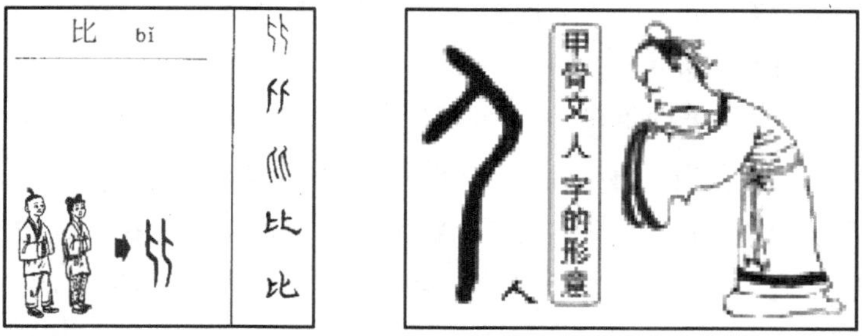

图 7-4　“象形分析法”教学示意图①

2. 会意解构法

会意字是由两个或两个以上的形体组合而成，其组合方式多种多样，因此会意字可以表示许多抽象的、用象形或指事的方法难以表示的意义。直到今天，人们还在运用会意的方法创制简化汉字，如“灶、尘、歪”等。会意解构法主要是针对会意字所设计的汉字教学法。会意解构法具体教学步骤为：

a. 先将会意字分解成几个部件；

b. 用图片介绍各个部件的意义；

c. 将这些部件的意义连缀起来理解字义，最后因义识形。

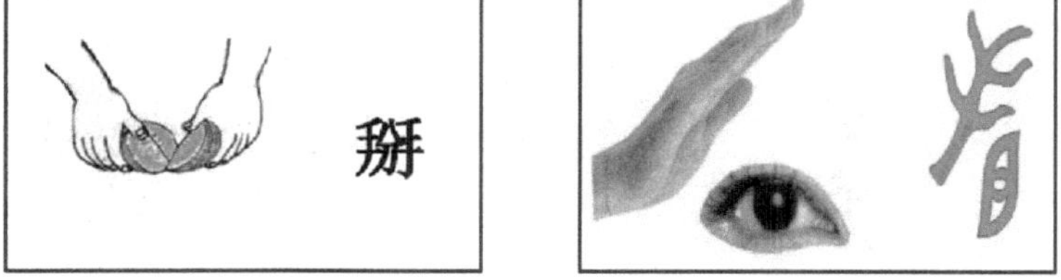

图 7-5　“会意解构法”教学示意图

① 图片来源：李乐毅：《汉字演变五百例》，北京：北京语言大学出版社，2001 年。

不过该方法不可牵强使用，以免弄巧成拙。

3. 指事分析法

指事字是借助抽象的符号所造出来的一类汉字。古人在不方便用具体形象描画事物时，就借用一种抽象的符号来表示，如“上”、“下”等。指事字也可以将符号与象形字结合在一起表示一个新的意义。如“刃”字是在刀字上加一个“、”而造出的新字，“、”所在的地方表示刀刃所在的位置。指事分析法是针对指事字而设计的汉字教学法，这种教学方法具有一目了然、追本溯源的功用。指事分析法具体教学内容为：

a. 如果是由符号造出来的指事字（如一、二、三、上、下），可以由符号的图形入手，勾连出符号与汉字之间的联系；

b. 如果是符号与象形字结合的指事字（如本、末、刃等），可以先介绍组成指事字的那个象形字的意义，再引入符号与该象形字的关系，最后将符号与象形字的意义连缀起来理解字义。

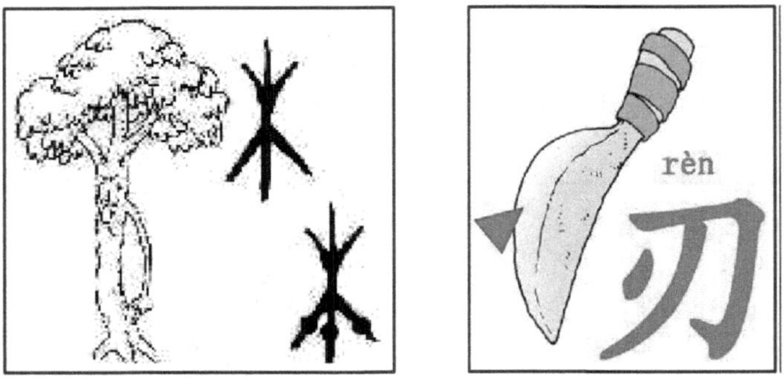

图 7-6 “指事分析法”教学示意图

4. 形声归类法

形声字由声旁和形旁组成，在汉字中，形声字占有很大的比例。形声归类法就是针对形声字的表音和表意规律而设计出来的汉字教学法。汉字难度等级越高，形声字形旁表义规律和声旁表音规律就越强，因此在中高级阶段，形声字的教学具有非常重要的作用。

目前形声字的形旁（意符）教学逐渐受到了重视，而声旁（音符）教学则长期受到忽视，因为汉字经历了漫长的演化过程，很多形声字声旁的表音功能已经有所下降。形声字中声旁能够准确表音的（声韵调都相同）只占 37.51%①，尽管如此，形声字声旁还是有很多可以利用和挖掘的地方。教师应在学生学习的适当阶段对形旁和声旁进行归纳总结。

形声归类法具体教学内容为：

1）形旁归类

如木字旁的字可以归类学习："杨"、"梅"、"树"、"村"、"林"、"材"等；

2）声旁归类

比如将含有"包"的部件且发音与"ao"相关联的汉字"饱"、"抱"、"雹"、"刨"、"胞"、"跑"、"泡"等进行系联学习。

形旁、声旁系联可以形成庞大的汉字家族，学习者在这两类系联关系的引导下，汉字水平会很快提高。

图 7-7　"形声归类法"教学示意图

① 周健：《汉字教学理论与方法》，北京：北京大学出版社，2007 年。

四、韵语识字教学法

韵语识字教学法是根据汉字的韵律特点设计出来的汉字教学法，该教学法是把生字穿插在短小的韵语中，在简明的翻译和多次诵读之后，要求学生背诵。韵语识字教学法充分发挥字音字义场优势效应，按照先记忆后理解、先整体后部分的认知规律，依赖定位理想和快速记忆原理设计出来的汉字教学法①。

学习者记住韵语后，可以借助头脑中记住的韵语，将所见到的汉字顺读下来。中国古代蒙童教材“三、百、千”（即南北朝的《千字文》和宋代的《三字经》、《百家姓》）就是利用韵语进行识字教学的。该教学法由于被认为具有儿童化倾向而不被普遍认可，这一观点有待商榷。本研究认为，该教学法非常适合泰国中小学汉语学习者。

本研究者曾在教学中对来华留学生设计了这样的韵语：

昨天今天明天，去年今年明年；
天天努力学习，年年学习进步。

也有人将韵语识字和字理识字教学法结合起来，设计了如下的韵语：

日月明，鱼羊鲜。小土尘，小大尖。
一火灭，田力男。人木休，手目看。
二木林，三木森。二人从，三人众。

本研究者根据自己的课堂教学实践，总结了适合海外汉字教学的韵语识字教学的具体教学步骤：

① 周健：《汉字教学理论与方法》，北京：北京大学出版社，2007年。

a. 带领学生诵读韵语（黑板上一行韵语汉字，下面辅助一行拼音）；

b. 去掉汉字，要求学生借助拼音把韵语背下来；

c. 只给汉字，不给拼音，让学生看着汉字、依据头脑中记住的韵律，再将韵语念出来；

d. 把韵语写在字卡上，打乱字卡，让学生用散乱的字卡拼出韵语，拼好后再将韵语完整地读出来。

五、事物分类教学法

事物分类识字法是按照汉字的语义关系提出的教学方法。安子介先生在《现代千字文》中把常用的2000个字分成了十几类[①]，周健先生在其编写的汉字教材《汉字突破》中也将分类识字法作为一个主要的教学方法来设计汉字教学。

下面是一些常见的汉字分类方式有：

季节类：春、夏、秋、冬
植物类：果、禾、木、竹
器物类：门、弓、舟、刀
形容词：多、少、大、小
颜色类：红、绿、黄、白、蓝
姓氏类：赵、钱、孙、李、王、田
餐具类：刀、叉、筷、碗、碟、杯
数字类：一、二、三、百、千、万
人体类：人、手、口、目、足、耳
自然类：日、月、山、雨、水、川
动物类：羊、牛、马、鱼、鸟、虎

---

① 参见安子介：《我对汉字发展的看法》，载刘庆俄编《汉字新论》，北京：同心出版社，2006年。

亲属称谓：爸、妈、爷、奶、弟、妹
方位类：上、下、左、右、东、南、西、北

该教学法是运用语义的系联关系而设计出来的，其优点是所学汉字意义密切相关，便于记忆。不足之处是无法考虑到汉字的字频以及字形上的难易度。因此教师在教学中要对这一问题予以重视，不能为了追求分类，而将字频难度差异过大的汉字组合在一起学习。

六、字根扩展教学法

汉字是汉语的基本语素，具有“以字组词”的强大功能，“字根扩展识字法”即是利用了这一规律设计出来的。比如学会“女”字后，可以扩展学习“女老师”、“女学生”、“女经理”等词语。其他常见的字根还有“天”、“店”、“子”等，组成的词语可以是：

天：今天、昨天、明天、春天、夏天
店：书店、饭店、商店、鞋店、花店
子：筷子、桌子、椅子、杯子、勺子

说到字根扩展教学法，就不能不提到“字词比”这个概念。目前国际汉语教材基本上是依据“词本位”理念编写出来的，字、词比例大体相当，如《基础汉语课本》1、2 册出现词语 534 个，汉字 489 个，所以字词比例是 1∶1.09。《现代汉语词典》的字词比是 1∶6；而据绿皮书统计，7.3 亿字语料中词种为 165 万，用字为 8212 个，字词比为 1∶200，这一比例十分可观。泰语中词语组合方式有时与汉语相类似，因此在汉字教学中注重字根教学，可以起到非常显著的效果，既可以体现汉字规律，也可以使汉字教学与词汇教学相衔接。

七、集中识字教学法

由于泰国汉语教学出现四零现象，汉字水平的差异性普遍存在，因此如何令学习时间较短、汉字水平较差的汉语学习者在短时间内提高汉字水平成为泰国汉字教学的一个关键问题。

集中识字教学法最常用的系联方式是归类识字和基本字带字。

归类识字法。归类识字就是利用各种汉字系联关系，将相关的汉字放在一起学习，如：

形声字归类：几—机、反—饭—返
形近字归类：己—已、白—百—自
同音字归类：意—艺—易—忆
反义词归类：大—小、多—少、冷—热

基本字带字法。“基本字带字法”是利用大部分汉字是合体字的特点，选择构字能力强、在字形结构上共同具备的、又是最基本的那个部件的字为基本字，把基本字相同的一批字放在一起集中学习的方法，如学了“又”字，可以带出“观”、“双”、“邓”等字；学了“方”，可以带出“芳”、“房”、“放”、“防”等字。

一些汉字教材就是利用集中识字法进行教学的。如《汉字部首教程》利用同部件字系联的方式进行集中识字教学①。以第1课为例，教材围绕“亻”，教授“伴保便伯促倒俄份何候化伙建任伤使体停伟位像信休住”24个字。根据这些字编写的课文是：

伯比是俄罗斯人，他觉得中国和俄罗斯都是伟大的民族。为了促进两国的文化交流，去年八月份，他以文化大使的身份来到了中国工作，住在位于上海市西南的一个朋友家里。为了使自己的身体保持健康，双休日的

① 达世平、达婉中：《汉字部首教程》，北京：北京语言大学出版社，2008年。

时候，他就同伙伴们一起去跑步，从来也没有停止过。他认为，任何事都没有身体重要。他经常给他的伯父写信，叫伯父也像他一样多做体育运动，当然更要学会保护自己，不要摔倒，不要受伤。

集中识字教学法比较适合两类泰国汉语学习者：

1）对汉字有一定概念的华裔学习者

在正规学习汉字之前，对汉字已经有了原始认知（比如学生有了基本的笔画、部件、结构概念等），并自然习得了一些汉字。这类学生以华裔儿童为主，尽管现在泰国的华裔儿童汉语和汉字水平已大不如前代，不过仍有一些华裔儿童依然具有一定的汉字优势。泰国华文小学中的华裔儿童比例较高，适合采用集中识字教学法。

2）有一定汉字基础的学习者

在汉字识字认读量上有一定的积累，比如学习了一两年的学生，这时是否是华裔已不重要。比如有的泰国大学一年级学生已经学习汉语五六年了，而有的大学一年级学生可能只学了一年。后者不妨运用集中识字法，快速补充汉字知识、掌握汉字技能，将汉字差距与学习时间较长者迅速缩小，从而尽快消除班级内部汉字水平、汉语水平的差距。

当然，该教学法也存在一些不足：1）让学生在短时间内大量接触汉字，容易使学生感到单调乏味；2）较难找到或者编写出既有趣又能体现识字规律的课文。目前依据集中识字法编写的教材不多，一线教师需要自行设计和编写。

八、趣味识字教学法

除了上述较为传统的、从母语教学中借鉴过来的汉字教学法，本研究者在泰国实地考察中也发现，趣味识字教学法十分适合泰国学习者。此处主要介绍其中的一种方法：影视歌曲识字法。

影视歌曲识字法就是利用影视歌曲的中文歌词进行汉字教学的方法。

汉字教学要紧跟时尚，结合学生们的喜好开展。泰国学生尤其是中小学生十分喜欢时尚和追星，他们比较喜爱的中国明星有成龙、韩庚、张靓颖、林依晨、甄子丹、赵薇等，这些明星主演的影视作品、演唱的歌曲在泰国具有一定的影响力，在学生中间也颇为流行。通过教学生唱中文歌曲这种形式可以把学习汉语和汉字寓于愉快的音乐当中，学生们学习的兴致会更高。学生在得到愉悦的同时，也学到了汉语和汉字，所以影视歌曲识字法是一种十分符合泰国学习者心理的汉字教学方法。

具体的教学步骤是：

1. 教师把汉字歌词（如《小星星》、《娃哈哈》等）抄在黑板上或者展示在 PPT 上，并标注上拼音，然后逐字逐句地教学生认读；

2. 学生跟着卡拉 OK 的字幕或者黑板上的歌词学唱中文歌曲；

3. 最后，学生只看中文歌词，将歌曲完整地唱出来。

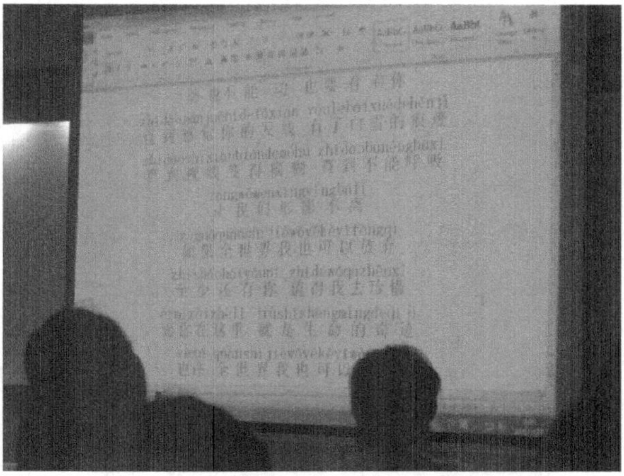

图 7-8　泰国学生利用歌曲学习汉语和汉字

学生们都很喜欢中国的青春偶像电影，所以教师可以多下载一些知名影视剧的歌曲，如孩子们喜欢的《隐形的翅膀》、《小手拍拍》、《甜蜜蜜》等。老师可以播放这些影视作品的歌曲视频让学生看，看完后让他们注意屏幕上的汉字字幕，我讲解字幕中的生字词，然后再带领学生唱出来。每次学唱中国歌曲的时候，学生们都全神贯注，记住的汉字也很多。(泰国汉语教师小雪)

本章小结

本章主要探讨了泰国汉字教学原则和教学方法。

在汉字教学原则方面，前人学者提出了循序渐进、认写分流、系联识字等教学原则。此外，本研究者根据泰国汉语教学的实际情况，独创性地提出了运用“非汉字因素”的五个教学原则，具体为：善用合作学习模式、注重多种复现方式、加强汉字课堂管理、巧留汉字课后作业、利用考试促进教学。

在汉字教学方法方面，本章分析和探讨了8种适合泰国学习者的汉字教学方法：1. 笔画识字教学法。该教学法利用笔画笔顺特点开展的教学法，可以为泰国学习者打下坚实的汉字基础。2. 部件识字教学法。该汉字教学法是按照汉字的部件来分析字形结构的教学方法，也是适用范围最广的汉字教学法。3. 字理识字教学法。字理识字教学法立足于汉字的造字原理，是非常能体现汉字规律和特点的教学法，根据造字特点又分为象形分析法、会意解构法、指事分析法、形声归类法四种。4. 韵语识字教学法。该汉字教学法是依据了汉字的韵律特点，发挥了字音字义场优势效应，根据快速识记原理设计出来的。该教学法非常适合泰国中小学汉字学习者。5. 事物分类教学法。该教学法是根据汉字的语义关系设计出来的教学方法，根据每个主题分类的汉字具有很强的系联关系，便于学习者记忆和巩固字义。6. 字根扩展教学法。汉字具有以字组词的强大功能，该教学法就是利用了汉字构词能力强的特点设计出来的，是将汉字教学与词语教学相结合的汉字教学法。7. 集中识字教学法。该教学法充分利用了各种汉字系联关系，使学习者在短时间内集中学习汉字，迅速提高汉字识字量。该教学法可以在一定程度上缓解泰国汉语“四零现象”带来的学习者汉语和汉字水平的差异性问题。8. 趣味识字教学法。研究者还针对泰国汉语学习者的特点提出了“趣味识字教学法”，并主要分析了“影视歌曲识字法”。

汉字学习是一个复杂的心理活动过程，学习心理的复杂性决定了教学方法的多样性。汉字本身的复杂性客观上也要求采用多种多样的方法来进行教学才能取得良好的效果。因此，根据学习对象的程度、特点和教学阶段，有选择、有层次地综合运用各教学法才能达到好的教学效果。多元汉字教学法的综合运用，可以有效地改善泰国汉字教学的面貌。

第八章　泰国汉字课堂教学设计与教学活动

课堂是实施汉字教学最为直接的一个场所，汉字课堂教学的质量直接影响到泰国汉字教学的稳定发展。本章探讨泰国汉字课堂教学设计与教学活动，共分为三个小节：第一小节为泰国汉字课堂教学情况的调查。课堂教学是师生共同参与、相互作用，创造性地实施教学目标的过程。因此，该小节首先从教学的主体——学习者的角度来了解泰国汉字课堂教学的方法。第二小节从居于主导地位的教师的角度，分笔画、部件、整字、词语四个方面来阐述汉字课堂教学的设计和实施。第三小节为课堂游戏的设计与实施。之所以设置该小节，首先是考虑到了海外汉字教学的环境。海外学习者汉字的习得主要来自教师的课堂教学，在非目的语环境下，富有趣味性的课堂会在较大程度上提高泰国学习者的汉语习得效率，吸引更多的学习者参与到教学中来。另外，本章还充分考虑到了泰国学习者的学习特点和学习心理，泰国学习者倾向于在轻松快乐的氛围中进行学习。汉字教学具有一定的难度，如果处理不好，学习者会感到枯燥和失落。游戏的实施会在一定程度上提高泰国汉字课堂教学的趣味性和效率。

第一节　泰国汉字课堂教学情况调查

为了更好地了解泰国汉字课堂教学的情况，研究者首先对泰国大学生和中学生进行了调查，以了解他们对汉字教学的态度看法以及汉字课堂教学方法的观点。

一、调查基本情况

调查对象：泰国中学生和大学生，年龄在 15—22 岁

调查人数：中学生 53 人，大学生 48 人

调查工具：设计了问卷，共 17 个问题

问题分类：研究者共设计了两类问题。一类是学习者对汉语/汉字能力的态度，这类问题关系到学习者对汉字课堂教学的关注程度和投入程度，可以从整体上了解泰国汉语学习者对于汉语和汉字的基本态度和看法；一类是学习者对于汉字课堂教学方法的看法。调查分为中学组和大学组，这两组学生的调查结果存在一定差异，这与学习者的年龄和认知能力存在一定的关系。问卷采用五级量表，5 为十分喜欢、十分赞同，1 为不喜欢、不赞同。

二、调查结果分析

1. 泰国汉语学生对汉字/汉语学习的态度

研究者针对泰国学习者汉语及汉字态度设计了 6 个问题，具体为：

Q1. 我喜欢学汉语

Q2. 我喜欢学汉字

Q3. 我觉得汉字重要

Q4. 我对自己的汉字能力满意

Q5. 学好汉字对学习汉语有帮助

Q6. 学校重视汉字教学

中学组的调查结果见表 8-1：

表 8-1 泰国中学组学生汉语/汉字教学态度调查结果

程度 问题	5	4	3	2	1	标准差	平均值
Q1	19%	22%	43%	5%	11%	1. 180	3. 32
Q2	11%	24%	38%	14%	14%	1. 177	3. 05
Q3	35%	49%	11%	3%	3%	0. 906	4. 11
Q4	14%	22%	38%	22%	5%	1. 093	3. 16
Q5	46%	27%	27%	0%	0%	0. 845	4. 19
Q6	35%	41%	19%	0%	5%	1. 027	4. 00

由表 8-1 可以看出，上面 6 个问题的平均值由高到低分别是：Q5>Q3>Q6>Q1>Q4>Q2。也就是说，学习者普遍认为学习汉字对于学习汉语具有较大的帮助（平均值 4. 19），也觉得汉字很重要（平均值 4. 11），并且认为学校也应该重视汉字教学（平均值 4. 00），这三项的平均值均在 4 以上。不过中学组学习者对于汉语、汉字的喜好程度普遍偏低（平均值 3. 05），对于自己的汉字能力也谈不上满意（平均值 3. 16）。

大学组的调查情况见表 8-2：

表 8-2 泰国大学组学生汉语/汉字教学态度调查结果

程度 问题	5	4	3	2	1	标准差	均值
Q1	11%	55%	30%	5%	0%	0. 727	3. 73
Q2	5%	32%	41%	20%	2%	0. 888	3. 16
Q3	30%	52%	18%	0%	0%	0. 689	4. 11
Q4	9%	48%	34%	9%	0%	0. 789	3. 57
Q5	43%	23%	30%	5%	0%	0. 963	4. 05
Q6	25%	50%	25%	0%	0%	0. 715	4. 00

由表8-2可以看出，上面6个问题的平均值由高到低分别是：Q3>Q5>Q6>Q1>Q4>Q2。从整体上看，泰国大学组的同学也普遍认同汉字的重要性及其对于汉语学习的帮助，并认为学校应该更为重视汉字教学，这三个问题的平均值均在4以上，与中学组差异不大。大学组学生对于自身汉字能力的掌握程度（平均值3.57）以及对汉字的喜好程度（平均值3.16）也不算高，是几个问题中分值较低的两项，也与中学组同学有相似之处。

从组内差异程度来看，中学组的差异度较大，研究者认为中学组学生年龄跨度较大，从14岁到18岁，且各方面的认识正处于形成阶段；而大学组学生年龄跨度相对较小，从18岁到20岁，且均已成人，具有相对稳定的认知能力和同质性。

2. 泰国汉语学生对汉字课堂教学方法的看法

针对泰国汉语学习者对教师汉字课堂教学方法的看法，本研究设计了11个问题：

Q7. 使用专门编写的汉字教材

Q8. 使用汉字多媒体光盘教汉字

Q9. 使用汉字教具、卡片等教汉字

Q10. 系统讲解汉字知识

Q11. 有更多的汉字练习

Q12. 用讲故事的方法讲解汉字的来历

Q13. 在游戏中学习汉字

Q14. 教室里张贴汉字知识挂图和图片

Q15. 讲解笔顺、拆分部件

Q16. 定期复习汉字和汉语

Q17. 讲解形声字的声旁和形旁规律

中学组的调查结果见表8-3：

表 8-3 泰国中学组学生汉字课堂教学方法意见调查结果

问题 \ 程度	5	4	3	2	1	标准差	均值
Q7	24%	30%	35%	5%	5%	1.089	3.62
Q8	32%	27%	32%	5%	3%	1.050	3.81
Q9	24%	43%	30%	3%	0%	0.809	3.89
Q10	46%	35%	8%	5%	5%	1.125	4.11
Q11	32%	19%	32%	11%	5%	1.210	3.62
Q12	41%	27%	19%	8%	5%	1.197	3.89
Q13	38%	41%	14%	5%	3%	0.998	4.05
Q14	24%	35%	27%	8%	5%	1.111	3.65
Q15	35%	35%	27%	3%	0%	0.866	4.03
Q16	30%	43%	22%	3%	3%	0.941	3.95
Q17	35%	38%	27%	0%	0%	0.795	4.08

从表 8-3 可以看出，泰国中学组学生对多种多样的汉字课堂教学方法普遍比认可，最低的平均值也在 3.62 以上。其中认可程度较高的 4 项分别是：Q10、Q17、Q13、Q15，这四项的平均值均超过了 4，也就是说中学组学生认为教师应该系统讲解汉字知识（平均值 4.11）、讲解形声字形旁和声旁规律（平均值 4.08）、在游戏中学习汉字（平均值 4.05）、讲解笔顺和拆分部件（平均值 4.03）。另外，从数值上看，中学组学生也认为定期复习汉字（平均值 3.95）、讲解汉字来历（平均值 3.89）、运用教具和字卡进行汉字教学（平均值 3.89）也比较重要。

大学组学生的调查结果见表 8-4：

图 8-1　泰国中学汉语教师制作的汉字教具

表 8-4　泰国大学组学生汉字课堂教学方法意见调查结果

问题 \ 程度	5	4	3	2	1	标准差	均值
Q7	9%	48%	34%	9%	0%	0.789	3.57
Q8	14%	36%	34%	11%	5%	1.021	3.43
Q9	16%	45%	32%	7%	0%	0.823	3.70
Q10	32%	41%	27%	0%	0%	0.776	4.05
Q11	20%	41%	27%	9%	2%	0.983	3.68
Q12	9%	39%	36%	5%	11%	1.091	3.30
Q13	18%	50%	20%	2%	9%	1.098	3.66
Q14	7%	43%	34%	11%	5%	0.942	3.36
Q15	39%	41%	16%	5%	0%	0.852	4.14
Q16	20%	45%	27%	5%	2%	0.912	3.77
Q17	27%	39%	30%	2%	2%	0.930	3.86

从表8-4中可以看出，平均值在4以上的项目分别是Q15：教师讲解笔顺并拆分部件（4.14）、Q10：系统讲解汉字知识（4.05）。其余各项由高到低分别为：Q17（3.86）、Q16（3.77）、Q9（3.7）、Q11（3.68）。平均值相对最低的三项分别为Q13：在游戏中学习汉字（3.66）、Q14：在教室中多张贴汉字挂图和图片（3.36）以及Q12：讲解汉字的来历（3.30），由此也可以看出，与中学组学生相比，大学组学生由于思维能力及汉字意识逐步提高，对于视觉资源和游戏活动的要求逐渐降低。

总而言之，无论是中学组还是大学组，泰国学生均普遍认同汉字教学的重要性，认为汉字课堂教学中运用多种科学、有效的方法和教学介质，讲解汉字知识和汉字规律等是颇为必要的。

第二节　泰国汉字课堂教学设计

汉字课堂教学内容丰富多样，为便于理解，本小节分四个方面（笔画教学、部件教学、整字教学、词语教学）进行分析和介绍。

一、笔画教学的设计

1. 笔画的选择与称说

王汉卫、苏印霞根据汉字构字频次和使用频次对笔画的综合价值进行了排序，统计结果见表8-5①：

① 王汉卫、苏印霞：《论对外汉语教学的笔画》，《世界汉语教学》，2012年第2期。

表 8-5　笔画综合价值排序表

排序	笔画	综合价值	排序	笔画	综合价值	排序	笔画	综合价值	排序	笔画	综合价值
1		21.96%	9		2.60%	17		0.39%	25		0.11%
2		15.92%	10		2.04%	18		0.38%	26		0.10%
3		15.87%	11		1.66%	19		0.37%	27		0.10%
4		13.19%	12		1.45%	20		0.31%	28		0.07%
5		7.88%	13		1.02%	21		0.30%	29		0.02%
6		4.51%	14		1.17%	22		0.23%	30		0.01%
7		3.75%	15		0.75%	23		0.20%	31		0.01%
8		3.14%	16		0.42%	24		0.14%	32		0.01%

从表 8-5 中可以看出，汉字笔画综合价值呈现出明显的递减效应。有的笔画只用于专属汉字（如“专”字的第三笔），有的笔画只出现在特定的偏旁部件中（如言字旁的第二笔），这类笔画对于学习汉字时间较短、汉字水平较低的学习者，可以暂时忽略掉。

由此可以看出，汉字教学初级阶段教授笔画时，不必将 30 个左右的笔画全部教授，要有选择且分阶段地进行。基础笔画的称谓简短易记，如横、竖、撇、捺、点、提，这些笔画的名称可以让学习者记住。一些复合笔画的名称则略显复杂，因此复合笔画中使用频次较低的笔画则不必要求学生记住，教师可以多介绍一些常用的复合笔画的称谓，如横折、竖折、横撇、竖提等。

本研究者针对泰国学生笔画掌握情况进行了一个小调查，调查情况如下：

调查对象：泰国中学生和大学生，平均年龄 17.8 岁

调查人数：60 人，平均学习汉语时间 2 年

调查问题 1：对于汉字笔画数量的了解情况

A. 10 个左右　　B. 15 个左右

C. 20 个左右　　D. 25 个左右　　E. 30 个以上

60 人中有 46 人回答了该问题，情况如下：

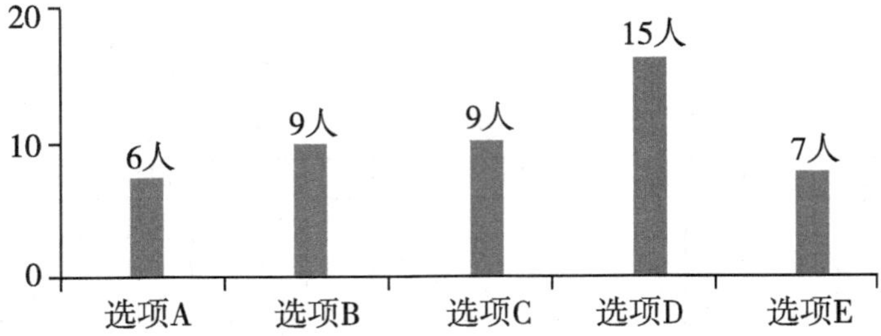

图 8-2　泰国学生对于汉字笔画数量的了解情况

由上图可见，尽管学习了 2 年以上的汉语，但是仍有不少泰国学生对汉字笔画数量缺乏应有的了解，选择 20 个笔画及以下的学生达到了 24 人（A、B、C 三项），占全部调查者的 52. 1%。

调查问题 2：

本研究者还根据王汉卫、苏印霞的笔画综合价值排序表，将位居前 10 位的笔画进行了调查，请泰国学生写出这 12 个笔画的名称。如表 8-5 所示，王汉卫和苏印霞的前 12 位笔画排序为：一、丨、丿、丶、¬、㇀,、𠃍、亅、乛、乚。本次小调查的结果见表 8-6：

表 8-6　泰国学生笔画掌握情况调查①

排序	笔画	掌握情况	排序	笔画	掌握情况
1	一	68. 3%	2	丨	55%
3	丶	48. 3%	4	丿	45%
5		43. 3%	6	亅	43. 3%
7	¬	38. 3%	8	𠃍	36. 7%
9	乛	23. 3%	10		21. 6%

由表 8-6 可以看出，学习时间为 2 年的泰国学生笔画掌握情

① 表中的百分比为笔画掌握正确率。

况一般，其排序与王汉卫、苏印霞的排序略有不同，本次小调查的笔画掌握排序情况可以作为泰国学生笔画教学提供一点参考。该排序给了我们一个启示，即笔画教学不宜平均用力。对于泰国学习者相对容易记忆和熟悉的笔画，可以花费的时间少一些；而对于笔画价值较高，而学习者不甚熟悉的笔画，教学中可以多花一些力气。

2. 笔画教学的步骤和内容

笔画教学看似简单，其实笔画教学的步骤和教学内容非常丰富。在具体教学中，要展示汉字的笔画、笔顺，念出笔画的名称、明了笔顺的规则，使学生逐渐熟悉汉字的基本笔画和笔顺，通过听觉、视觉帮助学生识记所学的生字。笔画教学的步骤和内容为：

1）第一步：展示笔画

教师展示笔画，并带领学生识认汉字笔画，熟悉笔画形状。笔画的学习不能孤立地进行，要结合具体的汉字来进行，特别是那些运用了汉字基本笔画的常用汉字，如“十”、“木”等。入门阶段的笔画教学要选择笔画少的汉字来教授，顺便学习这些笔画少却常用的汉字。在结合具体的汉字进行笔画教学时，可以把要学习的笔画用特殊的颜色标示出来。

2）第二步：识读笔画

学生不仅要掌握笔画的形状，也应了解一些基本笔画的名称。教师可以带领学生唱读出笔画的名称。当然，这要视具体情况而定。

3）第三步：书写笔画

汉字笔画的书写有严格的规定，不能随意书写。在入门阶段，学生书写笔画时要尽量做到准确规范，如写横时，要从左向右写；写提时，要从坐下向右上书写。形近笔画也要予以区别，如横和提，提和撇等。俗话说：磨刀不误砍柴工，入门阶段打下良好的书写基础，学生会长久受益。

4）第四步：练习笔画

练习的目的是检测学生笔画形状及名称的掌握情况。练习的方法很多：

摹写笔画。描摹笔画，以巩固记忆，加深印象。

拆分笔画。把某个汉字的笔画一一分解出来，如将“大”拆分为横、撇、捺三个笔画。

组合笔画。将不同的笔画通过不同的组合方式组合在一切，组成不同的汉字。如给出横、横、撇、捺，学生可以组成“天”、“夫”等字。

增减笔画。给某个汉字增加一笔或减少一笔，变成新字。

辨析笔画。对于汉字中的形近笔画进行辨析，如“干”和“千”、“土”和“士”。

数算笔画。让学生计算汉字的笔画，由此也可以理解学生对于笔画的掌握情况。

辨析关系。笔画之间的关系有三种，要引导学生注意笔画之间连接、相离、交叉等不同关系。

5）第五步：练习笔顺

汉字书写要依照7个基本笔顺：先横后竖、从上到下、从左到右、从外到内、先内后外再封口、先中间后两边。笔顺的基本规则虽然并不复杂，但是结合到具体的汉字，情况就比较多样复杂。如“先中间后两边”的规则适用于中间部分是汉字的主体部分的汉字，如“小”、“水”、“办”等，而不适用于中间部分为非主体部分的汉字，如“川”、“班”等。一些形近汉字的笔顺差异也的确存在，如“刀”和“九”，前者是后写撇，而后者是先写撇。这类汉字需要教师和学生予以特别的关注。

6）第六步：结合独体字教学进行笔画教学

教授（或复习）笔画和笔顺的阶段应与教授独体字结合起来进行。

3. 笔画教学的课堂活动

本研究者将汉字课堂教学中笔画活动进行了梳理和归类，如表 8-7 所示：

表 8-7　笔画笔顺活动练习一览表①

	笔画笔顺活动	活动样例
A	笔画数量活动	1. 数笔画 2. 将笔画数相同的汉字进行归类 3. 按照笔画数的多少排列汉字
B	巩固笔画活动	1. 识别含有某个特定笔画的汉字，如笔画“丿” 2. 用特定笔画（如“丨”和“一”）组成汉字 3. 用特定笔画数（如 3 笔）组成汉字 4. 笔画加减变新字，如： 人—（　）—（　）日—（　）—（　） 人—（大）—（天）日—（白）—（百） 5. 笔画改错：将学生容易写错的汉字写在黑板上，同学双人一组讨论并写出正确汉字 6. 笔画名称训练：笔画与笔画拼音分两列排列，将两者进行连线 7. 教师说出笔画名，学生在空中书写 8. 找出汉字中以横起笔的复合笔画（如横折） 9. 比较形近笔画（如横和撇） 10. 笔画补缺，将汉字的某个笔画去掉一笔，让学生补齐
C	巩固笔顺练习	1. 找出特定笔画，如汉字“门”的第二笔是什么笔画 2. 按照正确笔顺将汉字写出来

二、部件教学的设计

1. 部件的选择与称说

不同的部件在使用频率、构字频率方面存在明显的差异，因此部件也存在着效应递减的特点。据统计，《留学生长期进修汉字教学大纲》中出现的汉字部件构字数大于 10 个的部件从高到低依次是：扌、氵、亻、忄、口、讠、木、纟、辶、艹、土、月、贝、

① 本表的设计参照了由高等教育出版社出版、由邓秀均、田艳编写的《体验汉字·入门篇》。

女、火（灬）、日、钅（金）、刂（刀）、足、疒、竹、禾、阝（左）、衤（衣）、犭、宀、目、石、页、车、力、攵、虫、广、马、米、彳、冫、王、酉、山、饣、礻、巾。这也从一个侧面提示我们，教授高频部件是部件教学阶段一个十分重要的原则。

本研究者根据《留学生长期进修汉字教学大纲》，对构字数位居前10位的部件进行了调查，请泰国学生写出这10个部件的名称和意思。调查情况如下：

调查对象：泰国中学生和大学生，平均年龄20.2岁

调查人数：43人，平均学习汉语时间2.5年

本次小调查的结果见表8-8：

表8-8 泰国学生部件掌握情况调查①

排序	部件	掌握情况	排序	部件	掌握情况
1	口	81.4%	2	木	74.4%
3	氵	69.8%	4	亻	65.1%
5	扌	58.1%	6	艹	41.8%
7	忄	39.5%	8	讠	34.9%
9	纟	30.2%	10	辶	27.9%

由表8-8可以看出，学习时间为两年半的泰国学生部件掌握情况的排序与《留学生长期进修汉字教学大纲》排序略有不同，且掌握情况差异也不小。该数据给了我们一个启示，即部件教学不宜平均用力。对于泰国学习者相对容易记忆和熟悉的部件，花费的时间可以少一些；而对于熟悉程度较低的部件，教学中可以多花一些力气。

部件可以分为成字部件和非成字部件。在现代汉字系统中不能独立成字的部件即非成字部件，这些部件只能和别的部件组合

① 表中的百分比为笔画掌握正确率。

成字。由于非成字部件的数量较多，因此如何对这些部件进行称谓，是汉语教师不得不面临的问题。在国际汉字教学中，非成字部件的称谓有一些原则[①]：1）有通行俗称的，采用俗称。如“辶”称为“走之”。2）有多种俗称的，采用含义明确、结构简单、比较通行的称说。如“纟”俗称“绞丝旁”、“绞丝”等，可选用“绞丝旁”。3）没有俗称的，取代表字及部件所在位置进行称说，即所谓的“借字称说”。如“丷”有的工具书上称为“倒八”，不过本研究者认为，称作“羊字头”更容易为学生所理解和记忆。4）根据部件的位置命名和称说。一些部件称说规则中还根据部件所在的位置进行了十分详细的规定，如X字头、X字底、X字旁、X字边、X字框、X字心、X字腰、X字身等。本研究者认为上述命名虽然具有科学性和系统性，不过在国际汉语教学实践中，特别在海外汉字教学中，应遵循简明、易记的原则。因此本研究者认为，一些部件的命名可以适当简化，如X字边、X字心、X字腰、X字身等可以统称为X字旁，以便海外（如泰国）汉字课堂教学师生能够快速地加以运用，从而提高汉字教学的效率。

2. 部件教学的步骤和内容

部件教学与整字教学其实是密不可分的，只不过要在部件训练方面多花些功夫。其大致的教学步骤和内容如下：

1）第一步：呈现、讲解部件的名称、含义（如果有含义）

上文提到，面向海外学习者时，部件的名称易简不易繁，以记住为主，不必追求系统性和所谓的科学性。而部件的含义则有必要向学生讲解。如耳刀旁的含义很有来历，左“阝”源于“阜”字，“阜”的本义是土山，原始山坡的象形，从“阜”的字一般与高坡深谷的山地有关，如“陵”、“陡”、“险”；右“阝”源于

① 部分内容参照了邢红兵、张普、崔永华：《对部件称说的建议》，《计算机世界》，1998年4月27日。

“邑”。“邑”的本义是国家，从“邑”的字一般与地方有关，如“邦”、“都”、“郊”。有的姓与地名有关，所以也带右“阝”，如“邓”、“郑”、“郭”。

2）第二步：讲解部件在汉字中的位置

常用部件在汉字中的位置有时是高度稳定的，教学中应告诉学生这一点，以节省学生记忆空间。如“氵”、“忄”一般出现在汉字的左半部分，而“艹”、“⺮”一般出现在汉字的上半部分。

3）第三步：讲解部件的形变

有些部件是由独体字演变过来的，其含义也与这些独体字有关，所以教师可以将由独体字演变过来的部件与原来的独体字进行系联讲解，从而使学生对部件的外形和含义有更深一层的认识。

如可以讲解“心→忄”发生形变的关系，见图 8-3：

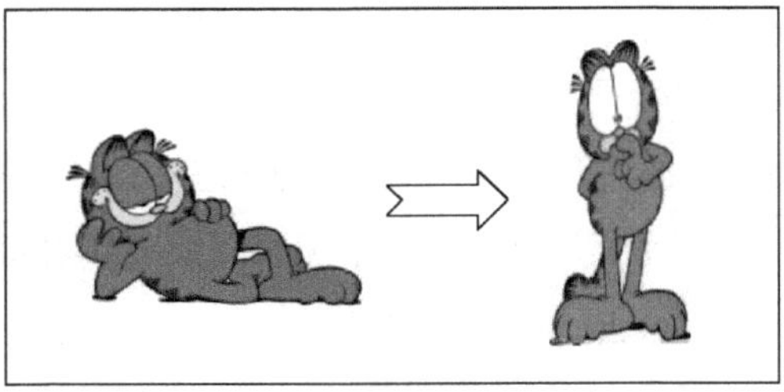

图 8-3　部件形变“心—忄”关系示意图

其他的常见部件形变有：

人（亻），刀（刂），水（氵），手（扌），爪（爫），犬（犭），火（灬），玉（王），示（礻），衣（衤），肉（月），足（⻊），言（讠），金（钅），食（饣）竹（⺮）

4）第四步：讲解含有某个部件的一批汉字

汉字系联教学法就是根据某些线索将具有相同特质的一批汉字系联起来集中讲解，部件系联是其中最为常用的一种系联方式。

5）第五步：进行部件练习

部件练习的方式很多，此处仅介绍一种：形近部件比较。汉字中有不少字形相近、容易混淆的字，可以将这些字放在一起来比较，通过部件对比和归类，使学习者掌握形近、易混汉字。如"肚"和"肝"（左同右异）、"陪"与"倍"（左异右同）、"室"与"空"（上同下异）、"岩"与"宕"（下同上异）、"趣"和"超"（外同内异）、"兔"与"免"（主体部件相同，细节存在差异）"班"与"斑"（左右同、中间异）等。

3. 部件教学的课堂活动

研究者将部件教学的课堂活动进行了归类，见表 8-9：

表 8-9　部件活动练习一览表

	部件教学活动	活动样例
A	加部件活动	1）在部件右边或下边加部件，组成新汉字，如： 氵—汉、没、汽、汤 艹—草、茶、药、花 2）在部件左边加部件，组成新汉字，如： 青—请、情、晴、精、睛 京—惊、凉、谅、晾 、掠 3）在字的任何位置加部件，组成新汉字，如： 方—放、访、房、防、纺、旁 舌—乱、甜、活、话、适、刮
B	减部件练习	1）将汉字减去左边部件，组成新汉字，如： 他、停、们、体 2）将汉字减去上面部件，组成新汉字，如： 花、苹、草、药
C	组合部件练习	1）双部件组合 木+对=？广+木==？、日+寸=？、 2）多部件组合 用"女、亥、讠、子、扌、丁、舌、羊、氵、礻"可以组合成哪些汉字？答案：好、该、孩、打、订、话、活、括、详、洋、祥等
D	拆分部件练习	将汉字拆分成几个学过的部件 如："熄"可以拆成"火"和"息"两个部件，而"息"又可以拆分为"自"和"心"两个部件
E	部件拼音组合	给出含有某个部件的汉字的不同拼音，让学生写出汉字 如给出"交"字，同时给出"yǎo、xiào、jiāo、jiǎo"四个拼音，要求学习者写出"咬"、"校"、"跤"、"饺"等字

三、整字教学的设计

整字教学中一般先教一些比较简单的成字部件（独体字），这样既可以为合体字的部件分析打下基础，又便于在教合体字时帮助学生复习学过的独体字。如“口、王、日、月”等构字率高的独体字可以先教，为以后的汉字教学作铺垫，然后再教这些基本字组合成的合体字，使学生联系旧字学新字。

1. 独体字的教学

李大遂提出，应该从字形、字音、字义三个方面使学习者理解并掌握汉字的系统性，从而深化汉字教学[①]。因此独体字教学可以注意汉字音、形、义之间的关联。具体教学步骤如下：

第一步：呈现汉字的读音、字形。

第二步：运用各种手段（如翻译、图片等）讲解汉字的意义。

第三步：进行巩固练习。

第四步：如果需要，进行组词、造句练习。

图 8-4　建立独体字音、形、义之间的联系

当然，独体字的学习应该结合具体的语境，并将形近汉字的比较、错别字的辨析等纳入到教学设计中，从而可以帮助学习者

① 李大遂：《突出系统性，扩大识字量》，《语言文字应用》，2004 年第 3 期。

更好地识记汉字、书写汉字。下面是一个独体字的辨析练习：

题干：下列每组有四个词语，其中一个词语里边有错别字，请找出来。

例子：a、下午 b、地万 c、女儿 d、本子

练习：a、中牛 b、日本 c、白天 d、本来

这样的练习设计旨在巩固学生对于独体字的记忆和辨析，通过这种练习形式提醒学习者时刻避免类似错误，从而提高独体字识读的正确率。

2. 合体字的教学

合体字的教学一般是依托于某种系联关系开展，比如依托语境、依托部件、依托语义等。以教授含有“氵”的汉字（活、游、港、汗、满、演）为例，可以采取如下步骤[①]：

第一步：复习偏旁“氵”的读音和含义。

第二步：学习几个带“氵”的汉字，同时让学生对这几个汉字的形音义建立完整概念。

第三步：分析这几个字的结构特点，并带领学生认读这些汉字。

第四步：给出其中较难书写汉字的笔顺，让学生练习摹写汉字，如：

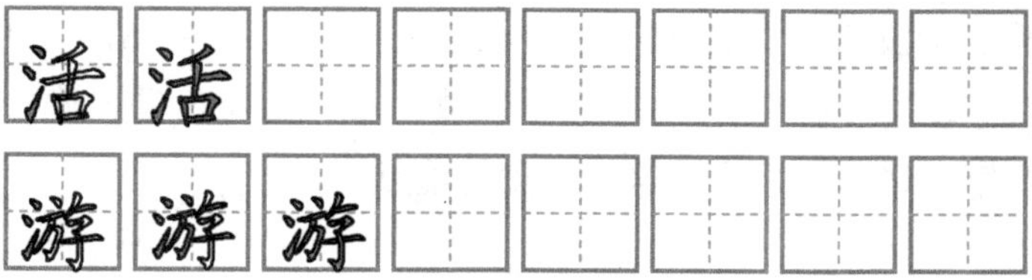

第五步：设计单字练习，使学习者建立字内联系（如音—形联系、形—义联系）。如：

① 本小节的汉字练习参照了田艳、邓秀均编写的《体验汉字·提高篇》。

题干：看拼音，写汉字。

mǎn（　　）　gǎng（　　）　hú（　　）　huó（　　）

第六步：学习由这些汉字组成的词语，如“旅游”、“香港”、“生活”等。

第七步：设计词句练习，使学习者建立字外联系。如：

A. 请根据提示写出这组学过的词语。

1. 一个城市（2个字）　　2. 一种职业（2个字）

B. 填字组词。

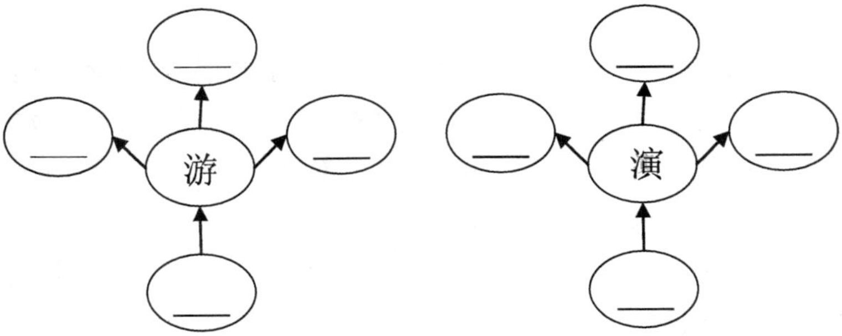

C. 读句子。

1. 我对这个房间很满意。

2. 昨天晚上的演出很精彩。

3. 一个人去旅游有时候能发现很多有趣的事情。

整字阶段的教学也要区分同音近音字和形近字，如“为”—“未”、“义”—“宜”、“制”—“致”等。同时组词、读句等练习及汉字词语的运用也是这一阶段的重点。

四、词语教学的设计

汉字具有“以字组词”的功能，“字根扩展识字法”应运而生①。汉字教学应重视词语的教学，突出汉语词语构成的特点，真正做到字不离词。词语教学的形式比较丰富，如填字组词（生字开花的方式）、词语接龙、看图片写词语等。下面是《体验汉语·入门篇》中几个词语练习的教学设计：

1. 组词练习

来源：《体验汉语·入门篇》第九课“综合练习”的第2题。

题干：填字组词。

例子：

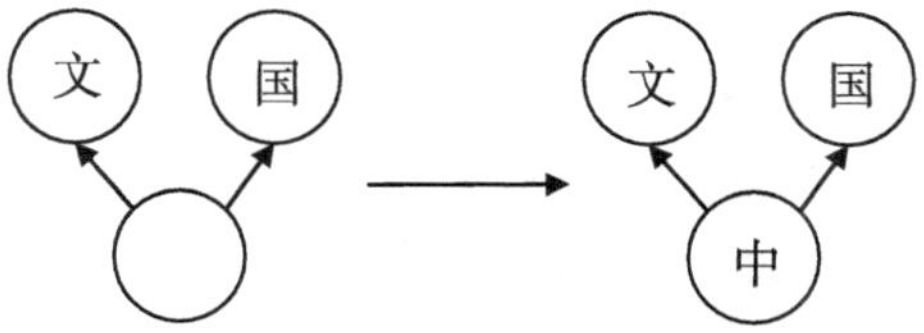

练习：

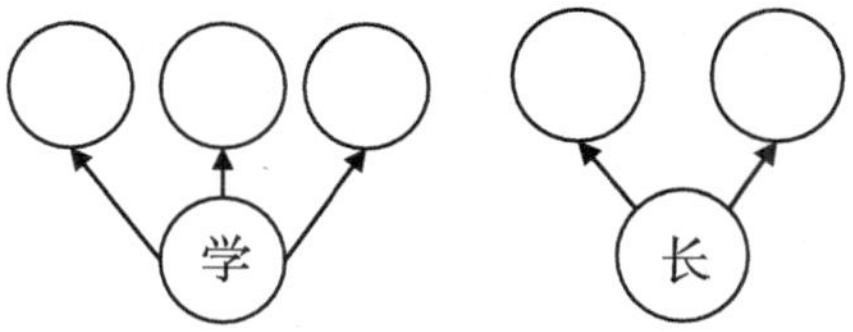

这一教学形式非常新颖灵活，利用倒三角、生字开花的形式来让学习者以字组词。学习者在做这一练习时，要注意箭头的方向，因为它表示词语中汉字的排列顺序。顺序不同，所组词语就不一样。

2. 词语接龙

来源：《体验汉字·提高篇》第十三课“扩展提高”第二题。

题干：用第一个词语中的任意一个字组成第二个词语，再用第二个词语中的任意一个字组成第三个词语，按照这个方法将词语接下去。

① 田艳：《关于对外汉字教学层次性原则的思考》，《汉字文化》，2009年第1期。

例子：工作—作文—文化—文明—明天

练习：玉米：　　　　改变：　　　　流行：

在上面的练习中，学习者用所给词语中的一个汉字依次组成新的词语。根据汉字水平的不同，学习者们所组的词语也可能不一样。因此，通过这一练习，学习者可以巩固并掌握更多的词语。

3. 看图学词语

来源：《体验汉字·提高篇》第九课“字词读写”第一组练习C。（所学词语有：抽烟、提包、手提电脑、握手……）

题干：看图片，写词语。

练习：

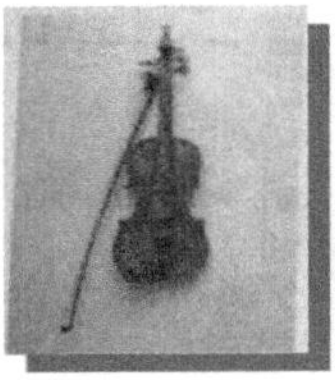

1. ________

2. ________

3. ________

4. ________

这一活动是给出图片，学习者只要认识图片中的人或物，就能完成词语练习。以图片的方式给学生提示，形象生动，避免满篇汉字给学生造成的视觉疲劳。

4. 词语练习板书设计

下面是词语活动的板书设计，见图 8-5：

汉字	词　语
子	本子、桌子、筷子、杯子
小	小学、小门、小朋友
店	书店、商店、花店、饭店
美	美国、美好、美丽、美女

图 8-5　词语教学板书

由上图可知，利用词语扩展的方式练习词语、设计板书，整体效果清晰、有效。

第三节　泰国汉字课堂教学游戏

一、在泰国汉字教学中开展游戏教学的原因

语言教学中的游戏，“狭义上指在语言课堂教学中为了调动学生积极性，巩固运用所学语言知识，以趣味性、多样性和灵活性的内容穿插于课堂教学过程中的语言活动”①。有学者认为语言学习是非常枯燥的，游戏可以帮助和鼓励许多学生培养兴趣。②游戏教学与其说是教师的一种教学方法，不如说是提供给学习者的一种学习方法。这种方法将学习与学习者在游戏中体验的自由选择的情感结合起来，使学习者不是为了学习的结果，而是为学习活动本身的乐趣而学习，“游戏能使课堂时间充满意义和乐趣”③。

在泰国汉字课堂教学中开展游戏教学有以下几个方面的考虑：

1. 符合泰国“寓教于乐”的教育理念

前文已经提及，泰国汉语教学注重“寓教于乐”（见第二章第一节“泰国教育制度和教育理念”），以学习者综合素质的提升为教育宗旨。课堂游戏教学正是以学生自己的活动为中心，使学生处于自觉的主体地位，调动学生运用脑、手、口广泛地进行信息交流，为学生积极探求知识、发展能力提供广泛的空间和深度。

---

① 曾健：《游戏在二语习得和教学中的应用》，《湖北成大教育学院学报》，2006年第3期。

② David Whitebread：《小学教学心理学》，赵萍、王薇译，北京：中国轻工业出版社，2002年。

③ Louis Cohen，Lawrence Manion and Keith Morrison（1996），*A Guide to Teaching Practice*，4th ed. London：Routledge Press，p. 55.

2. 符合泰国学习者的学习习惯和学习特点

泰国学习者在泰国教育理念的影响下，活泼好动，更愿意接受自由、快乐的教学方法。因此应“结合泰国儿童的第二语言语言习得的特点和认知方式的特点，在教学实践中，以‘乐学’为主旨的情感教学法应该得到重视和充分运用。”①

好奇心、胜任感等能激发学生的内驱力，“学习的最好刺激乃是对所学材料的兴趣”。游戏正是基于对学生学习的内在心理倾向的重视而设计出来的，以充分挖掘学生学习动机。因此教师在教学过程中，在充分考虑学生认知因素的同时，应充分发挥情感因素的积极作用，注重从知情交融的教学活动中的“情感”角度来设计相应的教学方法，以体现“乐学”思想②。

> 泰国学生在课堂上比较自由，往往一节课下来，老师嗓子喊哑了，课程也没多大进度。很多老师按照国内中小学的课堂模式，老师满堂灌，要求学生一言不发、一动不动地认真听课，这种模式在泰国基本上很难实现。泰国的中小学课堂，不是学生配合老师，而是老师“配合”学生，因此趣味教学最能吸引学生。（泰国汉语教师小李）
>
> 有趣的游戏可以使学生的注意力集中，能于无形之中帮助学生理解记忆学习内容。我在教学的过程中，各种不同的游戏点子被不断地激发出来。（选自汉语志愿者教师小陶工作总结）
>
> 对泰国学生采取灌输式的教学是万万不行的。他们特别贪玩，最好的方法就是“带着他们玩”，让他们在轻

① 卢桂芝、孙玉卿：《情感教学原理在泰国儿童汉字教学中的运用》，《湖南科技学院学报》，2010年第11期。

② 卢家楣：《情感教学心理学》，上海：上海教育出版社，2006年。

松的游戏氛围中学习。举一个我常用的游戏例子："跟读游戏"。在学习字词之后，要巩固已学的字词，于是教师将全班分成几个组，采用老师读三遍学生们读两遍，老师读一遍学生们不读的游戏方式，哪个组有同学多读了则扣分，让学生们反复记忆新词。小孩子的集体荣誉感很强，大家都会掰着手指头仔细数着老师读了多少遍，还小心监督着周围的组员不能读错了，所以大家都很专心。(泰国暖武里府汉语教师小周)

3. 符合汉字教学的规律

前文也探讨过汉字具有复杂难学的特点（见第三章第一节"泰国学生汉字学习的优势及难点"），对于认知方式不同的泰国学生来说，汉字是一个不小的困难和障碍。其实汉字本身充满了规律和"密码"，这些规律和密码需要学习者去探索、去发现。因此泰国汉字课堂教学在结合教学大纲的同时，要根据他们的兴趣爱好，合理设计安排游戏教学，以帮助学生乐于发现汉字本身的乐趣和规律。

二、泰国汉字教学游戏案例

游戏教学是正规课堂教学的一种辅助性手段，运用游戏是为了更好地完成教学任务。因此，教师应该清楚每个游戏的教学目的，不能为游戏而游戏，为热闹而热闹。

设计汉字课堂游戏应该注意三点：1）在课堂教学的准备阶段，为了提高学生的主动性、参与性，应该对游戏的趣味性、合作程度及游戏规则予以充分考虑；2）在课堂教学的中心环节，在充分理解汉字教学内容和汉字教学特点的基础上设计游戏；3）在游戏结束后，教师可以根据情况，适当地总结一下其中的理论内涵，让学生在享受游戏快乐的同时，使他们掌握的汉字技能再一次得到巩固和升华。

研究者根据自身的教学实践和理解，归纳整理了如下的汉字游戏：

1. 游戏案例 A：快速指认

游戏步骤 1：教师将学生学过的汉字和词语与没有学过的生字词混合在一起，写在一组格子中。

游戏步骤 2：教师指到哪个字，学生就要迅速读出其字音。或者教师读字音，学生迅速说出字所在的位置。比如教师说出“果”的读音，学生要说出 C3 以表明自己认识这个汉字。

图表如下：

	A	B	C	D	E	F
1	鱼	羊	山	明	汉	开
2	比	刀	自	肉	出	文
3	音	可	果	间	飞	因
4	成	问	加	语	坐	多

游戏理论基础：该游戏是训练学习者建立形—音联系。教师可提供一些干扰字词，以增加难度，从而使学生进一步确认自己对汉字的掌握情况。

2. 游戏案例 B：组合汉字①

游戏步骤 1：学生双人一组。教师将本课所学的含有提手旁的汉字的右边部件写在一个大钟表的时间点上。

游戏步骤 2：学生将提手旁和其他的部件迅速进行组合，看能否组成正确的汉字，组成汉字多并正确读出读音的小组获得胜利。

游戏理论基础：该游戏考查学生部件组合拼成新字的能力。

① 该游戏由国际汉语教育硕士于懿兰、徐晓提供。

由于游戏采用了钟表的形式，因此十分新颖、生动。

3. 游戏案例 C：笔画数列队比赛

游戏步骤 1：全班分为几个小组，每组 5 个人。教师为每组学生分配 5 个字，每个学生分到一张字卡。

游戏步骤 2：教师请学生们在黑板前根据手中汉字的笔画数由少到多站成一队，哪组没有错误、用时最少，哪组获胜。

人 ⟶ 小 ⟶ 文 ⟶ 田 ⟶ 多

游戏理论基础：该游戏训练学生对于笔画笔形的准确分辨，并对汉字笔画数量进行准确的数算，同时能进行汉字间笔画数的比较。

4. 游戏案例 D：找字中字

游戏要求：请学生找出“重”、“果”等汉字中所包含的汉字。

重　　**果**

游戏理论基础：不少汉字中包含了很多其他的汉字。如“田”字中就包含了“一”、“二”、“三”、“土”、“干”、“王”、“旧”等汉字。该游戏实际上是培养学生发现汉字中笔画的搭配关系和部件的组合关系，从而使得枯燥的汉字学起来生动有趣，并提高他们对汉字细节的关注力。

5. 游戏案例 E：分类找字

游戏步骤 1：准备四个篮子，上面分别贴有“家具”、“餐具”、“植物”、“文具”字样。

游戏步骤 2：将与“家具”、“餐具”、“植物”、“文具”相关的词语 20 个左右混合放在一起。

游戏步骤 3：请学生将分好类的词语放进四个不同的篮子里，哪组放得又快又对，哪组获胜。

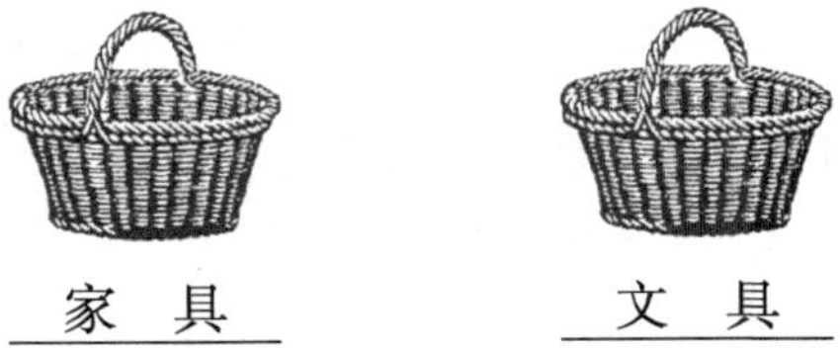

游戏理论基础：汉字教学中有一种是“事物分类教学法”，该教学法依据语义关系，将一些语义相关的字词组合在一起进行教学。该游戏考察学习者对某类字词的认读能力及语义掌握能力。

6. 游戏案例 F：开火车①

游戏要求：教师准备若干常见的偏旁卡片，如“讠”、“纟”、“忄”等，这些偏旁做“火车头”。学生在空白卡片上写出含有某个偏旁的汉字，做火车车身。五分钟后，看看哪组的火车最长。比如，由“讠”组成的火车包括“谈”、“讲”、“话”、“请”、“订”等。

讠——谈——讲——话——请——订

游戏理论基础：该游戏运用的是部件教学法，考查学生对于包含某一部件的汉字的积累和掌握情况。

7. 游戏案例 G：做扑克

教学步骤 1：每组两个学生，教师为每组学生准备两盒部件卡，一盒为汉字左边的部件（如扌、氵、亻等），一盒为汉字右边的部件（如丁、工、尔等）。

教学步骤 2：请学生分别从两盒中各挑出一个部件，看看能否

① 下面几组汉字游戏均参见田艳、邓秀均编写的《体验汉字·提高篇》，北京：高等教育出版社，2010 年。

组成一个新字。

教学步骤 3：如能组成新字，就写在空白的扑克上。

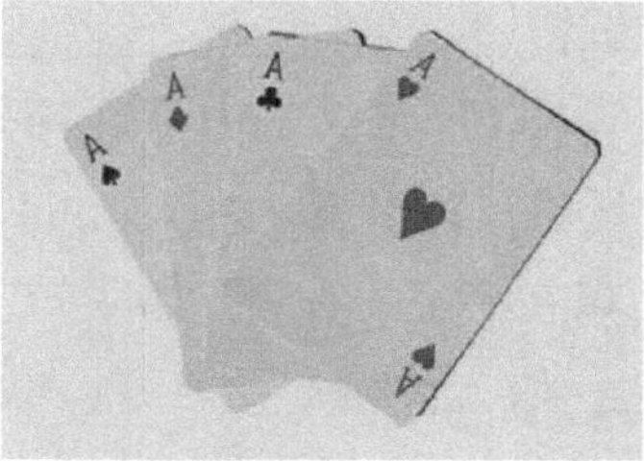

游戏理论基础：该游戏运用的是部件教学法，运用部件组合的方式考查学生合体汉字的掌握情况。最后要求学生将组合的结果（新的汉字）写在空白扑克上，会使学生有一种成就感。

8. 游戏案例 G：奇妙的“点儿”

游戏要求：两人一组，按照要求将含有“、”的汉字写在下面的横线上，看看 3 分钟内，哪组写的汉字最多。

含有 2 个点儿的汉字：冬______________________

含有 3 个点儿的汉字：头______________________

含有 4 个点儿的汉字：雨______________________

含有 5 个点儿的汉字：热______________________

游戏理论基础：“、”是一个很不起眼儿的笔画，但是在汉字中却很常见，很多汉字都含有“、”，而且不止一个，因此可以利用汉字的这一特点设计教学游戏。该游戏意在培养学生对于高频笔画“、”的关注力，从而在书写和认读中能够区别汉字的细微差异。

9. 游戏案例 I：奇妙的“口”

游戏要求：请根据要求写出含有“口”的汉字。

“口”在上边：______________________

“口”在下边：______________________

“口”在左边：______________________

"口"在右边：____________________

"口"在中央：____________________

"口"在其他位置：____________________

游戏理论基础："口"是汉字中出现频率最高的汉字之一，"口"在汉字中的位置也灵活多变。"口"可以在汉字的左侧，如"喝"、"唱"等；可以在汉字的右侧，如"知"、"和"、"加"等；还可以在汉字的上边，如"员"、"吴"等；也可以在汉字的下边，如"告"、"容"等；还可以在汉字的中央，如"燕"、"商"等；"口"在其他位置的字有"器"、"哭"等。该游戏针对使用频率颇高的部件"口"的位置的变幻多样的特点而设计，使学习者能够通过游戏关注"口"在不同汉字中的灵活位置。游戏旨在培养和开发学习者探索、发现的学习意识。

10. 游戏案例 J：闪电记汉字

游戏方法 1：将生字卡片以很快的速度在学生面前闪过，闪现的时间可根据汉字的难易程度及学生的水平来确定，让学生立即写下来，看谁写得多、写得对。

游戏方法 2：在 PPT 上做出表格，表格内有若干汉字（如 9 个、12 个、16 个）。快速闪现 PPT 页面，然后让学生回想 PPT 上的汉字，并书写下来。

游戏理论基础：该游戏考查学生短时记忆能力以及对汉字字形的熟识情况。由于每次闪现的汉字具有未知性，因此对于学习者来说具有较大的吸引力。

11. 游戏案例 K：BINGO 游戏

游戏步骤：老师选出 9 个词语（比如食物、动物、国家等），让学生任选 9 种填到九宫格中。老师每说出一个词语，学生就在自己的格子上划掉那个词语，直到划掉的词语中有三个可以连成一条线。[①] 最先划出一条线的学生获胜，并要在口中喊出“BINGO”一词，以示获胜。

如果学生汉字能力有限，选 5 个汉字或词语开始做游戏也是可以的；如果学生水平较高，也可以升级为 10 个字词或者更多的词语。

游戏理论基础：该游戏从表面上看参与者需要一定的运气因素，不过学生如果对于教师读的词语不熟悉，也很难正确快速地将教师所读词语识读出来并划对，更不要说能正确发现和判断三个词语是连成一条线的。

本章小结

本章的内容是泰国汉字课堂教学设计与教学活动，旨在为泰国汉字课堂提供具体的、可操作性的指导。

第一节为泰国汉字课堂教学情况的调查。研究者针对汉字课堂教学方法，对泰国大学生和中学生进行了调查。研究发现，泰国学生普遍认为学习汉字对于学习汉语具有较大的帮助，并认为汉字很重要。在汉字课堂教学方法方面，中学组和大学组都认为教师应该系统讲解汉字知识、讲解形声字形旁和声旁规律，讲解笔顺合拆分部件。所不同的是，中学组学生认为游戏教学也很重要，而大学组对于游戏教学的数值则略低一点。

---

① 马牧原：《针对泰国中小学生适用的对外汉语教学法探讨》，《安徽文学（下半年）》，2009 年第 11 期。

第二节为泰国汉字课堂教学设计。该小节分为四个部分：笔画教学、部件教学、整字教学以及词语教学。笔画教学的设计部分分析了：1）笔画的选择与称说。由于汉字笔画在使用频率和综合价值方面存在巨大的差异，因此教学中笔画的选择就显得十分重要。2）笔画教学的步骤和内容。研究将笔画教学分为展示笔画、识读笔画、书写笔画、练习笔画、练习笔顺、将笔画教学与学习独体字相结合几个部分。3）笔画教学的课堂活动。文章将笔画笔顺的活动和练习从笔画数量活动、巩固笔画活动及巩固笔顺三个方面进行了归纳。部件教学的设计部分讲解了：1）部件的选择与称说。研究认为，在海外汉字教学中要选择高频部件进行教学，同时部件的称说不需要过于复杂或追求所谓的科学性和系统性，以学生能掌握为主。2）部件教学的步骤和内容。部件教学步骤和内容可分为：呈现讲解部件名称和含义、讲解部件所在位置、讲解部件的形变、进行部件练习。3）部件教学的课堂活动。从部件组合、部件拆分、部件拼音组合等几个方面对部件教学活动进行了梳理。在整字教学的设计部分，分别从独体字和合体字两个方面进行了教学设计。在词语教学的设计部分，介绍了词语扩展、生字开花、词语意义训练等教学方式。

第三节为泰国汉字课堂教学游戏。该节首先分析了在泰国汉字教学中开展游戏教学的原因。游戏教学符合泰国“寓教于乐”的教育理念，符合泰国学习者的学习习惯和学习特点，也符合汉字教学的规律。随后以案例的形式，介绍并分析了几组汉字教学游戏，如快速指认、开火车、做扑克等。这些游戏以生动、趣味的方式或针对音形关系进行训练，或对汉字部件进行组合，或对字词进行拓展。游戏教学会为泰国汉字教学注入鲜活的信息，是中小学汉字教学活动中不可或缺的一部分。

第九章　泰国汉字教学资源的分析与思考

教学资源是一个较为宽泛的概念，是指为实现教学目标，发展学生语言运用能力所使用的媒介与物质条件。传统的纸质教学材料无疑是重要的教学资源，此外教学资源还包括语言教学设施、音像及多媒体材料、网络信息、工具书、课外读物、挂图、字卡、图片等[①]。汉语教学资源承载了汉语教学的内容，有助于教师开展教学活动，能增进学生课内外学习语言的乐趣，提高汉语学习的效率。教学资源对于汉字教学有着至关重要的作用。

目前泰国汉字教学的教学资源还没有得到应有的关注，其数量和种类都较为缺乏，可以说无法满足教学的基本需求。不过，泰国教育部门于2010年在《高等教育促进汉语教学战略计划》指出，要“研发高质量的汉语教材、多媒体教具”[②]，虽然这是针对高等教育阶段的汉语教学而制定的政策，不过也可以看出泰国教育部门希望在汉语教学资源和汉字教学资源的建设方面有所发展。

在汉字教学资源中，汉字教材是非常重要的一种资源。“泰国的教学一般以教材为主线，此外也有CD、图片、卡片、电视等媒介，但只起到辅助学习的作用。泰国的教学手法还是以老师传授和解释教材为主，因此泰国社会对教材的认可度高于任何教学手段”。[③] 教材具有系统性、规范性及实践性等特点，可以较为明显

---

① 田艳：《国际汉语课堂教学研究——课堂组织与设计》，北京：中央民族大学出版社，2010年。

② 泰国教育部高等教育委员会国际高校合作战略局：《高等教育促进汉语教学战略计划》，曼谷：Bangkok Block出版社，2010年。

③ 柯绣球（泰）：《泰国大学汉语教育教材使用情况调查分析》，广西大学硕士学位论文，2011年。

地反映出学科的发展水平和教学思想。如果说泰国汉字教学较为滞后，那么泰国现有汉字教材以及汉语教材中汉字部分的编排和设计则更加滞后、薄弱，教材落后于教学的现象已经成了迫切需要解决的问题。

以往对外汉字教材的分类并不多见，在不多的分类中，卢小宁对汉字教材进行的分类具有一定的影响力①。该研究将对外汉字教材依据如下标准进行分类：从汉字字源的角度、从配合主教材的角度、从强化汉字的角度、从词语的角度这样几类。本课题认为，这一分类在国际汉字教学迅猛发展的今天有待进一步予以完善。对汉字教材进行科学的分类，有助于更好地完善现有汉语教材中的汉字教学部分的设计，并编写出更适合海外本土情境的汉字教材。

本课题在前人研究的基础上，将汉字教材分为三大类别，第一类是综合类汉语教材中汉字教学的内容，即“依附型汉字教材”。第二类是为综合类教材配套编写的汉字练习册，即“配套型汉字教材”，这两类汉字教材为非独立型汉字教材。第三类是为独立设置汉字课而编写的汉字教材，即“独立型汉字教材”。具体分类，详见图 9-1：

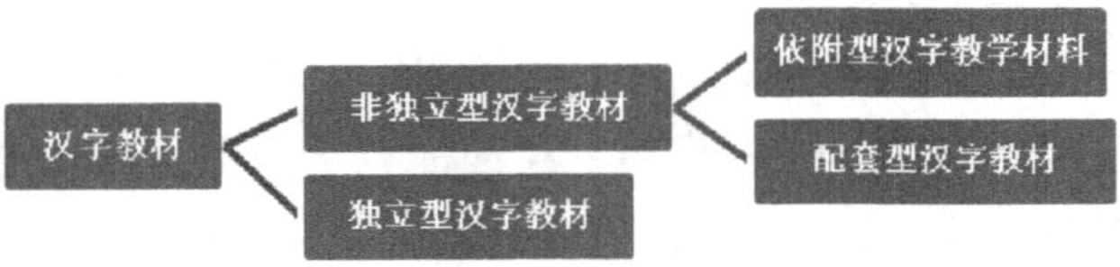

图 9-1　本课题提出的国际汉字教材的分类示意图

为便于叙述，本章将非独立型汉字教材（即依附型、配套型汉字教材）放在第一节中进行分析，将独立型汉字教材放在第二

① 卢小宁：《关于对外汉语汉字教材的思考》，《语言教学与研究》，1998 年第 2 期。

节中进行分析。此外，本章在第三节中分析了泰国汉字辅助教材及汉字多媒体教学资源。

第一节　泰国综合类汉语教材中汉字部分的设计与编写

一、泰国综合类汉语教材中汉字部分的基本情况

目前泰国所使用的综合类汉语教材大概可以分为三类。

第一类：引进自其他国家的教材。这类教材是指直接从中国大陆或其他国家和地区（如中国台湾、中国香港、新加坡、马来西亚等）引进的教材，其中中国大陆出版的教材数量最多。这一类教材中较有影响力的是杨寄洲编写的《汉语教程》以及刘珣编写的《新实用汉语课本》等。当然，近些年中国国家汉办也通过孔子学院向泰国各类学校赠送了大量国内出版社出版的汉语教材。泰国市场上也有一些由汉语翻译成泰语的教学辅助类教材，如《汉语成语短语》、《汉语语法》、《汉字与繁体字的区别》等。

第二类：中泰两国专家合作编写的教材。这类教材中较有影响的要数华侨崇圣大学于2006年与中山大学合作编写的教材《泰国人学汉语》。另外，中国高等教育出版社与泰国教育部合作针对泰国中小学编写的中小学《体验汉语》系列教材①，已成功进入泰国国民教育主流，目前已有超过30万名的泰国中小学生使用这套教材，是泰国中小学使用人数最多的汉语教材。②

---

① 由于《体验汉语》这套教材的主创人员为中国人，所以也有研究者将这套教材划归为中方独立编写的教材，参见陈丽亮、田艳：《对泰国少儿汉语教材的分析与思考——以三套不同类型的汉语教材为例三套》，《汉语国际传播研究》，2012年第1辑。

② 冯忠芳（泰）、吴应辉：《泰国清迈中小学汉语教学调查研究》，《云南师范大学学报》（对外汉语教学与研究版），2009年第4期。

第三类：泰国人编写的教材。泰国学校根据自身的教学情况自编了一些教材供内部使用，如朱拉隆功大学谭国安教授和巴屏·马努迈威汶教授编著的教材、泰国国立蓝康恒大学使用本校林荣华教授编著的教材，其他的大学如法政大学、清迈大学、博仁大学、东方大学、川登喜大学、曼谷大学大学等也部分采用了自编教材。一些高中，如泰国北榄易三仓中学等也使用自编教材进行汉语教学。

目前泰国汉语教材存在类别繁多、无序建设的特点，各所学校的授课教师自行决定本校所使用的教材。

图 9-2　泰国部分汉语教材

本研究者参考相关文献并结合实地调查，梳理出了部分泰国汉语教材的使用情况（限于篇幅，主要介绍 10 本在泰国较有影响力的教材），从中可以了解到这些汉语教材中汉字部分的设计编写情况（见表 9-1）。

表 9-1　泰国汉语教材及其汉字部分的编写情况

教材名称	出版社	作者	教材基本情况	汉字部分编排情况
《基础汉语》	泰国朱拉隆功大学出版社	泰国作者	该套教材是专门为泰国人编写的初级汉语教材，共六册，在泰国教材中占有重要地位。该套教材以语音、语法、词语、汉字等语言要素的教学为基础，培养学生使用汉语进行交际的能力。	教材的体例和板块中没有为汉字教学预留位置，仅在每课结尾对该课所学的几个主要汉字的简体字和繁体字笔顺进行了演示。此外，教材第一册第 9 课的内容是“象形字”，课文介绍了象形字的基本知识。
《汉语入门》	泰国暹罗中文出版社	泰国作者	该套教材是专门为泰国少年儿童编写的一套系统性教材，可供泰国中小学使用。共六册，每册均配有练习册。	该套教材较为重视汉字教学，介绍了汉字笔画名称和基本笔顺，也介绍了一些象形字的字源。并通过字根扩展，进行短语学习，将字词连接起来。①
《汉语教程》	北京语言大学出版社	中国作者	全套教材共有三册，共 100 课，最初是针对来华留学生编写的通用教材。教材的基本体例是：课文、生词、注释、语法、语音、练习。	每课设计了汉字笔顺演示部分，词语认读中安排了类似于以字为本位的词语扩展认读练习。此外没有关于汉字教学的专门设计。
《新实用汉语课本》	北京语言大学出版社	中国作者	该教材一共 6 册，共 70 课。前四册配有综合练习册。该套教材是中国国家汉办规划教材，在海内外享有很高的声誉。	教材结合了汉字的造字方法，为汉字附上详细的图示和英文注解，让学习者深入了解汉字的构造、演变、意义等。教材设计了一些汉字技能训练，编写了一些汉字文化知识。

① 陈丽亮、田艳：《对泰国少儿汉语教材的分析与思考——以三套不同类型的汉语教材为例三套》，《汉语国际传播研究》，2012 年第 1 辑。

续表

教材名称	出版社	作者	教材基本情况	汉字部分编排情况
《泰国人学汉语》	北京大学出版社	中泰合作	该教材由中国中山大学与泰国华侨崇圣大学合作编写，全书4册，每册都配有汉语练习本。一二册以结构为纲，结合功能与文化；三四册在兼顾语言结构和功能学习的前提下，由日常交际活动向话题讨论过渡。	该教材配套的练习册基本上是对语法、词汇等的复练。练习册中介绍了简体字的笔顺，此外并无关于汉字教学的相关内容。
《快乐学中文》	泰国NAN-MEEBOOKS出版社	中国作者	该教材根据泰国教育部《外语教学大纲》，专门为小学生编写的基础性汉语教材。	教材中附有笔顺表、书写练习、部首讲解等。汉字方面区分了认读汉字和书写汉字。
《体验汉语》	高等教育出版社	主创人员为中国编者	分小学、初中、高中三类。包括学生用书、练习册、教师用书和词语卡片。每课的主要学习内容为：拼音、生词、句型、对话、儿歌、汉字、文化、课堂活动等。	在《体验汉语》小学版和初中版教材中有笔顺规则练习。在众多练习中设计了不多的汉字书写练习和组词练习。
《中文》	泰国詹朱丽出版社	中方作者	全套教材共52册，其中配有《学拼音》课本1—2册及《学拼音教学参考》1册。教材配有泰文注释，融入了一些泰国本土文化。	附有汉字基本笔顺、笔画内容。练习中设有汉字摹写、词语扩展部分，个别造字原理清晰的汉字配有字源解释。

续表

教材名称	出版社	作者	教材基本情况	汉字部分编排情况
《汉语》	暨南大学出版社	中方作者	为海外全日制华文小学一至六年级使用。全套教材共 50 册，包括《汉语》主教材、《汉语练习册》、《汉语教师手册》、《说话》、《汉语拼音》、《汉语拼音练习册》。教学目的是使学生具备汉语听、说、读、写等基本能力。	每课主要内容包括词语、生词、练习—看图选词、听一听（听后从一组词中选词）、读一读（读扩展词语）等。课后有“认一认，比一比”、“字和词”、“读句子”、“有趣的汉字”等练习。
《实用汉语教程》	泰国汪盖岗翁卫星远程教育电视台出版	中泰合作	这套教材是远程汉语教育教材，面向高中一年级及以上的汉语学习者。	教材中没有设计汉字教学的相关内容，不过配有汉字练习册，供学生描写、书写、临摹，以培养学生基本的汉字书写能力为主。

二、泰国综合类汉语教材中汉字部分编写的具体情况

考虑到前人学者多运用统计分析的方法分析泰国汉语教材中汉字部分编写的情况，且对泰国汉语教材中汉字部分的编写多有褒贬，因此本小节拟从编写内容的角度来，对泰国综合类汉语教材中汉字部分编写较为成功的方面进行具体分析。由于泰国各类综合教材对汉字部分缺乏综合性的总体设计，所以此处主要介绍其中汉字知识及练习的编写。

1. 汉字基础知识的介绍

各类综合类汉语教材中汉字部分基础知识的编写多为笔顺、笔画规则、基本字理的介绍。现择几个例子予以介绍。

《汉语入门》较为重视汉字知识的介绍。课文中与汉字有关的板块包括“生词”、“短语”、“拼读”、“偏旁”、“汉字书写”等多

个板块，每册教材都配有汉字笔顺规则表、汉语拼音声韵母拼合表。图 9-3、9-4、9-5 为该教材中汉字知识部分编排的内容：

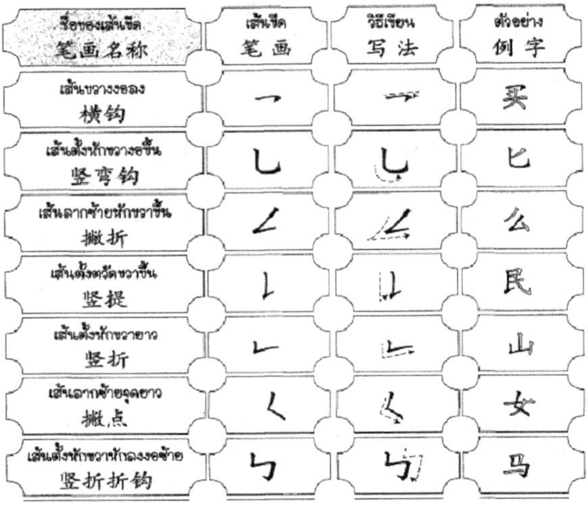

图 9-3 《汉语入门》笔画名称表

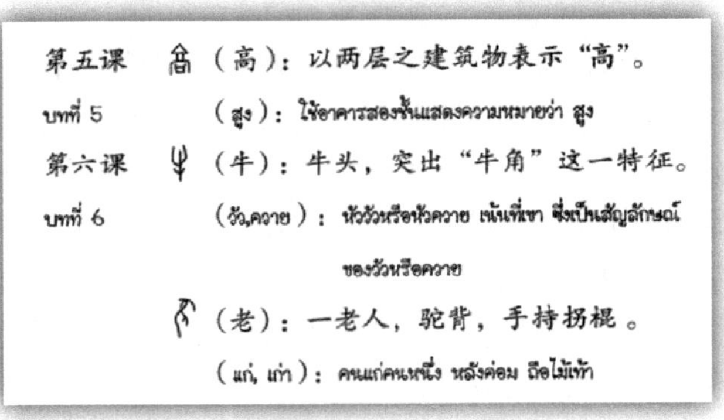

第五课 (高)：以两层之建筑物表示“高”。

บทที่ 5 (สูง)：ใช้อาคารสองชั้นแสดงความหมายว่า สูง

第六课 (牛)：牛头，突出“牛角”这一特征。

บทที่ 6 (วัว,ควาย)：หัววัวหรือหัวควาย เน้นที่เขา ซึ่งเป็นสัญลักษณ์ของวัวหรือควาย

(老)：一老人，驼背，手持拐棍。

(แก่, เก่า)：คนแก่คนหนึ่ง หลังค่อม ถือไม้เท้า

图 9-4 《汉语入门》象形字字理介绍

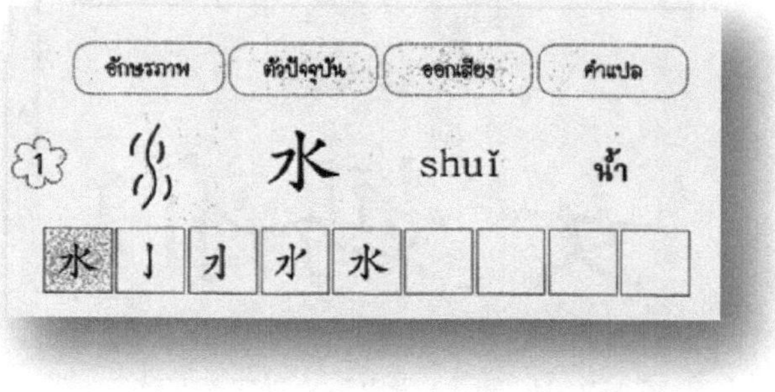

图 9-5　《汉语入门》字理解释

由汉字知识的设置可以看出，该教材比较注重基本笔画的书写规范、基本汉字（主要是象形字）的字理和重点汉字的笔顺。

《快乐学中文》中也设置了笔画笔顺表和趣味汉字类的汉字知识内容（见图 9-6）。

图 9-6　《快乐学中文》趣味汉字讲解

不过，《快乐学中文》中的“趣味汉字”只不过是一些汉字演变的基本情况。教材中的汉字知识内容相对浅显，也不成系统。尽管如此，该教材仍然比那些毫不关注汉字知识的教材在汉字教学的设计方面有了很大的改观。

2. 汉字练习的设计

泰国汉语教材中汉字练习的数量和种类都非常有限，常见的练习题型为汉字摹写、认读字词、拼读部件等，主要为机械性和巩固性练习。详见图 9-7、图 9-8、图 9-9：

图 9-7 《泰国人学汉语》汉字读写练习

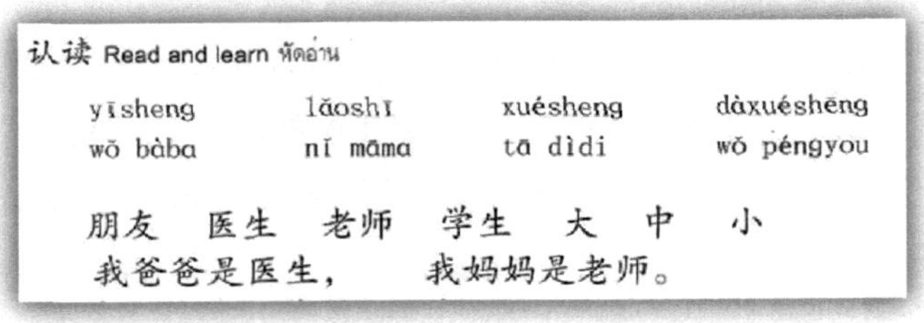

图 9-8 《基础汉语》词语拓展训练

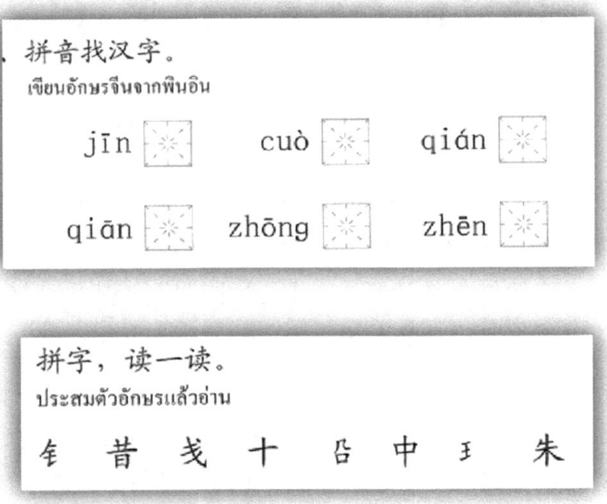

图 9-9 《中文》根据拼音写汉字及部件拼写练习

总体而言，泰国综合类汉语教材中汉字练习是零星分散的设置，由于数量和质量都达不到应有的标准，所以有一丝点缀于教材中的感觉。

3. 泰国综合类汉语教材中汉字部分编写存在的问题

目前泰国并没有专门供泰国学生学习汉字的教材，汉字教学材料主要依据综合类汉语教材。从上文的介绍中我们可以看出，近些年新出版的汉语教材逐渐开始重视汉字教学，不过现有综合类教材汉字部分的编写仍存在不少问题：

1）缺乏总体设计

这些综合类教材比较注重词汇、语法等项目，兼顾功能和结构，因此可以说没有按照汉字教学规律和原则编写教材，缺乏对汉字教学内容的总体设计，以至于汉字部分的编排带有很大的随意性。

2）练习编写方式简单

现存于综合教材中的汉字练习数量很少，练习题型和方式极为有限，基本上是笔顺描摹法、给拼音填汉字等几种极为简单的方式。本研究者认为，应该从“音—形—义”、“字—词—句”、“识—写—用”三个系统进行汉字练习的设计①。同时汉字练习应该具有互动性、趣味性和实用性。

对泰国学生而言，综合类汉语教材中的汉字练习不仅要有笔画、笔顺书写等机械类练习以及各类理解记忆类练习，同时应该设置以实际运用为主的自由型练习。

3）汉字知识的介绍不成系统

现有综合教材一般止步于介绍汉字基本笔画笔顺、基本字源等，缺少对汉字理据性的系统介绍、归纳和总结，至于汉字音、

① 田艳：《国际汉语课堂教学研究——课堂组织与设计》，北京：中央民族大学出版社，2010 年。

形、义规律及构词规律等几乎没有涉及。汉字是表意文字，不能将汉字像表音文字的字母那样去教，这会让以表音文字为母语的泰国学生感觉汉字数量无穷无尽，复杂异常[①]。

4）构词率、字词比不尽合理

现有综合类教材普遍存在汉字构词率低，字词比不尽合理，汉字重现率也很低的情况[②]，因此不利于学习者掌握和巩固。

总体而言，虽然一些泰国汉语教材运用了不少图片，排版也不乏时尚，不过在理论层面，其汉字部分的编写基本上处于我国国内对外汉字教学20世纪80年代末的水准。

三、泰国综合类汉语教材中汉字部分编写的思考

泰国综合类汉语教材汉字教学部分的编写和设计主要是在语文并进模式下进行的，其编写需要遵循以下几个原则：

1. 将汉字教学作为重要组成部分予以重视

综合类教材需要将汉字教学作为与语音、语法、词汇同等重要的部分进行设计。可以为每课列出汉字教学的重点，确定每一课应该教授的重点汉字（分书写和认读两类），并将这些汉字醒目地印在教材的显著位置。另外，要补充设置汉字知识板块以及专门的汉字练习。如果教材在这方面没有进行设计，任课教师需要花费不少时间对教材进行处理。

2. 教学总量和教学难度要适宜

泰国学生汉语课时有限是一个普遍的现象，这也是海外汉语教学的共同特点，这就要求教材编写者在确定汉字教学总量时要

---

① 柯绣球（泰）：《泰国大学汉语教育教材使用情况调查分析》，广西大学硕士学位论文，2011年。

② 吴峰的研究发现，在泰国普遍使用的17套汉语教材中，汉字词汇比偏低，有的教材中词语数量甚至低于汉字数量。字词比最低为1∶0.23，最高也不过1∶3.7；另外，至少有一半以上的教材汉字的平均复现率低且落差大。吴峰：《泰国汉语教材及其本土化研究》，中央民族大学博士学位论文，2012年。

进行严格的控制，使汉字教学活动能在有限的时间内得以完成。因此，教材编写者在考虑每课的字词及其练习的容量时，要以学生一周 1 节或 2 节课（或根据具体情境）内能够掌握的限度为标准。字词不宜过多，在最初的几课，配合课文每课安排 10—20 个左右、使用频率较高、字义透明度较高的汉字为宜。

另外，初学汉语的学生对汉字的兴趣常与学习的成功相联系，这就要求教材的难度不宜太大。不要按照来华留学生的学习水准来要求在泰国本土学习的学生，如生词量太大、练习难度过高等等。这样做，只能使学生在焦虑和失望中逐渐失去学习汉语和汉字的兴趣。

此外，要注重字词的复现率，尽可能在各篇课文及其练习中运用各种方式对所学字词进行重现，适当复现有助于降低教学难度，提高学习效率。有学者提出在汉语教学和汉字教材编写中"应提高汉字与词汇数量比例的期待值"①，所以汉字构词率应是今后泰国汉语教材编写中需要关注的问题。

3. 要善于激发泰国学习者的兴趣

学习兴趣是学生内在的动力，拥有了内在的动力才可以将被动的学习向主动的学习转化，这种变化是通过教材、教师的努力，由外部手段激发出来的。因此对于视汉字为畏途的泰国学生，"无论是在教材编写或是在课堂教学中都要注意激发他们的学习兴趣，在教学活动中使他们整个的心理活动积极化"②，这对泰国学习者汉字能力的形成和发展有着较大的影响。

因此，汉字部分的设计要有趣味性，即在教材内容、练习活动形式以及互动方式方面均需考虑趣味性。

---

① 刘英林、马箭飞：《研制〈汉语国际教育用音节汉字词汇等级划分〉探寻汉语国际教育新思维》，《世界汉语教学》，2010 年第 1 期。

② 李昊：《中泰合作背景下泰国高校汉语教学的发展及问题》，《华文教学与研究》，2010 年第 1 期。

4. 汉字知识要配有泰国语种翻译

前文已经谈到，汉字教学，特别是汉字知识部分需要使用媒介语泰语来讲解和介绍，而现有的综合类汉语教材对于这部分缺乏应有的关注。本研究者在高等教育出版社出版的《体验汉字》除了配有英语翻译，还面向广大俄语圈的汉字学习者，增设了俄语语种的翻译，深受这些学习者的喜爱。同时考虑到广大德语区学习者的学习需求，2014 年该教材也出版了德语译本，在德国区发行。可见，语种的配套使用对于汉字教材的作用是很大的，这也是未来汉字教材发展的一个趋势。

5. 积极建设配套型汉字教材

使用独立型汉字教材需要一些外部条件，如汉字教材较为合理、课时较为充足等，而在综合类汉语教材中设计汉字教学内容，需要在课堂上实行语文并进模式，需要为现有综合类教材动手术，这也并不是一件容易的事。

泰国综合类汉语教材中有一些教材已配有汉字练习册（即配套型辅助教材），这些练习册讲授一些笔画、笔顺、结构分析等简单的汉字知识，或练习汉字的笔顺书写。尽管这类教材并不复杂，这类配套型教材仍是非常有价值的汉字教学资源，是泰国汉语教师汉字教学的好帮手，可以帮助泰国汉语教师掌握一些汉字教学的方法，丰富汉字教学的内涵，减少汉字备课时间。

北京语言大学曼谷学院曾为《快乐汉语》编配了《〈快乐汉语〉汉字练习补充》教材，在第二册中设计了很多组合和分解汉字练习，以加深学习者对汉字结构和笔画笔顺的了解，增强学习者对汉字系统性的认识及书写的熟练程度。另外，由泰国卫星远程教育基金会、泰国中华总商会大力支持编写的《实用汉语教程》也配备了《汉字练习本》。北京语言学院出版社和华语教学出版社联合出版的《初级汉语课本》也有配套的《汉字读写练习》。

本研究认为，为现有的尚未配备汉字练习册的综合类教材编写配套的汉字练习册是目前提高综合类汉语教材汉字教学部分编写水平的一个成本较低又比较有效的方式。尽管如此，这些辅助汉字教材仍然“缺少把汉字作为汉语的基本单位，把汉字的音形义和以字组词作为教学内容。”①，因此无法照顾到汉字编排的科学性。解决好这一问题的关键，就是编写和使用独立型的汉字教材。

第二节 泰国独立型汉字教材的设计与编写

目前在泰国很少见到独立的、遵循汉字教学规律而编写的汉字教材，因此相关研究也处于空白状态。

近些年，国内独立型汉字教材的编写出现了喜人的景象，出版了《汉字突破》、《系统学汉字》、《体验汉字》、《张老师教汉字》、《汉字速成课本》等独立设课的汉字教材。

图 9-10 国内独立型汉字教材

目前国内外出版的独立型汉字教材取得了以下一些成绩：1. 字词选择及系联方式具有一定的系统性。国内出版的独立型汉字教

① 费锦昌：《对外汉字教学的特点、难点及其对策》，《北京大学学报》（哲学社会科学版），1998 年第 3 期。

材汉字选择趋于合理，系联方式也越加丰富多样。[①] 2. 练习编写日益成熟。最初的汉字教材的练习只关注字形的训练，现在的汉字教材逐渐关注多层面的练习，如《体验汉字》教材已关注“形—音—义”、“字—词—句”、“识—写—用”等复合层面的练习。在《体验汉字·提高篇》“形—音—义”的纬度中，“音”的练习题型就有14种，而“形”的练习从笔画—笔顺—部件—结构几个方面进行设计，题型也十分丰富，有28种之多[②]。另外，汉字练习也愈发注重开发学习者的潜能，注重互动性、实践性和趣味性等[③]，这些汉字练习的编写特色值得在编写泰国独立汉字教材时予以借鉴。3. 注重汉字知识编排的合理性。现有的国内出版的独立型汉字教材对汉字知识的系统性、合理性越发重视，从而使学习者能够透过这些科学的分析，对汉字系统有一个更加全面、深入的了解。这正是独立型汉字教材的特色和长处所在。

此外，国外（如法国）在汉字教材的编写方面也探索出了独特的道路。《基础汉语教材》、《汉语语言文字启蒙》、《汉语双轨教程》（法语书名直译过来就是“这就是汉语”）几部教材中汉字部分设计合理、科学，这也使得法国汉语学习者获得了较为坚实的汉字基础和汉语语感。总体而言，法国学生的字写得端正、标准，对于词语的理解和掌握比较到位，与其他西方学生相比，明显接受过良好、扎实的汉字训练，这与多年来法国对汉字教学的高度重视是分不开的，也是汉字教学成果的具体体现。

泰国汉字教材的编写可以借鉴这些相对成熟的汉字教材，并

---

① 田艳：《国际汉字教材编写的创新与探索》，《汉语国际传播研究》，2015年第1辑。

② 刘畅：《对〈汉字速成课本〉和〈体验汉字〉练习的分析与思考》，中央民族大学硕士学位论文，2014年。

③ 王群、梁宇：《国际汉字教学中汉字教学方法的新尝试》，载北京语言大学对外汉语研究中心编《汉语国际教育“三教”问题》，北京：外语教学与研究出版社，2010年。

要结合泰国独特的教育情景加以调适。目前泰国已经将本土化教材的建设纳入到了国家战略规划中①，不过该战略中并没有关注到本土独立型汉字教材的编写。本土化的教材是一种换代的针对性教材，具有全新的意义，因此应该予以高度的重视。

本课题希望在积极吸收以往各类独立型汉字教材的优点的同时，积极将泰国本土因素考虑进来，探索出适合泰国本土情境的成熟的独立型汉字教材。为此，应需要注重以下一些因素：

一、结合泰国学生的学习习惯和性格特点进行编写

泰国学生容易对活动化强、互动性强的教学内容产生兴趣，因此教材首先应具有可操作性，不要只是空讲知识，反复枯燥地进行书写。

本研究者与邓秀均女士合作编写的《体验汉语·提高篇》在体例方面进行了精心的设计，板块十分丰富，注重互动，非常容易将学习者吸引进来②，十分适合泰国学习者的学习习惯。该教材板块设置如图 9-11 所示：

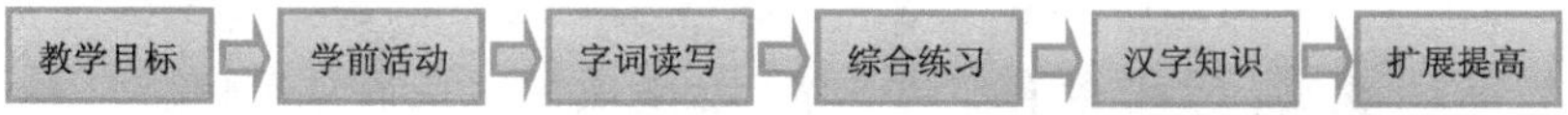

图 9-11　《体验汉字·提高篇》总体结构示意图

《体验汉语·提高篇》每个模块内容如下：

- 教学目标：明确列出每课要学习的汉字、汉字知识点等，帮助学习者明确应达到的学习目标。
- 学前活动：以形式多样的热身活动引发学生的学习兴趣，

① 吴应辉、龙伟华、冯芳忠、潘素英：《促进泰国汉语教学，提高国家竞争力战略规划》（译），《国际汉语教育》，2009 年第 1 期。

② 王群、梁宇：《国际汉字教学中汉字教学方法的新尝试》，载北京语言大学对外汉语研究中心编《汉语国际教育“三教”问题》，北京：外语教学与研究出版社，2010 年。

为顺利开展本课教学做好准备。

- 字词读写：为字词的认读和书写训练。为便于课堂教学，教材将每课的字词分成三到四组，并针对每组内容设计了阶段性的练习。
- 综合练习：为每课全部字词的综合练习及活动。练习形式丰富多样，包括组词、改错、选择填空、辨字、组句、读文等。
- 汉字知识：介绍现代汉字的各种知识和数据，使学生从宏观上对汉字形成更为清晰的认识。
- 扩展提高：该部分又分为“延展阅读”、“课堂游戏”和“生活汉字”三个部分。
- 延展阅读：为幽默故事，使学习者在轻松的阅读氛围中进一步熟练运用所学汉字。
- 课堂游戏：丰富多样的汉字课堂游戏可以起到活跃课堂气氛，充分发挥合作学习的优势等作用。
- 生活汉字：将实际生活中出现的汉字，如门票、标牌、通知、菜单等实用文体中出现的汉字进行认读。将学生带出课堂，去接触真实的汉字，因此具有很强的应用性。

可以看出，“《体验汉字》遵循体验式的学习理念，强调以学习者为中心，注重挖掘学习者内在动机，为学习者提供更充分发挥学习潜力的机会，鼓励学习者直接接触和体验所学内容，在任务和练习中获取经验”①。这一模块设置方式十分适合泰国学习者的学习习惯。

另外，泰国学习喜欢在愉悦的环境中学习，对趣味性十分重视，加之近些年泰国低龄汉语学习者逐渐增加，因此汉字教材的

① 引自《体验汉字》教材的《编写说明》。

趣味性就显得十分重要。泰国汉字教材中采用低龄学习者喜欢的教学法十分必要，如前文所介绍的韵语识字法。另外，泰国汉字教材在版式设计、图片运用等方面也要加以重视，以吸引泰国学习者。

二、结合泰国学生汉字习得规律和偏误特点进行编写

本研究者在泰国的实地调查中发现了泰国清迈大学孔子学院编写的汉字教材《汉字练习》（见图 9-12），该套教材一共十册，内容包括：汉字知识（笔画、笔顺、部件等基础知识）、奇妙的汉字及学习建议等板块。尽管这套教材的总体结构并不复杂，练习题型也并非十分丰富，不过该教材内容清晰、题型实用，为泰国本土独立型汉字教材的编写进行了积极的尝试。

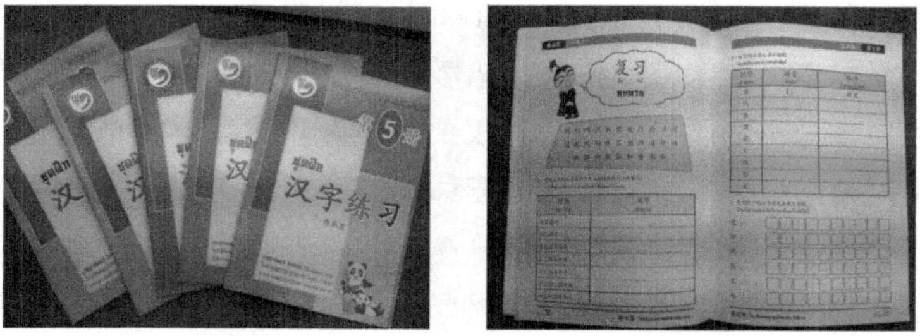

图 9-12　泰国本土汉字教材《汉字练习》

不过要想使得本土化汉字教材向纵深发展，还需要突破常规汉字教材编写的思路，要结合学习者的汉字习得规律和偏误特点进行编写。在第六章，本研究分析了泰国学习者汉字习得的特点，汉字教材应该针对泰国学生对汉字的认知特点和难点、特殊的学习策略、笔顺书写偏误等进行有针对性的设计。

在汉字认知方面，泰国汉语学习者对于汉字音形义相结合的特点较为难以理解，认为汉字是一堆散乱的线条；在学习策略方面，学习者比较依赖母语策略，而对归纳策略、应用策略等的运

用程度却偏低；在笔顺书写方面，由于中泰文字在笔顺方面存在的差异更大，泰国学生书写中“一笔画”现象较为普遍，笔顺书写问题较大；在其他书写偏误方面，由于中泰文字在笔形、笔画连接方式、字形构成等方面都有较大的不同，因此泰国学生汉字书写规范性方面存在很多问题。上述特点在泰国独立型汉字教材中都应予以特别关注，并提前进行总体设计，做到防患于未然。

三、适合泰国汉语学习环境和学习条件①

泰国本土汉字教材的体量要适合泰国的汉语学习环境与学习条件。国内出版的独立型汉字教材容量较大、字词数量较多，教学内容远远超过泰国汉语、汉字课程所能容纳的体量。而泰国的汉语课课时少，课程容量总体上较少，所以泰国独立型汉字教材的容量要适合泰国的教育情境和课时设置。

泰国本土汉字教材要与汉语教材相配搭。作为海外汉语教学的组成部分，泰国汉字教学不仅要系统教授汉字本体的知识，还要适时地结合语境进行教学，要体现汉字教学为汉语教学服务的宗旨。汉字教学确立了独立的地位，并不意味着将汉字孤立于其他课程之外，因此要找准汉语教学与汉字教学二者的平衡，实现语言和文字有控制地结合。如对字频和词频严格控制，大幅度提高字词比，贯彻认写分流的原则，做到“字不离词，词不离句，句不离文”等。国内出版的汉字教材比较注重汉字的系统性，有时难免存在与汉语隔绝、割裂的现象②。在海外的教育情境下，即使是独立的汉字教材，在专注于汉字本身规律和汉字教学基本规律的同时，也应适当考虑将汉语教材的特点发挥出来，即结合一

① 魏红：《泰国中学生教材编写和使用中的几个问题》，《云南师范大学学报》(对外汉语教学与研究版)，2007年第1期。

② 田艳：《国际汉字教材编写的创新与探索》，《汉语国际传播研究》，2015年第1辑。

些词语、句子，“贴近实际生活，用一些小故事或是笑话提高汉字教材的实用性”①。

泰国本土汉字教材注重选择学生最感兴趣、最为关心的字词句文。如果教材中出现泰国学生熟悉的字词，学生会比较容易掌握，并且在日常生活能够运用到。教材应该教授学生生活范围内能够认识的汉字，这样他们会在课堂外加以运用，在社会环境中巩固所学字词。这些泰国情境下的特有用字及词语如男校、女校、童子军、摩托车、庙、佛、教堂、和尚、榴梿、红毛丹等。这些字词在泰国当地使用的频率很高，因此独立型汉字教材需有计划地将这些与学生们的生活及宗教信仰息息相关的字词纳入到教材编写中。

四、妥善处理繁简汉字的问题

前文已谈到，由于泰国在经济方面与大陆、港台地区的联系均日益频繁，而且泰国华人的报纸杂志使用的汉字也是“繁简兼具”，因此为了能够提高汉字教学的针对性和实用性，教材内容应体现泰国社会生活的实际。繁简汉字形态的选择，在某种程度上是本土汉字教材必须面临的问题。

关于教材中繁体简体汉字的使用，前人研究者给出了不太相同的看法。比如柯绣球认为，“从泰国全社会以及长远的发展趋势来看，简体字无疑是主流，因此汉语教材中对简体字和繁体字的处理绝不能本末倒置。”② 也有人认为，“应先繁后简，不能重简轻繁”。③

① 张薇：《近十年对外汉字教学研究的检讨》，湖北工业大学硕士学位论文，2011 年。

② 柯绣球（泰）：《泰国大学汉语教育教材使用情况调查分析》，广西大学硕士学位论文，2011 年。

③ 吴峰：《泰国汉语教材及其本土化研究》，中央民族大学博士学位论文，2012 年。

在具体的教材编写实践中，情况也有所差别。《基础汉语》第一册每课的八个部分中是繁简对应，第二册中除词汇和会话部分，其余部分是繁简对应。从编排顺序看，繁体在前，简体在后。这说明《基础汉语》是以繁体字为主体。“繁体字在泰国华人社会仍有着很大影响力，所以对泰国本土独立汉字教材中对繁体字的安排很有必要。”① 《泰国人学汉语》三册教材每课仅在生词部分对繁简进行了对照，且简体在前，其余部分再无繁体。此种编排以简体为主体，兼顾繁体。

本研究认为，在编写泰国本土独立型汉字教材时，应该同时兼顾繁简两种字体。在此基础上，针对不同教学的需求选择以哪种字类为主。

五、高度注重汉字的复现率

复现率是教材设计的一个重要原则。记忆的牢固性既取决于认知层次，又取决于出现频率。海外汉语教学因课时少，教学间隔长，学生没有天然的条件去重复、去实践学过的知识，容易产生遗忘。因此应确保汉字（词）在短期内有较高的重现率，以显著提高学习效率和记忆效果。

复现的方式有很多：1）通过构词复现。研究表明，字的构词数越多，学习效果越好，这说明高复现率有助于学生提取词素，形成词素意识。因此教材中应保证汉字的构词率要高，以增加泰国学生对字词的熟悉度。2）通过练习进行重现。练习的种类很多，每类练习所针对的技能训练内容也不同。字词出现在不同的练习题型中，既不会使学生产生厌烦，又可以增加重现程度。3）通过不同的课进行重现。字词可以出现在不同的课中，以增加复现机

---

① 柯绣球（泰）：《泰国大学汉语教育教材使用情况调查分析》，广西大学硕士学位论文，2011 年。

率。一些汉字在有的课中可以先作为认读类汉字出现，在随后的课中可以作为读写类汉字出现。

六、体现汉字教学的接续性

汉字教材的接续性已经逐渐引起学者们的关注。以往的汉字教材注重单本教材的编写，不过《张老师教汉字》和《体验汉字》两套教材尝试突破了这个局限，前者出版了3册接续性教材，后者出版了《入门篇》、《提高篇》两部教材。

以《体验汉字》为例，《入门篇》为汉字入门和汉字（词）概念的形成阶段，《提高篇》则为汉字（词）及汉字知识的积累阶段。两册书从重字形和基本的汉字知识，向兼顾字义和字音过渡；从重写字向重识字和重用字过渡，从重笔画、部件、整字向重词语阶段、小句阶段过渡。

重视泰国汉字教材的接续性问题，可以使得泰国汉字教学发展得更加全面、系统。

第三节　其他汉字教学资源的开发与建设

一、积极建设汉字教学辅助教材

除了独立型汉字教材严重匮乏，目前泰国汉语教学界尚缺乏一系列的汉字教学辅助教材，这些教学资源是提高泰国整体汉字教学水平所必备的资源，是可以适用于泰国本土教育情境的资料，需要泰国教育部门和出版机构统筹协调编写出版。

本研究者对泰国市场上的汉字教学辅助教材进行了调查，发现这类资源较为缺乏[①]。为此，本研究者对国内汉字教学资源进

① 研究者在调查中发现了泰国暹罗出版社出版的《汉字五百例》，这是一本本土汉字教学辅助教材，不过其内容中汉语教学的比例较多，汉字部分的内容反而较少。

行了归纳和梳理，将汉字辅助教学资源分成了 6 大类，希望能对泰国汉字教学辅助教材的建设提供一些启示（详见表 9–2）。

表 9–2 泰国教育部门亟待开发建设的汉字辅助教学资源

类　别	功　能	例　书
汉字工具书	提供众多字词的读音、意义、解释及用法。	各类字典、辞典：《常用汉字形义演释字典》、《汉字演变 500 例》等。
汉字标准手册	为汉字及汉字教学提供标准和规范。	《汉字部件规范手册》、《汉字书写规范》、《繁简汉字对照表》等。
汉字大纲字表	适合于泰国本土教育情境、指导泰国汉字教学的纲领性文件。	《汉语水平词汇等级汉字》、《各教育阶段汉字等级表》、《高频汉字频度表》、《高频多音字字表》等。
课外汉字学习材料	供学生自己或课外辅导班使用的课外辅助材料。	《唱歌学汉字》、《看图学汉字》、《汉字五千年》、《常用汉字演变图说》等。
汉字教具类材料	供教师课上使用或学生课下复习时使用。	各类笔画、笔顺挂图、汉字部件及结构挂图、各类汉字字词卡等。
教师进修类资料	供汉语教师自学或进修使用。	汉字学基础知识手册、汉字教学教案集、汉字课堂教学案例集、汉字课堂教学技巧、汉字教学游戏集锦等。

中国国内市场上的汉字教学辅助资源多样丰富，上面所举的例子只是其中很少的一部分。当然，一些汉语教学的期刊、网站上也有很多汉字教学内容，如《学汉语》、《汉语世界》以及《孔子课堂网站》等教学媒介①。对这些资源适当地加以筛选分类后，也可以将其运用到泰国汉字教学中。

---

① 《学汉语》期刊是北京语言大学出版社主办的、面向外国学习者开办的期刊，创刊已经十几年了，遗憾的是目前已经停刊了，不过该期刊在历届刊物中都设置了汉字知识板块；《汉语世界》期刊也是面向外国汉语学习者开办的期刊，其中也涉及了一些汉字知识及汉字教学内容。

二、拍摄电视汉字教学片

电视教学片具有直观、生动的特点，十分适合将汉字的特点呈现出来。本研究者在泰国实地调查中发现，泰国不少汉语教师都喜欢使用中国出版的大型系列电视教学片《汉字宫》进行汉字教学。

《汉字宫》以神话故事的形式展现汉字文化和汉字知识，故事以一位从远古走来的汉字老爷爷带着两个天真活泼的小朋友畅游“汉字宫殿”为线索，以象形字为基础，采用分类教学法系联汉字，由此衍生出天文、地理、自然、环境、人体等类别的相关汉字。汉字爷爷给孩子们讲解这些汉字的来历、读音、字形、意义和书写方式，把这些汉字的形成、演变和来龙去脉讲解得栩栩如生，使学生在轻松的氛围中了解汉字的理据性，从而使汉字的学习变得有源可循，生动有趣。

由于《汉字宫》运用了神话故事和声、光效果，因此对泰国学生具有非常大的吸引力，孩子们于不知不觉中就将汉字印入了脑海中。泰国学生喜欢生动活泼的教学形式，《汉字宫》也正符合了泰国现行的教育模式——寓教于乐。

《汉字宫》非常符合泰国孩子形象思维强的特点，符合他们的认知规律。视觉化的方式也很受他们欢迎。以前我们班上的孩子们不太喜欢学习汉字，不过自从看了《汉字宫》，对汉字学习的兴趣大了很多，上课气氛也轻松了不少。（泰国中学泰籍汉语教师钟老师）

图 9-13　大型汉字教学电视片《汉字宫》

《汉字宫》虽然受到了泰国学生们的喜爱，不过该教学片毕竟不是针对海外教育情境编写的，在海外进行汉字教学存在一些不适应性，如体量过大，缺少泰国语翻译等。因此泰国汉语教学界也可以根据教学需要、依据相关的课程或字表，将《汉字宫》加以整理，以适应泰国汉字教学的实际情况，或拍摄出更适合泰国课堂教学的汉字教学片，以服务于汉字课堂教学。

三、引进开发各类现代教育技术

随着信息技术的发展，现代教育技术在汉语教学中越来越多地被加以运用。现代教育技术可以将文本、声音、图像、动画结合起来，并且具有人机交互性，这对汉字教学而言有着莫大的帮助。现代教育技术“可以将传统纸质教材中所无法容纳或者不好容纳的东西全面、系统、直观、生动地展示给学生，对汉字理据性的讲解尤其如此。”① 对于泰语水平参差不齐的汉语教师来说，运用现代教育技术可直接呈现或演绎汉字的意义、写法、发音，给汉字教学带来乐趣。“泰国师生渴望拥有与多媒体手段、现代教育技术相结合的教材。”②

现代教育技术的发展为汉字教学提供了一个把抽象的教学内容直观表现出来的可能性，弥补了传统教学手段的不足，使静态教学变动态教学，使难以在课堂上展示的汉字演变、笔顺运势等变得一目了然。心理学的实验证明，形声并举、音像同步地进行汉字教学，可以将汉字教学的抽象枯燥变得具体直观，从而充分调动学习者的积极性，大大地提高教学效率。因此，在传统教学的基础上将现代教学手段融入汉字教学，会对泰国学生的多种感官产生刺激。

---

① 柯绣球（泰）：《泰国大学汉语教育教材使用情况调查分析》，广西大学硕士学位论文，2011 年。

② 李昊：《中泰合作背景下泰国高校汉语教学的发展及问题》，《华文教学与研究》，2010 年第 1 期。

据了解，目前泰国教育部门几乎没有在汉字教学领域开发和引进现代教育技术，本研究者梳理和查找了中国市场上的一些汉字教育资源，制作了表 9-3：

表 9-3　汉字教学多媒体教学资源一览表

类　别	优　势	产　品
APP 类资源	便于学习者自学或在教师的指导下学习。	近期，各类 APP 汉字资源不断涌现，如《汉字笔画 APP》、《儿童学习汉字》等。此外，苹果手机上的汉字 APP 资源日益丰富起来，如《多纳学汉字》、《CHINESE CLASS》、《KIDS 识字》等。
CD 光盘类资源	文字、声音、图像、动画功能于一体。	《步步高汉字学习光盘》、《趣味汉字小课堂》、《有声有色学汉字》、《神奇的汉字》、《LCC 汉字快易学》等。
软件类资源	可以演示笔画、笔顺。	多媒体教材《长城汉语》中演示笔顺的软件、《汉画汉字教学软件》、《王者幼儿汉字教学软件》、《齐齐快看汉字教学软件》、《一键通笔顺书写软件》、《61aoe 汉字学习软件》等。

值得一提的是，信息技术的迅猛发展推动了各类移动学习产品的发展。在这些移动学习产品中，汉字 App 教学资源不断涌现，成为汉字教学资源中的生力军。以 Monki Chinese Class 为例，该款 App 是一款主要针对母语非汉语的 5—8 岁的儿童设计的一款汉字学习产品。这是一款在游戏中认识、学习并书写汉字的 APP。学习者可以学会 16 个汉字：大、口、山、水、火、人、木、门、雨、川、天、日、目、土、月、中。借助这款 APP，学习者几乎不需要成人的监督或者帮助，就可以独立完成学习过程。这款 APP 抓住了中国汉字中象形字的特点，并结合色泽鲜艳的图形和动画，迅速吸引了学习者的兴趣①。目前，这类 App 更多的是由苹果公司开发的，不过未来中国汉语教学界也会对这一教学资源进行深入

① 常乐：《移动学习环境下对汉字 App 教学资源的分析与思考》，中央民族大学硕士学位论文，2015 年。

的研究和开发。

当然，泰国独立开发汉字教学多媒体资源需要汉字教学专家的支持，可能需要等待一些时日。因此泰国教育机构可以适时地与中国相关教育机构进行合作，针对泰国学习者和学习条件的特点，开发和制作本土化的汉字多媒体教学资源。

本章小结

本章从综合类汉语教材中汉字部分的设计和编写、泰国独立型汉字教材的设计和编写、其他汉字教学资源的开发与建设三个方面，对泰国汉字教学资源的建设进行了整合性的分析与思考。

第一节对泰国综合类汉语教材以及综合类汉语教材中汉字部分的基本情况进行了调查。调查发现，目前泰国汉语综合类教材疏于对汉字教学部分的关注，缺乏总体设计，在技能训练（练习编写）、汉字知识的编排等方面呈现出零散、随意的状态。本课题认为，今后泰国综合类汉语教材的编写要将汉字教学作为重要组成部分予以重视，在教学难度和教学总量方面应适合海外汉语教学的特点，汉字教学部分还要善于激发泰国学习者的兴趣，汉字知识要配有泰国语种翻译。研究者认为，为现有的综合类教材配备汉字练习册是目前汉字教材建设中成本最小、时间最短且能有效提高泰国汉字教学的手段之一。

第二节对泰国本土独立型汉字教材的编写提出了六点思考。研究认为，泰国独立汉字教材要结合泰国学生的学习习惯和性格特点进行编写，要结合泰国学生的汉字习得和偏误特点进行编写，要适合泰国汉语学习环境和学习条件，要妥善处理繁简汉字的问题，还要高度注重汉字的复现并体现汉字教学的接续性。

第三节分析和阐述了泰国除教材之外的其他汉字教学资源的设计与开发。研究提出了如下的建议，1. 积极建设汉字教学辅助教材，这类辅助教材可分为 6 大类：汉字工具书、汉字标准手册、汉字大纲字表、课外汉字学习材料、汉字教具、教师进修类资料等。2. 拍摄电视汉字教学片。3. 引进和开发各类现代教育技术类资源，如 APP 资源、CD 光盘类资源、软件类资源等。

目前泰国独立开发各类汉字教学资源的时机尚不十分成熟，因此可以适时与中国相关汉语教学机构进行合作，针对泰国学习者的特点和教学条件，开发和制作本土化的汉字教学资源。

第十章　泰国汉语教师汉字能力的培养

在国际汉语教学的“三教”问题（教师、教材、教法）中，教师是核心。即使有了好的教材和教学法，没有经过训练的教师也可能会把学生吓跑。汉语难学在世界上似乎已成公论，如果再没有好的老师，很多学习者就会知难而退[①]。因此国际汉语教学的发展离不开高素质的教师队伍。国际汉语教学在经历了一段飞速发展的时期之后，进入了需要突破的新阶段，在这一阶段，教师的水平与质量对该学科发展的影响越来越凸显出来。泰国教学作为海外汉语教学的重要组成部分，其汉字教学学科的发展迫切需要高素质的教师，汉语教师汉字专业能力的发展亟待引起关注。从诸多的前人研究及本研究者的实地调查可以看出，泰国汉语师资汉字能力十分薄弱，是制约汉语教学和汉字教学良性发展的瓶颈，因此需要引起学界的大力关注。

本章将教师作为影响教学的重要因素之一予以深入分析。第一节独创性地提出了国际汉语教师的汉字能力构成这一问题，这是培养泰国汉语教师汉字教学能力的前提。第二节阐述了泰国汉语教师存在的问题及以往培训的基本情况。第三节对泰国汉语教师教师培训需求进行了调查，并提出了思考。

---

① 崔希亮：《汉语国际教育“三教”问题的核心与基础》，《世界汉语教学》，2010年第1期。

第一节　国际汉语教师汉字能力的构成

教师能力（Competence）研究近些年成为学界研究的热点之一。对于国际汉语教师的综合能力，已有不少研究纷纷进行了探讨，而对于教师汉字方面的能力，鲜有深入研究。以往研究一般是以寥寥数笔提及教师的汉字能力，或者对这一情况仅仅表现出忧虑，而缺乏整合性的研究。

赵金铭指出："汉字教学是汉语作为外语教学与汉语作为母语教学的最大区别之一。"从事汉字教学是一种专业能力和专业素养，因此需要具备专业的汉字能力。这一能力不同于教师常规的汉语教学能力，而具有较为丰富的内涵。

施正宇曾经针对汉语学习者的汉字能力进行过界定：汉字能力是用汉字进行记录、表达和交际的能力，包括"写、念、认、说、查"五个要素①。其中"写、念、认"均以汉字的形、音、义为理论依据，是成就汉字能力的基础要素，属于本体范畴；"说"和"查"是以汉字的形、音、义位基础，以熟练掌握本体范畴内的各要素为前提来称说和使用汉字，属于应用范畴。"说"，即称说，指用已知的有关汉字形、音、义的知识来称说未知汉字的字形，称说的内容主要是笔画的名称、数量和位置关系，部件的名称、数量和结构关系等。要说明的是，施正宇关于汉字能力的界定主要是针对外国学习者来说的，且主要指的是学习者的汉字技能的掌握情况。

本课题认为国际汉语教师的汉字能力应该有着更为丰富的内涵，本课题将国际汉语教师的汉字能力划分为"汉字知识能力"

---

① 施正宇：《论汉字能力》，《世界汉语教学》，1999年第2期。

“汉字运用能力”和“汉字教学能力”。“汉字知识能力”是有关汉字本体知识及理论方面的能力，“汉字运用能力”是指掌握汉字、运用汉字的能力，“汉字教学能力”是汉字教学理论及实践能力（见图 10-1）。

图 10-1　国际汉语教师汉字能力的构成

具体而言，汉字知识能力是教师自身掌握的有关汉字的知识，包括了解文字学的基础知识，如汉字的结构特点、造字规律及六书理论，以及了解汉字发展的历史演变进程等的理解情况。而教师的汉字运用能力应该包括施正宇所提出的“写、念、认、说、查”等汉字技能方面的能力。本课题第五章第二节探讨了汉字字量等级的问题，这一标准也可以作为国际汉语教师汉字运用能力的一个参照。

而关于汉字教学能力，前人学者并未集中予以论述。本课题认为，国际汉语教师的汉字教学能力应包括三个层面：

1）积极培养学生正确的汉字观念的能力

易洪川认为，汉语教师应通过汉字知识的讲解，帮助学生克服学习汉字的畏难情绪，建立起“汉字可以学好”的正确的汉字观。李泉也谈到了教师应帮助学生树立正确汉字观的问题①。前人

① 李泉：《“汉语难学”问题的思考》，《语言教学与研究》，2010 年第 2 期。

学者并没有明确说明这一点是教师汉字教学能力的组成部分，不过本研究者将其明确划入教师汉字教学能力当中。

2）合理传授汉字知识的能力

汉字知识本身内容丰富，不过如果缺乏有针对性的设计，全盘泛泛地讲解，则会显得庞杂、枯燥、生涩。掌握必要的汉字知识并将其系统化，然后通过各种适宜的方法传讲给学生，是汉语教师汉字教学能力中必不可少的一部分。

3）有效培养和训练学生掌握汉字技能的能力

汉字教学能力不仅仅是讲解汉字知识的能力，更重要的是将汉字作为一项技能对学生进行训练，引导学生了解和掌握汉字的音形义、识写用，并能在词语及句段中理解和使用汉字。同时还要掌握汉字教学的原则、方法、技巧，并能根据学习者的水平和教学环境调整和监控自身的教学策略，而非只是机械地教学生书写和认读汉字。

本研究者将教师汉字能力整理成了表10-1。

表10-1　国际汉语教师汉字能力构成

汉字能力	定　义	内涵与核心
汉字知识能力	汉字知识能力是教师自身汉字知识的掌握能力	了解文字学的基础知识，如汉字的结构特点、造字规律及六书理论，了解汉字发展的历史演变进程
汉字运用能力	汉字运用能力是教师掌握汉字、实际运用汉字的能力	具备写、念、认、说、查等汉字技能方面的能力
汉字教学能力	汉字教学能力是教师引导学习者树立正确汉字观、运用科学合理的方法将汉字知识和汉字技能教授给学习者的能力	1）积极培养学生树立正确的汉字观，帮助其建立学好汉字的信心 2）合理教授学生汉字知识的能力 3）有效教授学生汉字技能的能力。引导学生了解和掌握汉字的音形义、识写用，并能在词语及句段中理解和使用汉字的能力。包括掌握汉字教学的原则、方法、技巧，并能调整和监控自身的教学策略

对国际汉语教师汉字能力的构成进行分析，是对海外本土汉语教师，当然也包括泰国汉语教师汉字能力进行培养的前提。

第二节 泰国汉语教师及其培训的基本情况

一、泰国汉语教师的现状及存在问题

师资问题是泰国汉语教学中的首要问题。目前泰国汉语教师主要由三部分人员组成。第一类是泰国本土培养的年轻汉语教师；第二类是泰国的华裔教师，这些教师年龄基本上在50岁以上，是老一批的华语教师，在华校任教者居多；第三类是从中国派来的教师。近些年，泰国政府针对汉语师资问题，积极从中国引进汉语志愿者教师和公派教师以帮助泰国开展汉语教学，这类教师以年轻的汉语志愿者教师居多①。在三类泰国汉语教师中，前两类为“本土型教师”，而第三类则为“输入型教师”。

总体而言，泰国汉语师资，特别是本土型汉语师资的情况不容乐观，数量和质量都令人担忧②，具体表现在如下方面：

1. 汉语教师数量严重短缺

目前，全球汉语教师数量严重短缺，师生比的巨大差异对国际汉语教学提出了极大的挑战③，泰国也面临这一问题。

据泰国教育部统计，目前泰国学习汉语的人数已达80万，但泰国本土每年能够新入职的、具有本科以上学历的汉语教师不过几百人，而且其中一些毕业生还因为热衷到薪水高的公司企业工

---

① 2003年，泰国接收中国汉语志愿者教师项目开始启动，首次派出了中国赴泰国汉语教学志愿者23人。此后，中国派往泰国的汉语教学志愿者逐年快速增长。2010年后，每年派出人数都超过1000人，居世界之首。

② 李昊：《中泰合作背景下泰国高校汉语教学的发展及问题》，《华文教学与研究》，2010年第1期。

③ 田艳：《国际汉语课堂教学组织与设计》，北京：中央民族大学出版社，2010年。

作而没有进入学校进行汉语教学，这无形中加剧了汉语师资薄弱的问题，使得泰国本土汉语教师人数远远不能满足其汉语教学的实际需求。由于师资缺乏，泰国的很多大学甚至无法开设汉语课程[①]。

2. 泰国汉语教师结构复杂，汉语水平不一

相当多的国外汉语教师不完全具备合格教师所需要的专业知识、教学理论、教学方法和教学经验[②]，泰国也不例外。目前，很多国外本土汉语教师来自于社会的各个职业，其中不少人是外聘教师，工作机会也不很稳定，一些教师的正规教育专业和汉语专业知识的背景也较为薄弱。

在泰国，由泰国本土培养的汉语教师有泰裔，也有华裔。这些教师，特别是中小学的汉语教师，很多是本科阶段以后才开始学习汉语的。在非目的语环境下，短短四年的学习不足以将他们培养成为合格的汉语教师。“这些教师中年龄在 30 岁以下或教龄在 5 年以下的教师占一半以上”[③]，汉语教师教学经验相对薄弱。

华校的华裔教师不少人尚未达到本科学历，虽然具有丰富的教学经验，但教学方法略显陈旧，知识结构也需要更新，所以

---

① 黄明媚（泰）：《泰国东北部高校汉语专业调查报告》，《汉语国际传播研究》，2012 年第 1 辑。

② 以 2005 年来华培训的泰国汉语教师为例，一些接受培训的泰国本土汉语教师基础差，大多数仅为初级水平，57%的人甚至只学过两三个月汉语。参见张艳萍《对来华泰国汉语教师汉语学习情况的调查》，《云南师范大学学报》（对外汉语教学与研究版），2007 年第 2 期。崔建新也指出，从专业角度看，海外教师中汉语和汉语教学科班出身的很少，从理工医到外语、新闻、教育等，学什么的都有；从工作经历看，有的是国内的幼儿园、中小学教师，有的刚刚开始教学，而有的虽有工作经历，但教汉语则是全新的尝试。这样复杂的队伍带来的教学动机、教学方法和手段、教学效果等自然不同，从而造成教学水平的参差不齐。参见崔建新：《从加拿大汉语教学现状看海外汉语教学》，《汉语学习》，2005 年第 6 期。

③ 冯忠芳（泰）、吴应辉：《泰国清迈中小学汉语教学调查研究》，《云南师范大学学报》（对外汉语教学与研究版），2009 年第 4 期。

"有些华校在汉语教学方面的要求就只能随之降低"①。

> 泰国的汉语教师来源有时不太正规，甚至有的大学的兼职教师来源也比较复杂，比如有的老师的专业是英语，后来才改行教汉语。我们学校去年招聘了一个汉语老师，他的专业是商业。中小学的情况就更不理想了。俗话说，"没有马就用驴吧"，这也是没有办法的事。（泰国高校泰籍汉语教师汪老师）

中国派往泰国的教师主要有中国汉办选派的汉语教师志愿者、中国侨办选派的公派教师，还有通过各种渠道到泰国谋职的教师。这些从中国派出的汉语教师初步掌握了一定的汉语教学理论基础及中国文化知识，不过其中的汉语志愿者教师年龄基本上在22—25岁之间，教学经验较为缺乏。相比之下，公派教师则有着较为丰富的教学经验，但这些教师不少是非对外汉语专业出身。还有一些教师来自其他专业，教学水平良莠不齐，在教学方法上大多采取国内传统语文的教学模式。

从国内派来的汉语教师与泰方学校是双向选择，其中国家侨办外派教师任期一般为1~2年，国家汉办外派志愿者任期最多3年，大多数的志愿者教师任教1~2年便离开，这就造成了汉语教师队伍的不稳定，直接导致泰国汉语教学接续性差。此外，从中国派来的汉语教师因受语言沟通能力和环境适应能力等因素的影响，往往需要经过一段时间的调整才能走上正轨。

在数量缺乏、水平不齐的情况下，泰国汉语教师教学方法单调落后，基本上是照本宣科的翻译法，然后让学生死记硬背②，这更加剧了教学问题的严重。

---

① 刘美玲：《泰国华校小学汉语教学现状研究》，暨南大学硕士学位论文，2006年。

② 黄明媚（泰）：《泰国东北部高校汉语专业调查报告》，《汉语国际传播研究》，2012年第1期。

二、泰国汉语教师的培训情况

为解决泰国汉语师资问题，泰国政府及中国国家汉办采取了一系列强有力的措施，在某种程度上缓解了师资短缺问题。

2005 年，泰国教育部制定了泰国汉语教学的五年战略规划，随后制定了汉语教师标准，以提高本土汉语教师的教学能力①。2008 年，中国国家汉办与泰国教育部合作启动了中泰合作培养泰国本土汉语教师项目，安排国内师范院校承担培训任务，这些学员学成归国后将作为公务员充实泰国中小学汉语教师队伍。2011 年 9 月，泰国教育部与中国国家汉办签订了泰国本土汉语教师培养协议。按照该协议，中国国家汉办将从 2011 年起，每年资助 70 位泰国本土教师赴华进修学习。

此外，在国家汉办孔子学院总部的支持下，广西高校在东盟国家开展的汉语培训工作开展得较有成效。广西大学、广西师范大学、广西民族大学与泰国的 3 所大学建立了多所孔子学院。同时，广西民族大学、广西师范大学还为泰国等东盟国家培训了数百名汉语教师。泰国教育部门也希望能大幅度增加汉语教师培训的数量②。

应该说上述的努力在缓解泰国汉语师资方面做出了很大的贡献，不过目前泰国的汉语教师培训也存在问题。一个很突出的问题是，各类教师培训中，汉字部分始终没有受到应有的关注，甚至受到了严重的忽视。

笔　者：您对整个泰国汉语教师的能力担忧吗？

---

① 吴应辉、龙伟华（泰）、冯芳忠（泰）、潘素英（泰）（译）：《促进泰国汉语教学，提高国家竞争力战略规划》（公元 2006—2010），《国际汉语教育》，2009 年第 1 期。

② 泰国教育部高等教育委员会国际高校合作战略局：《高等教育促进汉语教学战略计划》，曼谷：Bangkok Block 出版社，2010 年。

孙老师：有点担忧。泰国汉语老师的汉语水平整体上不太满意。

笔　者：你接受过汉语师资的培训吗？培训的内容中有汉字部分吗？

孙老师：2009 年，我在天津某高校参加了侨办举行的来华汉语教师培训，培训期是一个月。培训的主要内容是语言学基本理论、语法、语音、词汇等，可是没有汉字部分的培训。我的其他同事也参加过侨办举办的各类汉语教师的培训，比如在昆明、厦门举办的培训，这些培训几乎都没有汉字教学内容。（泰国曼谷某高校泰籍汉语教师孙老师）

图 10-2　研究者在清迈大学孔子学院进行考察

第三节　泰国汉语教师汉字能力的调查与思考

泰国汉语教师素质的培养和提高已经越来越受到关注，不过关于泰国汉语教师汉字能力的培养鲜有研究者专门谈及。吴峰在其博士论文中谈到了泰国汉语教师职业素质会影响学生习得汉字的效果，该文章用不多的篇幅谈及了教师汉字能力的培养①。本小节对泰国汉语教师培训需求进行了调查并进行了思考。

一、泰国汉语教师汉字能力的基本情况

尽管输入型教师能暂时缓解教学压力，但世界上任何一个国家都不可能长久地依靠输入型教师来教授非母语的语言，必须依靠并培养本土教师任教。本土教师和中国教师比例不应低于 1 ∶ 1。泰籍汉语教师的汉语及汉语教学水平参差不齐，他们希望获得培训机会以提高自己的专业水平②。如果说泰国汉语教师，特别是本土汉语师资整体素质不容乐观，那么泰国汉语教师的汉字能力则更令人担忧。在汉字教学方面，泰国汉语教师大多缺乏汉字系统知识及汉字教学的方法技巧，以至于忽视汉字教学、回避汉字教学，这也导致不少学生对汉字学习失去了兴趣。有的教师干脆使用自己当学生时学过的课本授课，对于多数没有在中国留过学或者培训过的年轻教师来说，教学过程仅仅是对自己从前的汉语教师所采用的教学方法的模仿③。

---

① 吴峰：《泰国汉语教材及其本土化研究》，中央民族大学博士学位论文，2012 年。

② 方雪：《泰国汉语教学与汉语推广研究》，山东大学硕士学位论文，2008 年。

③ 黄明媚（泰）：《 泰国东北部高校汉语专业调查报告》，《汉语国际传播研究》，2012 年第 1 辑。

不少教师满足于学生会写会读生字，把汉字仅仅作为书写符号来教，让学生一个一个去孤零零地记汉字，缺少字与字之间的形、音、义的比较和联想，也没有在组词造句中去领会每个字的具体用法，从而忽视了汉字兼有的词语或词素的功能。（泰国汉语教师王老师）

我以前接触过不少泰国大学中文专业毕业的大学生，他们的汉字能力不深刻，对汉字的来源、历史等基本上说不清楚。我们之间用汉字进行交流时，我发现他们有的汉字写错了，笔画也写得不太对。（泰国某高校汉语部泰籍负责人潘老师）

二、泰国汉语教师汉字能力培训需求的小调查

为了更好地了解泰国本土汉语教师汉字教学能力及情况，研究者进行了一个调查。①

调查对象：来自幼儿园、小学、中学和大学的泰国籍本土汉语教师 15 名

调查工具：设计了小问卷，包含 6 个问题。第 1 题为教师基本情况，第 2—5 题为封闭性问题，第 6 题为开放性问题。

调查问题及结果见表 10-2。

① 汉字能力是一个复杂的概念，汉字能力的测量以前也没有学者进行过专门的研究。为便于理解泰国籍汉语教师汉字能力的基本情况，本问卷的设计主要是从他们接受过培训与否、汉字书籍的拥有量、汉字课堂教学法的运用等几个方面进行考察，以便发现泰国籍本土汉语教师汉字能力方面的基本情况。

表 10-2　泰国本土教师汉字能力培养调查结果

序号	调查结果
Q1	您所任教的学校是什么学校？ A. 幼儿园：1 人　B. 小学：1 人 C. 中学：4 人　D. 大学：7 人
Q2	您以前是否接受汉字及汉字教学方面的师资培训？ A. 是：1 人　B. 否：14 人
Q3	您自己拥有多少汉字教学方面的书籍或教材？ A. 没有：3 人　B. 1—2 本：8 人 C. 3—10 本：2 人　D. 10 本以上：1 人
Q4	您的学校对您在汉字能力方面是否有要求？ A. 没有要求：5 人　B. 要求不高：5 人　C. 要求较高：5 人
Q5	您在汉字教学中，会遇到哪些问题？（可多选） A. 汉字本体知识不够：10 人　B. 汉字教学法方面的知识不够：7 人 C. 汉字游戏知识不够：6 人　D. 忘记汉字的笔顺：6 人 E. 忘记汉字的意思：5 人　F. 忘记汉字的发音：5 人
Q6	您在汉字及汉字教学方面，需要哪些方面培训？ 由于该问题是开放性问题，因此现将教师的培训诉求归纳为以下几点： 1. 希望能有机会参加汉字方面的培训 2. 学习汉字教学理论知识 3. 学习汉字教学方法 4. 了解汉字教材信息 5. 了解汉字教学游戏 6. 观摩汉字教学示范课 7. 学习掌握汉字方面的软件信息 8. 学习汉字游戏方面的知识及儿歌 9. 通过一些专门的书籍和好的网页学习到更多好的教学方式 10. 方便快捷地在网络上找到需要知道的汉字教学知识点 11. 开通教学论坛，让汉语教师们可以互相沟通交流汉字方面的信息

由表 10-2 可知，泰国汉语教师汉字方面的培训非常之少，被调查的教师中只有一位参加过有关汉字教学方面的培训，占 7%，这位曾接受过汉字方面培训的教师参加的是泰国皇太后大学孔子学院举办的汉字教学培训；被调查教师中没有汉字方面书籍或教材的教师有 3 人，占 20%，拥有 1—2 本汉字书籍的教师 8 人，占

53%，也就是说，在被调查的教师中，一半以上的教师只拥有3本以下的汉字书籍；在被调查的教师中，只有1/3的学校对汉字教学有较高的要求，其余则要求不高，或者根本没有什么要求，这部分学校占66%；在教师遇到的有关汉字方面的问题中，排在前三位的是：汉字本体知识不够、汉字教学法方面的知识不够、汉字游戏知识不够；在汉字及汉字教学培训需求方面，15位教师均表示需要接受汉字教学方面的培训，具体内容涉及汉字教学理论知识、汉字教学法、汉字观摩课、汉字教材、汉字游戏、汉字软件、汉字论坛等11个方面。

由上述信息可以知道，泰国汉语教师在汉字及汉字教学方面的需求很大，需要有关主管部门予以重视。

本章小结

本章对泰国汉语教师的汉字能力培养进行了调查和分析。

第一节首先对国际汉语教师汉字能力的构成进行了分析。以往学界并未对国际汉语教师的汉字能力进行过系统分析。本课题提出，教师汉字能力可以分为“汉字知识能力”“汉字运用能力”和“汉字教学能力”。“汉字知识能力”是有关汉字本体知识及理论方面的能力，是教师自身掌握的有关汉字的知识，包括了解文字学的基础知识，如汉字的结构特点、造字规律及六书理论，了解汉字发展的历史演变进程等。“汉字运用能力”是施正宇所提出的“写、念、认、说、查”等汉字技能方面的能力。“汉字教学能力”是汉字教学理论及实践能力，包括三个层面：1）积极培养学生正确的汉字观念的能力。帮助学生克服学习汉字的畏难情绪，建立起“汉字可以学好”的正确的汉字观。2）合理传授汉字知识的能力。汉字知识本身内容丰富，掌握必要的汉字知识并将其系统化，然后通过各种适宜的方法传讲给学生，是汉语教师汉字教学能力中必不可少的一部分。3）有效培养和训练学生掌握汉字技能的能力。汉字教学能力不仅仅是讲解汉字知识的能力，更重要的是将汉字作为一项技能对学生进行训练，引导学生了解和掌握汉字的音形义、识写用，并能在词语及句段中理解和使用汉字。同时还要掌握汉字教学的原则、方法、技巧，并能根据学习者的水平和教学环境调整和监控自身的教学策略，而非只是机械地教学生书写和认读汉字。

第二节对泰国汉语教师及其培训的基本情况进行了分析。泰国汉语教师存在质和量两方面的问题。在数量方面，泰国汉语教师严重短缺，在质量方面，泰国汉语教师汉语水平和教学参差不齐。至于泰国汉语教师的培训，根据研究者对相关内容的分析及调查发现，目前的培训对于汉字教学部分严重忽视，使得该部分的发展尤为薄弱。

第三节对泰国本土教师汉字能力培养进行了调查。由调查发现，泰国汉语教师汉字能力培训非常薄弱，培训需求很强烈。

本课题认为，泰国汉语教师汉字能力的高低在很大程度上关系到泰国汉字教学的水平，而现有汉语师资汉字能力薄弱，能力的培养十分迫切，需要泰国有关部门引起高度重视。

第十一章　国际汉语传播背景下泰国汉字教学的总体思考

国际汉语传播背景下的泰国汉字教学研究是一项系统工程，基于前面各章的分析和思考，本课题认为，要想建造好这一系统工程，需要探索出适合泰国汉字教学发展的“五大原则”。

第一节　泰国汉字教学需要进行顶层设计

泰国汉字教学要想取得根本性的发展，必须进行顶层设计[①]。

这里所说的顶层设计是指要针对泰国汉字教学的实际情况，运用系统论的方法，从国家层面和高端决策部门开始进行总体设计和全局安排，对泰国汉字教学的政策制定、教学模式、教学内容、教学方法、标准制定（教学大纲、课程大纲、考试大纲等）、课堂教学实践、资源建设、教材编写、师资培训等方面进行综合决策和规定。顶层设计注重结合泰国本土实际，制定相关研究政策，强调行政各部门各层级、各教学机构、各出版单位在功能、作用、职责上协调合作，统筹安排。

在汉字教学政策制定方面，要将汉字及汉字教学的设计正式纳入泰国国家汉语教学大纲或发展计划中，这样各教育部门和学校才能更加重视汉字教学，也更便于执行和实施相关的政策。

---

① 关于国际汉语传播顶层设计的思想，本研究参阅了吴应辉《汉语国际传播研究理论与方法》（北京：中央民族大学出版社，2013 年）的相关内容。

在汉字教学标准制定方面，可以实行社会评估标准与学校教学标准并行的“双轨制”；在社会考试评估方面，可以制定长期、中期、短期计划，面向各类学习者开发汉字考试，也可以在汉语教师资格考试中设置有关汉字能力方面的试题。

在汉字教学资源建设及教材编写方面，要避免出版机构及教育部门各自为政的局面，应该根据汉字教学发展的规律及对教学资源的实际需求，统一部署，制定计划。争取在几年内，能够在汉字教学资源的建设方面合理布局，集中投入，尽快将这一薄弱环节发展起来。

在汉语师资汉字能力培养方面，不妨将中国国内在汉字教学方面有所研究的专家学者请进来，为泰国汉语教师汉字能力的培训设计出合理的培养方案，使得泰国汉语教师能够尽快提高汉字能力，并积极运用于教学实践中，以推动泰国汉字教学的良性发展。

泰国汉字教学应该从法国借鉴顶层设计的成功经验。众所周知，法国的汉语教学和汉字教学开展得相对稳健，这是因为法国从国家层面就十分重视和关注汉语教学。法国汉语教学总督导白乐桑教授既是汉语教学的专家，也是汉字教学的专家。因此，法国从高端层面就对汉字教学予以十足的关注，并在汉字教学地位、汉字教学理念、汉字教学原则等方面探索出了较为成熟的海外汉字教学的体系，并将先进的汉字教学理念贯彻于课程设置、教材编写等方面。

法国在汉字教学方面的成功经验说明，顶层设计在一个国家汉字教学学科的发展方面具有至关重要的作用，因此泰国教育部门应该重视汉字教学的顶层设计。

第二节 泰国汉字教学要体现泰国的教育特色

本课题的研究视角较为全面，即将教学的四要素（学科、教师、学生、环境）都纳入分析中（见第一章第四节中的“研究创新点”）。本节所探讨的建议即是结合泰国教育环境的因素而提出来的。

前文介绍过，泰国教育特色鲜明独特（见第二章第一节中“泰国的教育理念与教育特色”），本小节提出泰国汉字教学要体现泰国的教育特色，即与学校环境相融合，与学校活动相结合。

一、与学校环境相融合

学校环境属于隐性课程因素，学校环境主要由教学的自然环境、教学设施、教学时空环境等构成。在具体的教学中，这些因素组合成一个完整的教育情境，分别或结合起来对教学活动的主体发生作用。“学校环境虽然是相对静止的物质结构，但却有着广泛的教育学意义，隐含着丰富的教育内容。”① 这些因素可以向学生传递丰富的知识及文化信息。因此，海外汉字教学要对这些环境因素予以高度重视，使其发挥积极的作用。

泰国学校十分重视校园文化的建设，校训校徽、办学宗旨、班级规则等标识在学校和教室的每个角落都能体现并展现出来，而汉字是一种可视性非常强的文字，很适合融入学校环境予以展示。因此应充分利用泰国学校环境开展汉字教学，使汉字学习与学校生活融为一体。这样做既可以让学生达到复习巩固的效果，

---

① 兰杏芳：《谈课堂教学中隐性课程的开发》，《中国职业技术教育》，2008 年第 19 期。

又符合泰国的校园氛围。具体做法如下：

在学校墙体上展示汉字及汉字知识。教师可以从中国购买或自行制作汉字笔画部件表、繁简汉字对照表、汉字知识小贴士等张贴于教室内外和走廊处。

在学校范围内张贴标示牌。在学校范围内，如教学楼外部、教学楼楼梯口、墙壁、走廊、洗手间、操场等处制作并张贴汉语汉字标示牌，让学生在日常的校园生活中每天看到这些汉字，达到于潜移默化中对这些汉字进行识记的效果。

图 11-1　普吉孔子课堂的中文墙及运动会上的中文条幅①

在学校范围内展示书法作品和学生汉字作业。汉语教师可以在中国购买书法作品，也可以自行书写或从网上打印一些书法作品，在校园墙体上张贴。这些书法作品可以反映中国人的思维方式和道德规范，也于无形中将中华思想传播了出去。春节前后，还可以张贴用汉字书写的春联，学生的汉字作业也可以贴在教室内外。这些书法作品和作业贴近生活，更能激起泰国学生对汉字学习的热情，引发学生对自己作品的自豪感，并更加直观且耳濡目染地接触和体会汉字及书法作品传达出来的独特魅力，使汉字真正融入泰国学生的学习生活。隐性课程有一个特点即“学习内

---

①　照片由该校汉语志愿者教师张惠丽提供。

容的情意性”，学生在隐性课程中获得的主要是非学术性的知识，包括情感、态度、价值观念、情操、审美情趣等。作业、书法及春联等艺术形式恰好可以培导和提升学生在这些方面的能力和素养。

二、与学校活动相结合

与学校环境一样，学校活动也属于隐性课程因素。隐性课程作为一种重要的课程形态，具有诸多特点。首先，其范围具有广泛性。隐性课程存在于学校的方方面面和各种行为之中，可以说无处不在；其次，其方式具有隐蔽性。隐性课程是无明确计划的学习活动，它以间接、内隐的方式呈现并发挥作用。课外活动和比赛即是隐性课程的重要资源。

前文分析过，泰国学校活动丰富多彩（见第二章第一节“泰国教育制度与教育理念”）。如果能巧妙地利用这些活动开展汉字教学，则可以最大限度地发挥其对汉字教学的推动作用。因此要充分利用课外教育资源，将其作为隐性教学资源加以利用，而不要将其视为负担和对课堂教学的干扰。

可以定期举办汉字文化节、汉字日等活动。文化节或汉字节（可以是一天，也可以是多天）期间，可以举办各种汉字比赛，如“汉字听写大会”①、“汉字书写比赛”“书法作品比赛”等活动，还可以举行汉字篆刻作品大赛，做中文报纸大赛，制作中文学习园地等。各类活动，特别是比赛可以在短时间内迅速扩大学习者对汉字的关注及汉字教学的影响力。

我们孔子课堂十分重视汉字教学，在教室环境中设

① 中国中央电视台曾面向中国中学生举办“汉字听写大会”，社会影响力很大。泰国可以借鉴这一形式，适当降低难度，举办面向泰国学习者的汉字听写大会，以引起泰国汉语高端教育部门、各类汉语教育机构、社会各界汉语学习者对汉字的广泛关注。

置中文墙，鼓励学生在其他校园活动中使用汉字，让学生自行设计每日中文展板。我们还开办书法培训班，举办汉字书写大赛，增加学习汉字的兴趣和自豪感。（赴泰优秀汉语志愿者教师惠丽）

图 11–2　泰国学生书写的毛笔汉字

图 11–3　泰国学生用汉字书写唱歌比赛的展板

泰国以前也曾举办过类似的活动，且较为成功。2007 年 8 月，曼谷举行了汉字抄写比赛总决赛，从泰国各地 5000 多位参赛者中优选出来的 75 位汉语学习者参加了该项比赛，其中 15 名选手分别获得了 5 个年龄组比赛的一、二、三等奖。这次汉语抄写比赛增加了泰国学生书写汉字的机会和兴趣，促进了学习者在业余时间更有效地使用汉字，提高了学习者汉字记忆的效果。泰国南部地区也曾举办过中文书写大赛，一些学校也举行了抄书比赛。

对于泰国学生来说，写好汉字比说好中国话更加困难，因为相比口语的趣味性，方方正正的汉字更加考验学生日常的练习和积累，因为汉字横竖撇捺每笔都必须到位，而这又与泰语书写时的随性有很大不同。然而出乎意料，在许多汉字比赛中，很多泰国学生不仅能在规定时间内迅速完成，更能书写得工整美观。（赴泰优秀汉语志愿者教师张老师）

图 11-4　泰国南部地区中文书写比赛[①]

图 11-5　泰国明满中学的抄书比赛[②]

总之，如果结合泰国教育情境和教育特色开展汉字教学，必然会扩大汉字教学的影响，并吸引大批的泰国学习者参与进来，从而营造汉字易学的良好氛围。

第三节　泰国汉字教学要符合泰国汉语教学的实际

海外汉字教学要考虑多方面的因素，如教学环境、学习者因素等，泰国汉字教学要结合本土实际情况选择教学模式，设计教学方法，安排教学内容。

一、根据泰国汉语教学的实际选择教学模式和教学方法

海外教学环境复杂，教学机构多样，教学层次繁多，且教学对象多元化、学习需求复杂化、学习动机差异化[③]。在泰国，汉语教学已不仅限于大学里的精英，有越来越多的中小学和社会机构开设了汉语课程。在这一情况下，泰国汉字教学不能照抄中国对

① 照片由指导学生比赛的汉语志愿者教师张惠丽提供，特此表示感谢。

② 照片由明满中学优秀汉语志愿者教师刘娇提供，特此表示感谢。

③ 田艳：《国际汉语课堂教学研究——课堂组织与设计》，北京：中央民族大学出版社，2010 年。

外汉字教学的特点和模式，需要进行调整和改变。既要探索出符合国际汉字教学规律的发展模式，同时也要对泰国汉语教学的特点予以高度重视并将其融入汉字教学模式、教学方法的选择及课堂教学的实践中。

在汉字教学模式方面，中国的汉字学者对汉字教学模式的分类及对教学方法的分类主要是基于国内母语教学或者来华留学生的对外汉字教学设计出来的。泰国汉字教学属于国际汉字教学中的国别化汉字教学，因此教学模式的选择要根据泰国的教学实际来选择和确定，将语文并进、先语后文、独立设课教学模式灵活运用于教学中是符合泰国汉字教学的实际的。也就是说，应该根据泰国学习者的具体需求，有针对性地制定多元化的汉字教学模式。比如可以根据教学目标来选择汉字教学模式，如果教学目标是以短期提高听说为主，汉字教学模式不妨选择先语后文，如果是高中阶段的汉语文科班或大学中文专业的汉字教学，其模式可以选择独立设课。

至于汉字教学方法，来华留学生的汉字教学多采用部件教学法、字理教学法等更为传统的教学法。本课题认为，在泰国开展汉字教学，应结合泰国学习者的学习习惯和特点来进行设计，如针对泰国汉语教学的“四零”现象，可采用集中识字教学法，再比如泰国学生喜欢趣味丰富的教学方法及运用多感官参与教学，因此汉字教学的方法中要巧妙地将这些特色融入教学，避免单一枯燥。目前学界已经认可的汉字教学方法达 20 多种，可以根据泰国学习者的学习水平、学习阶段、学习动机等分别采取多种多样的教学方法，使得泰国汉字课堂教学充满生机活力。

二、结合泰国学生的汉字认知特点设计教学内容

本课题在第六章“泰国学习者汉字习得的分析与思考”中专门探讨了泰国学习者汉字认知的特点，尤其对学习策略、书写偏

误进行了深入的分析，因此无论是汉字课堂教学还是汉字教材的编写，都应该紧密结合泰国学生的认知特点来展开。针对来华留学生的教学因学习者国别众多，来源复杂，因此不太容易专门针对学习者的特点及认知方式开展教学；而作为海外汉语教学组成部分的泰国汉语教学，恰好为汉字教学提供了良好的土壤，即学习者国别相对单一。因此教学机构、任课教师正好可以发挥优势，可以突出教学的针对性，在这片土壤上辛勤耕作，结出硕果。

第四节　泰国汉字教学要体现汉字本体规律和汉字教学规律

一、泰国汉字教学要符合汉字本体规律

目前泰国汉字教学尚普遍缺乏对汉字本体规律的重视，汉字教学“不是从汉字的性质特点，尤其是从母语为泰语的学习者对汉字的认知特点出发来确定”①。课堂教学中教师通常让学生机械描摹汉字，忽视其内部结构的特殊性，从而导致教学中出现“少、慢、差、费”的情况。因此，泰国汉字教学要符合和遵循汉字本体规律。

前文介绍过，汉字是一个科学的系统，是音形义结合的文字形式，具有较为复杂的内部结构和紧密的系联关系，汉字是汉语作为第二语言教学与其他第二语言教学的重要区别之一。在字形方面，汉字是笔画—部件—整字组成的三级结构；在字音方面，汉字具有独特的表音特点，特别是汉字声旁的表音能力需要引起足够的关注。在字义方面，汉字表意方式丰富，而汉字形旁的表

① 许翠英：《泰国汉字教学的现状与教学对策研究》，厦门大学硕士学位论文，2008 年。

义功能也应该予以足够的重视。

而泰文属于表音文字的辅音文字体系，最基本的文字记录单位是字母（见第三章第一节“泰国学生学习汉字的优势及难点”）。拼写时以辅音为主，元音和声调被置于辅音周围。由此可见，泰文字母与汉字有很大的差别，所以泰国学生对于汉字的认知和理解需要一段时间的系统学习才能慢慢形成。基于此，泰国汉字教学必须符合并挖掘汉字本体的规律，只有这样才能达到较好的教学效果。

二、泰国汉字教学要体现汉字教学规律

泰国汉字教学不能与针对国内母语学习者的汉字教学混淆，泰国汉字教学属于第二语言（文字）教学的范畴。既然是第二语言（文字）教学，就要遵循第二语言（文字）教学的规律。要体现汉字教学规律就要在汉字教学内容、汉字教学阶段、教学模式、教学原则及汉字与汉语的关系方面体现科学性和系统性。

在教学阶段方面，以往研究多关注入门和初级阶段，而对于中高级汉字教学的研究十分薄弱。本课题认为，泰国汉字教学要体现教学阶段的接续性，要将汉字教学贯穿学习者汉语学习的始终。

在教学模式方面，目前的情况是泰国汉字教学多采用“随文识字”的模式，这极为不符合汉字教学的规律，无法体现汉字教学的规律性和科学性。应该根据学习者的需求、学习时间、学习动机采用适合的教学模式（参见第四章“泰国汉字教学模式的分析与思考”）。

在教学原则方面，循序渐进、认写分流、结合语境、注重系联等都是学界十分重要的汉字教学原则。本课题还针对泰国汉字教学的特点和泰国学习者的特点，提出了运用“非汉字因素”的5个教学原则，即善用合作学习模式、注重多种复现方式、加强汉

字课堂管理、巧留汉字课后作业、利用考试促进教学。

在课堂教学方面，要分层次、分步骤地从笔画、部件、整字等方面进行细致、合理的设计。

在汉字与汉语的关系方面，以往的研究有时将二者孤立开来，各行其是。本课题认为，开展汉字教学，并不是说孤立、封闭地躲进小楼闭门造车地只教授汉字，汉字教学始终是国际汉语教学的一部分。不能想象脱离汉语来学一大堆的汉字，即使这些汉字多么有系统性①。必须承认，汉字作为一种符号体系，既有其自身的系统性和规律性，也有对汉语依存共生的一面。因此汉字教学既要强调其独立性，同时也应与汉语教学结合起来，将汉字教学与词语教学、书面表达教学结合起来。力求在学习汉字的基础上，将汉字教学拓展至语句、语篇②。这也是泰国汉字教学的一个重要规律，需要予以重视。

第五节　泰国汉字教学发展要高度重视教师汉字能力的培养

泰国汉字教学的长久发展在于汉语师资汉字相关专业能力的提高和加强。

以往针对泰国汉字教学的研究，缺乏对于教师汉字能力的关注。诸多研究和本研究者的实地调查表明，泰国汉语教师汉字能力极为滞后，而泰国各类汉语教师培训中又严重缺乏汉字教学部分的培训，这极大地限制了泰国汉语教师汉字能力的培养。本课

---

① 万业馨：《从汉字研究到汉字教学——认识汉字符号体系过程中的几个问题》，《世界汉语教学》，2007 年第 1 期。

② 田艳：《国际汉字教材编写的创新与探索》，《汉语国际传播研究》，2015 年第 1 辑。

题认为，教师汉字能力的培养可以从本源上解决泰国汉字教学的问题。

具体来说，1）在泰国中文专业大学本科阶段，特别是培养汉语师资为主的本科中文专业，设置单独的汉字课，并且加强汉字理论及汉字知识的教学；2）在面向广大汉语教师的师资培训中，增设汉字知识、汉字教学方面的课程，针对泰国汉字教学的实际情况予以辅导；3）在对即将赴泰国工作的汉语志愿者的培训中，以理论与案例相结合的方式，设置汉字教学的内容；4）在中国国内的国际汉语教育硕士的培养中，增强汉字教学课程的实用性和针对性，注重国别化的教学方法和课堂教学实践的培养；5）创立泰国教师汉语能力考试时，将汉字知识和汉字教学能力作为一项重点进行考核，并通过考试的反拨作用，激发和促进广大泰国汉语教师对提高汉字能力的重视。

本课题对泰国汉字教学总体思考的“五大原则”如图 11-6 所示。

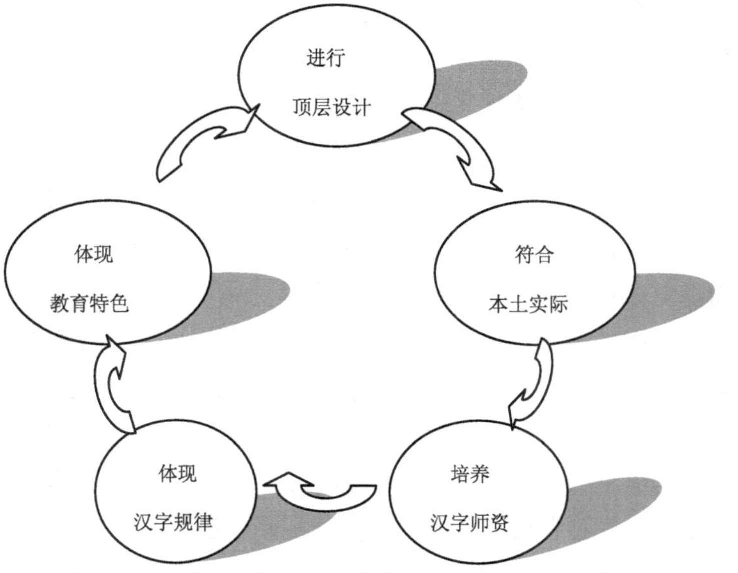

图 11-6　泰国汉字教学学科建设“五大原则”示意图

本章小结

本章是对泰国汉字教学的总体思考。基于前面几章的思考与分析，结合各种因素，本课题提出了泰国汉字教学学科建设的“五大原则”。

泰国汉字教学需要进行顶层设计。泰国汉字教学要想取得根本性的发展，必须进行顶层设计。具体来说，是指要针对泰国汉字教学的实际情况，运用系统论的方法，从国家层面和高端决策部门开始进行总体设计和全局安排，对泰国汉字教学的政策制定、标准制定（教学大纲、课程大纲、考试大纲等）、教学模式、教学内容、教学方法、课堂教学实践、教学资源建设、教材编写、师资培训等方面进行综合决策和规定。

泰国汉字教学要体现泰国的教育特色。本课题的研究视角较为全面，即将教学的四要素（学科、教师、学生、环境）都纳入分析中（见第一章第四节的“研究创新点”）。本节所探讨的建议即是结合泰国教育环境的因素而提出来的。泰国在教育特色鲜明独特，泰国汉字教学要体现泰国的教育特色，即与学校环境相融合，与学校活动相结合。

泰国汉字教学要符合泰国汉语教学的实际。首先，要根据泰国汉语教学的实际选择汉字教学模式和教学方法。海外教学环境复杂，教学机构多样，教学层次繁多，并且教学对象多元化、学习需求复杂化、学习动机差异化。在这一情况下，泰国汉字教学不能照抄国内对外汉字教学的模式和教学方法，应根据泰国学习者的具体需求，有针对性地制定多元化的汉字教学模式，设计教学方法。其次要结合泰国学生的汉字认知特点来设计教学内容。

泰国汉字教学要体现汉字本体规律和汉字教学规律。首先泰国汉字教学要符合汉字本体规律。汉字是音形义结合的文字形式，而泰文属于表音文字的辅音文字体系，最基本的文字记录单位是字母，与汉字有很大的差别，所以泰国学生对于汉字的认知和理解需要一段时间的系统学习才能慢慢形成。因此，泰国汉字教学要符合和遵循汉字本体规律。其次，泰国汉字教学要体现汉字教学规律，要在汉字教学内容、汉字教学阶段、教学模式、教学原则、汉字课堂教学以汉字与汉字的关系方面体现科学性和系统性。

泰国汉字教学发展之根本在于教师培养。泰国汉字教学的长久发展在于汉语师资汉字相关专业能力的提高和加强。本课题认为，提高泰国汉语教师汉字能力的途径有：1）在泰国中文专业大学本科阶段，特别是培养汉语师资为主的本科中文专业，设置单独的汉字课，并加强汉字理论及汉字知识的教学；2）在面向广大汉语教师的师资培训中，增设汉字知识、汉字教学方面的课程；3）在对即将赴泰国工作的汉语志愿者的培训中，以理论与案例相结合的方式设置汉字教学的内容；4）在中国国内的国际汉语教师硕士的培养中，增强汉字教学课程的实用性和针对性，注重国别化的教学方法和课堂教学实践的培养；5）创立泰国教师汉语能力考试时，将汉字知识和汉字教学能力作为一项重点进行考核。

我们可以相信，在各方面共同努力的基础上，泰国汉字教学一定会迎来崭新的发展阶段。

研究存在的不足与后续研究工作

1. 泰国汉字教学研究是一个全新的国别化汉字教学领域，本课题试图从宏观、中观、微观三个层次进行全景式的解读。不过由于泰国汉语教学机构数量较多，且教学层次多样，因此数据和信息的收集较为复杂，要兼顾的相关问题也就相应复杂。以研究者一己之力，目前实难做到面面俱到。今后希望能有机会对该领域进行更为深入的专项研究。

2. 在汉字教学领域，大纲和字表的建立是一项十分艰巨且重要的任务，非一人之力可为。由于研究者个人精力及能力的局限，对此项工作只是进行了初步的探索。尽管如此，仍希望能抛砖引玉，希望泰国教育部门能够按照统筹安排，合理布局的原则，运用语言计量研究的成果，开展各级各类字表的研究和制定工作。

3. 课堂教学是一个广阔的领域，具有动态性、情境性和生成性，因此值得深入其中不断探索。希望今后能深入泰国汉字教学课堂进行深入的研究。

参考文献

一、学术著作

戴汝潜：《汉字教与学》，济南：山东教育出版社，1999年。

胡文华：《汉字与对外汉字教学》，上海：学林出版社，2008年。

姜丽萍：《对外汉语教学论》，北京：北京语言大学出版社，2008年。

李禄兴：《现代汉字及其对外教学研究》，北京：中央编译出版社，2012年。

刘英林、马箭飞：《汉语国际教育用音节汉字词汇等级划分》，北京：北京语言大学出版社，2010年。

刘珣：《对外汉语教育学引论》，北京：北京语言大学出版社，2007年。

吕必松：《汉语和汉语作为第二语言教学》，北京：北京大学出版社，2007年。

沈禾玲：《汉语字词教学》，北京：北京大学出版社，2011年。

孙德金：《对外汉字教学研究》，北京：商务印书馆，2006年。

田艳：《国际汉语课堂教学研究——课堂组织与设计》，北京：中央民族大学出版社，2010年。

王骏：《字本位与对外汉语教学》，上海：上海交通大学出版社，2009年。

万业馨：《汉字与汉字教学研究论文集》，北京：北京语言大学出版社，2012年。

吴应辉：《汉语国际传播研究理论与方法》，北京：中央民族大学出版社，2013年。

徐彩华：《汉字认知与汉字学心理研究》，北京：知识产权出版社，2010年。

张静贤：《汉字教程》，北京：北京语言大学出版社，2004年。

张朋朋：《文字论》，北京：华语教学出版社，2007年。

周健：《汉字教学理论与方法》，北京：北京大学出版社，2007年。

朱勇：《国际汉语教学案例与分析》，北京：高等教育出版社，2013年。

二、学术论文

安然、邹艳：《非汉字圈学生的笔顺问题》，《语言文字应用》，2007 年第 3 期。

安雄（法）：《谈对外“理性识字法”的构造》，《世界汉语教学》，2003 年第 2 期。

白乐桑（法）：《汉语教材中的文、语领导之争：是合并，还是自主，抑是分离？》，《第五届国际汉语教学讨论会论文选》，北京：北京大学出版社，1997 年。

北京语言大学“外国留学生错字别字数据库”课题组：《“外国留学生错字别字数据库”的建立与基于数据库的汉字教学研究》，《语言教学与研究》，2006 年第 1 期。

卞觉非：《汉字教学：教什么？怎么教？》，《语言文字应用》，1999 年第 1 期。

蔡巧娟（泰）：《泰国华文教育历史、现状与问题研究》，重庆大学硕士学位论文，2006 年。

曹复：《方兴未艾的泰国华文教育》，《对外大传播》，1999 年第 12 期。

常宝儒：《汉语教学常用汉字的优选问题——前 1000 个高频字的对比分析》，《第二届国际汉语教学讨论会论文选》，北京：北京语言学院出版社，1998 年。

陈记运：《泰国汉语教学现状》，《世界汉语教学》，2006 年第 3 期。

陈剑：《体验式教学在泰国初中汉语课堂的应用研究》，暨南大学硕士学位论文，2009 年。

陈建萍：《韩国留学生汉字学习字形偏误浅析》，《现代语文（语言研究版）》，2008 年第 8 期。

陈静：《关于汉字独立设课的一点思考》，《安徽文学（下半月）》，2010 年第 10 期。

陈丽亮（泰）、田艳：《对泰国少儿汉语教材的分析与思考——以三套不同类型的汉语教材为例三套》，《汉语国际传播研究》，2012 年第 1 辑。

陈萍：《泰国博仁大学的中文教育》，《云南师范大学学报》（对外汉语教学与研究版)，2007 年第 3 期。

陈曦：《关于汉字教学法研究的思考与探索—兼论利用汉字“字族理论”进行汉字教学》，《汉语学习》，2001 年第 3 期。

陈霞：《浅谈对外汉字教材的编写策略》，南京师范大学硕士学位论文，2011 年。

陈胄：《对外汉字知识体系及教材编写研究》，广西大学硕士学位论文，2012 年。

陈作宏、田艳：《探索以任务为中心的体验式对外汉语课堂教学模式》，《民族教育研究》，2008 年第 4 期。

程爽：《基于对比实验的泰国儿童汉语教学模式研究》，山东大学硕士学位论文，2008 年。

程文：《从法国汉语教材看法国汉字词汇教学特点》，《第五届全国语言文字应用学术研讨会论文集》，沈阳：辽宁大学出版社，2009 年。

崔岑岑、候博：《留学生汉字书写偏误举隅分析》，《现代语文（语言研究版）》，2008 年第 4 期。

崔希亮：《汉语国际教育“三教”问题的核心与基础》，《世界汉语教学》，2010 年第 1 期。

崔永华：《汉字部件和对外汉字教学》，《语言文字应用》，1997 年第 3 期。

崔永华：《关于汉字教学的一种思路》，《北京大学学报》（哲学社会科学版)，1998 年第 3 期。

崔永华：《从母语儿童识字刊对外汉字教学》，《语言教学与研究》，2008 年第 2 期。

丁安琪：《法国中学生汉字学习情况调查与分析》，《汉字文化》，2011 年第 1 期。

丁米（泰)：《泰国大学汉语课程教学改革研究》，华东师范大学博士学位论文，2011 年。

杜丽荣：《“系联法”对外汉字教学研究》，《西南民族大学》（人文社科版)，2004 年第 7 期。

范玮：《泰国佛统府佛统中学汉语教学现状、问题及对策》，云南大学硕士学位论文，2012 年。

范祖奎：《中亚留学生汉字学习策略的国别差异分析》，《语言与翻译》，2013 年第 1 期。

方雪：《泰国汉语教学与汉语推广研究》，山东大学硕士学位论文，2008 年。

费锦昌：《现代汉字部件探索》，《语言文字应用》，1996 年第 3 期。

费锦昌：《现代汉字笔画规范刍议》，《世界汉语教学》，1997 年第 2 期。

费锦昌：《对外汉字教学的特点、难点及其对策》，《北京大学学报》（哲学社会科学版），1998 年第 3 期。

冯丽萍：《汉字认知规律研究综述》，《世界汉语教学》，1998 年第 3 期。

冯忠芳（泰）、吴应辉：《泰国清迈府中小学汉语教学调查研究》，《云南师范大学学报》（对外汉语教学与研究版），2009 年第 4 期。

冯忠芳（泰）：《泰国高校汉语教育专业课程设置研究》，《汉语国际传播研究》，2011 年第 1 辑。

冯忠芳（泰）：《泰国中小学本土汉语教师发展的历史考察与标准研究》，中央民族大学博士学位论文，2011 年。

高立群：《外国留学生规则字偏误分析——基于中介语语料库的研究》，《语言教学与研究》，2001 年第 5 期。

葛琳：《泰国大学中文专业课程设置研究》，吉林大学硕士学位论文，2012 年。

韩丽（泰）：《泰国高中汉语教学的调查与思考——以泰国北榄易三仓学校为例》，中央民族大学硕士学位论文，2014 年。

郝琳琳：《泰国北部地区高校汉语教学现状及质量控制研究》，暨南大学硕士学位论文，2011 年。

郝美玲、范慧琴：《部件特征与结构类型对留学生汉字书写的影响》，《语言教学与研究》，2008 年第 5 期。

黄德永（泰）：《泰国汉语作为外语教学政策制定的全球视野比较研究》，中央民族大学博士学位论文，2014 年。

黄明媚（泰）：《 泰国东北部高校汉语专业调查报告》，《汉语国际传播研究》，2012 年第 1 辑。

何丽英（泰）：《泰国华侨学校汉语教学研究》，西南大学博士学位论文，2010 年。

何琼：《初级阶段欧美学生汉字学习策略与教授方法研究》，厦门大学硕士学位论文，2008年。

胡永梅：《泰国学生汉语习得偏误现象解析》，山东大学硕士学位论文，2008年。

黄汉坤（泰）：《泰国高校泰籍汉语教师及汉语教学现状》，《暨南大学华文学院学报》，2005年第3期。

黄进勇：《越南大学生汉字书写偏误及汉字教学现状研究》，上海师范大学硕士学位论文，2013年。

江新、赵果：《初级阶段外国留学生汉字学习策略的调查研究》，《语言教学与研究》，2001年第4期。

江新：《初学汉语的美国学生汉字正字法意识的实验研究》，《对外汉语研究的跨学科探索》，北京：北京语言大学出版社，2003年。

江新、柳燕梅：《拼音文字背景的外国学生汉字书写错误研究》，《世界汉语教学》，2004年第1期。

江新：《"认写分流、多认少写"汉字教学方法的实验研究》，《世界汉语教学》，2007年第2期。

焦盼：《泰国零基础大学生学习汉语策略研究》，吉林大学硕士学位论文，2012年。

柯彼德（德）：《关于汉字教学的一些新设想》，《第四届国际汉语教学讨论会论文选》，北京：北京语言学院出版社，1995年。

柯绣球（泰）：《泰国大学汉语教育教材使用情况调查分析》，广西大学硕士学位论文，2011年。

黎氏春草（越）：《越南顺化佛学院僧尼学生汉字学习与教学情况调查》，华东师范大学硕士学位论文，2011年 。

李大遂：《对外汉字教学发展与研究概述》，《暨南大学华文学院学报》，2002年第2期。

李大遂：《突出系统性，扩大识字量》，《语言文字应用》，2004年第3期。

李丹：《试论泰国初中、小学汉语课堂教学特点及教学法》，《现代语文（语言研究）》，2012年第1期。

李峰：《泰国汉语教育的历史、现状及展望》，《国外社会科学》，2010年第3期。

李昊：《中泰合作背景下泰国高校汉语教学的发展及问题》，《华文教学与研究》，2010年第1期。

李佳俊：《泰国北部华文基础教育的弊端例谈——以清迈蒙福学校为例》，《保山师专学报》，2008年第4期。

李林钊：《对外汉语汉字教材研究——以〈汉字突破〉和《〈张老师教汉字〉为例》，湖南师范大学硕士学位论文，2012年。

李凌艳：《汉语国际推广背景下海外汉语教学师资问题的分析与思考》，《语言文字应用》，2006年第2期。

李茂萱：《泰国小学汉语教学研究》，《现代语文（语言研究版）》，2012年第1期。

李谋：《泰国华文教育的现状与前瞻》，《南洋问题研究》，2005年第3期。

李平：《对外汉语初级阶段随文识字类汉字教材的个案研究——以〈汉语阅读教程〉（一、二）为例》，安徽大学硕士学位论文，2010年。

李泉：《关于“汉语难学”问题的思考》，《语言教学与研究》，2010年第2期。

李如龙：《论汉语与汉字的关系及相关的研究》，《语言教学与研究》，2009年第4期。

李珊：《泰国汉语教学中非语言教学手段的运用》，《文教资料》，2010年第30期。

李香平：《留学生高级班汉字课汉字知识教学与教材编写研究》，《语言教学与研究》，2008年第4期。

李雅梅：《泰国学生汉语词汇学习策略调查研究》，云南师范大学硕士学位论文，2005年。

李宇明：《重视汉字教学——序吴应辉〈汉语国际传播理论与方法〉》，《汉语国际传播研究理论与方法》，北京：中央民族大学出版社，2013年。

梁海燕：《浅谈泰国零基础中学生汉语学习——以Phuttirungsriphibul学校为例》，郑州大学硕士学位论文，2012年。

梁彦民：《汉字部件区别特征与对外汉字教学》，《语言教学与研究》，2004年第6期。

刘婵：《泰国南方大学中文专业汉语教学现状分析》，吉林大学硕士学位论文，2012 年。

刘畅：《对〈汉字速成课本〉和〈体验汉字〉练习的分析与思考》，中央民族大学硕士学位论文，2014 年。

刘慧敏：《泰国汉语教材急需改进——由两堂成功的汉语课说起》，《安徽文学》，2010 年第 1 期。

刘美玲：《泰国华校小学汉语教学现状研究》，暨南大学硕士学位论文，2006 年。

刘颂浩：《对外汉语教学中的多样性问题》，《暨南大学华文学院学报》，2006 年第 4 期。

刘婷：《初级阶段对外汉字教材练习设置与编排研究》，华东师范大学硕士学位论文，2009 年。

柳燕梅：《从识记因素谈汉字教材的编写原则》，《汉语学习》，2002 年第 5 期。

林浩业：《浅谈泰国汉语教学现状及其对汉语教师的要求》，《湖北广播电视大学学报》，2007 年第 11 期。

龙伟华（泰）：《泰国汉语能力标准研究》，中央民族大学博士学位论文，2012 年。

卢小宁：《关于对外汉语汉字教材的思考》，《语言教学与研究》，1998 年第 2 期。

鹿士义：《母语为拼音文字的学习者汉字正字法意识发展的研究》，《语言教学与研究》，2002 年第 3 期。

吕必松：《汉语教学路子研究刍议》，《暨南大学华文学院学报》，2003 年第 1 期。

马明艳：《初级阶段非汉字圈留学生汉字学习策略的个案研究》，《世界汉语教学》，2007 年第 1 期。

马牧原：《针对泰国中小学生适用的对外汉语教学方法探讨》，《安徽文学》，2009 年第 11 期。

马三思：《老挝学生汉字学习难点探索》，苏州大学硕士学位论文，2012 年。

马燕华：《论汉字教学的性质、类型、特征及其对不同类型语言教材编写的汉字选择》，《第八届国际汉语教学讨论会论文集》，北京：高等教育出版社，2007 年。

马燕华：《论海外周末制中文学校汉字教学的性质、特征及教学原则》，《暨南大学华文学院学报》，2007 年第 2 期。

潘素英（泰）：《泰国南邦府中小学汉语教学情况调查》，《第九届国际汉语教学研讨会论文选》，北京：高等教育出版社，2010 年。

潘素英（泰）：《泰国中小学汉语课程大纲研究》，中央民族大学博士学位论文，2011 年。

潘先军：《近 4 年对外汉字教学研究述评》，《汉字文化》，2003 年第 3 期。

潘先军：《论对外汉字教学的层次性》，《汉字文化》，2005 年第 2 期。

彭万勇：《对外汉字字源教学法构建研究》，西南大学硕士学位论文，2009 年。

秦建文：《对外汉语教学中汉字教学模式的建构》，《云南师范大学学报》（对外汉语教学研究版），2008 年第 5 期。

申雪妮：《针对泰国中学生的汉语教学方法的研究》，郑州大学硕士学位论文，2012 年。

施家炜：《来华欧美留学生汉字习得研究教学实验报告》，《中国对外汉语教学学会北京分会第三届学术年会论文集》，北京：北京语言文化大学出版社，2001 年。

施正宇：《现代形声字形符意义的分析》，《语言教学与研究》，1994 年第 4 期。

施正宇：《论汉字能力》，《世界汉语教学》，1999 年第 2 期。

施正宇：《外国留学生字形书写偏误分析》，《汉语学习》，2000 年第 2 期。

石传良、罗音：《理据识字法是对外汉字教学的重要方法》，《云南师范大学学报（对外汉语教学与研究版）》，2007 年第 2 期。

石定果：《汉字研究与对外汉语教学》，《语言教学与研究》，1997 年第 1 期。

石定果、万业馨：《关于对外汉字教学的调查报告》，《语言教学与研究》，1998 年第 1 期。

石坚：《泰国法政法学汉语专业课程设置评介》，北京语言文化大学硕士学位论文，2000 年。

孙欢：《关于泰国中小学汉语教学的思考与建议》，江西师范大学硕士学位论文，2009 年。

孙晶：《关于泰国学生汉语教学问题的思考》，《读与写（教育教学刊）》，2009 年第 2 期。

谭国安（泰）：《近十年来泰国汉语教材的研发与采用概况》，《汉语国际》，2011 年第 1 期。

滕联英：《浅谈泰国中学生汉语课之方法》，《人力资源管理》，2011 年第 4 期。

田海丽：《泰国华裔幼儿汉字教学研究》，广州大学硕士学位论文，2012 年。

田艳：《国外汉语教学概述》，《第二语言（汉语）教学概论》，北京：民族出版社，1999 年。

田艳：《母语识字教学及其对对外汉字教学的启示》，《民族教育研究》，2000 年增刊。

田艳：《海外华文教育概况》，《民族教育研究》，2000 年第 3 期。

田艳：《人类学视野下的汉字文化》，《青海师范大学学报》（哲学社会科学版），2006 年第 5 期。

田艳：《关于对外汉字教学层次性原则的思考》，《汉字文化》，2009 年第 1 期。

田艳：《泰国汉语教学调研报告》，《汉语国际传播研究》，2012 年第 1 辑。

田艳、陈磊：《对汉语教材结构体系中练习设置的分析与思考》，《语言教学与研究》，2014 年第 3 期。

田艳：《国际汉字教材编写的创新与探索》，《汉语国际传播研究》，2015 年第 1 辑。

万业馨：《汉字笔顺刍议》，载《语言文化教学研究》，北京：华语教学出版社，1996 年。

万业馨：《略论形声字声旁与对外汉字教学》，《世界汉语教学》，2000 年第 1 期。

汪东宪：《对外汉语精读教材中汉字教学内容研究》，吉林大学硕士学位论文，2006 年。

王汉卫：《精读课框架内相对独立的汉字教学模式初探》，《语言文字应用》，2007 年第 1 期。

王建勤：《外国学生汉字构型意识发展模拟研究》，《世界汉语教学》，2005 年第 4 期。

王宁：《汉字构形理据与现代汉字部件拆分》，《语文建设》，1997 年第 3 期。

王瑞峰：《对外汉字教学研究——基础汉语教材的汉字教学内容分析》，北京语言文化大学硕士学位论文，2002 年。

王笑楠：《越南留学生汉字书写偏误分析》，《华章》，2009 年第 8 期。

王星歌：《零起点泰国中学生汉语教学策略研究》，吉林大学硕士学位论文，2012 年。

王宇轩：《泰国中小学华文教育的现状、问题及对策》，《暨南大学华文学院学报》，2008 年第 4 期。

王宇轩：《体验汉语（泰国中小学系列教材）调查评估研究》，暨南大学硕士学位论文，2009 年。

尉万传：《东南亚华裔留学生汉字偏误综合考察》，暨南大学硕士学位论文，2004 年。

魏红：《泰国中学汉语教材编写和使用中的几个问题》，《云南师范大学学报》（对外汉语教学与研究），2007 年第 1 期。

吴峰：《泰国汉语教材及其本土化研究》，中央民族大学博士学位论文，2012 年。

吴琼（泰）、李创鑫（泰）：《泰国华语及华语教育现状》，《暨南大学华文学院报》，2001 年第 4 期。

吴应辉、郭骄阳：《泰国汉语教学志愿者项目调查报告》，《云南师范大学学报》（对外汉语教学与研究版），2007 年第 1 期。

吴应辉、杨吉春：《泰国汉语快速传播模式研究》，《世界汉语教学》，2008 年第 4 期。

吴应辉、龙伟华（泰）、冯芳忠（泰）、潘素英（泰）（译）：《促进泰国汉语教学，提高国家竞争力战略规划》（2006—2010），《国际汉语教育》，2009 年第 1 期。

吴应辉：《关于国际汉语教学学科建设及汉语国际传播研究的几个问题》，《语言文字应用》，2010 年第 3 期。

伍英姿：《初级阶段“语文并进”模式下的汉字教学》，《华南师范大学学报》（社会科学版），2010 年第 3 期。

向烜纬：《泰国师范类大学本土汉语师资培养研究》，山东大学硕士学位论文，2010 年。

肖奚强：《外国学生汉字偏误分析》，《世界汉语教学》，2002 年第 2 期。

谢美：《泰国私立波利波思兰西小学汉语教学现状调查研究》，暨南大学硕士学位论文，2011 年。

许念一：《对外汉语本科综合课初级教材中汉字教学内容的编写研究——以〈新实用汉语课本〉〈博雅汉语〉〈汉语教程〉为研究范本》，暨南大学硕士学位论文，2012 年。

许志惠：《泰国北部华文教育的现状与前瞻》，《华侨大学学报》（哲学社会科学版），2008 年第 3 期。

胥宇虹：《汉字教学是对外汉语教学的重中之重》，《贵州民族学院学报》，2004 年第 4 期。

薛飒飒：《意大利学生汉字学习情况研究》，广州大学硕士学位论文，2011 年。

延慧：《以学习者为中心对泰成人汉语教材的分析与设计》，陕西师范大学硕士学位论文，2009 年。

杨金隆：《泰国华语教学概况》，载《第二届国际华文教育研讨会论文集》，北京：华语教学出版社，2001 年。

杨诗硕：《精读课框架下的汉字教学设计——以〈汉语教程〉为例》，暨南大学硕士学位论文，2012 年。

杨作为（泰）：《泰国汉语教育的过去、现在与将来》，《东南亚研究》，2003 年第 5 期。

伊丽娜 · 伊力哈木：《初级阶段吉尔吉斯斯坦学生汉字学习策略与教授方法研究》，新疆大学硕士学位论文，2012 年。

易洪川、杨夷平、朱全宏：《从基本字表的编制看汉字学与汉字教学》，《语言文字应用》，1998 年第 4 期。

易洪川：《笔顺规范化问题研究》，《语言教学与研究》，1999 年第 3 期。

易嵘：《对外汉语教学中的汉字教材研究》，陕西师范大学硕士学位论文，2007年。

尹秀娟：《近十年来对外汉字教学研究综述》，《安徽科技学院学报》，2008年第6期。

游辉彩：《泰国华文教育现状分析》，《东南亚纵横》，2005年第6期。

于冰：《基于认知基础上的对外汉字部件教学研究》，《语文学刊》，2010年第9期。

余又兰：《谈第二语言的汉字教学》，《世界汉语教学》，1999年第1期。

袁凯临、徐海英：《泰国学生汉语学习策略调查与教学启示》，《中国校外教育：下旬》，2012年第4期。

张惠芬：《汉字教学与教材编写》，《语言文化教学研究集刊》第二辑，北京：北京语言文化大学出版社，1998年。

张景业：《构建全方位的对外汉字教学格局》，《外语与外语教学》，2001年第6期。

张静贤：《现代汉字笔形论》，《第二届国际汉语教学讨论会论文选》，北京：北京语言学院出版社，1988年。

赵明德：《对外汉字教学改革探索》，《语言教学与研究》，1999年第3期。

张朋朋：《语言能力和文字能力》，《汉字文化》，2005年第2期。

张旺熹：《从汉字部件到汉字结构》，《世界汉语教学》，1990年第2期。

张薇：《近十年对外汉字教学研究的检讨》，湖北工业大学硕士学位论文，2011年。

张熙昌：《论形声字声旁在汉字教学中的作用》，《语言教学与研究》，2007年第2期。

张艳萍：《对来华泰国汉语教师汉语学习情况的调查》，《云南师范大学学报》（对外汉语教学与研究版），2007年第2期。

赵金铭：《教学环境与汉语教材》，《世界汉语教学》，2009年第2期。

赵金铭：《初级汉语教学的有效途径——“先语后文”辩证》，《世界汉语教学》，2010年第3期。

郑婵卿：《泰国中小学汉语教学的构想》，北京语言文化大学硕士学位论文，1999年。

钟柳：《谈对外汉语教学方法——以泰国中学生为例》，《广西大学学报》，2010 年 9 月增刊。

周小兵：《对外汉字教学中多项分流，交际领先的原则》，载《汉字与汉字教学研究论文选》，北京：北京大学出版社，1999 年。

朱其智：《泰国华侨崇圣大学的汉语教学》，《中山大学学报论丛》，1997 年第 4 期。

朱轶：《新世纪对外汉字教学研究情况综述》，《福建论坛（社科教育版）》，2005 年第 S1 期。

朱志平、张江丽：《海外中小学汉语第二语言教学汉字的优选与分级》，载《识字教育科学化论文集粹》，北京：中国轻工业出版社，2006 年。

朱志平：《汉字教学与词汇教学的链接》，载《汉字的认知与教学——西方学者汉字认知国际研讨会论文集》，北京：北京语言大学出版社，2007 年。

祝雅婷：《对外汉语随文识字类汉字教材个案分析——以〈快乐汉语〉（一、二）为例》，兰州大学硕士学位论文，2013 年。

庄秀玉：《泰国中学的〈实用汉语教程〉教材研究》，北京语言大学硕士学位论文，2009 年。

三、泰国汉字教学文献

曹思远：《泰国小学生汉字书写偏误浅析——以泰国公立东英学校小学生为例》，《语文学刊：基础教育版》，2013 年第 1 期。

陈静：《中级阶段泰国留学生汉字部件学习策略实验》，西南大学硕士学位论文，2011 年。

陈琴、刘婧、朱丽：《泰国学生汉字书写偏误分析》，《云南师范大学学报》（对外汉语教学与研究版），2009 年第 2 期。

党玉坤：《泰国汉语零基础中学生笔顺感受与汉语学习关系研究》，暨南大学硕士学位论文，2013 年。

段忠玉、林静：《泰国学生写汉字错别字原因分析》，《管理学家》，2011 年第 1 期。

冯少鹏：《泰国高中汉字教学策略研究》，河北师范大学硕士学位论文，2013 年。

高健华：《泰国文善中学学生汉字学习偏误研究》，西北大学硕士学位论文，2014 年。

韩冠玲：《泰国学生汉字学习策略的研究》，北京语言大学硕士学位论文，2009 年。

胡媛媛：《泰国难府喜萨瓦平安中学汉字教学现状调查报告》，云南大学硕士学位论文，2013 年。

黄丽雯：《泰国学生汉字笔顺教学设计》，云南大学硕士学位论文，2011 年。

姜美玲（泰）：《泰国学生初级阶段汉字学习策略调查研究》，山东大学硕士学位论文，2012 年。

李斌：《泰国学生汉字书写动态过程研究》，《现代语文》，2013 年第 2 期。

李金兰：《泰国学生汉字习得途径和方法研究》，南京师范大学硕士学位论文，2004 年。

李如丽：《泰国大学生识别形近字的能力及教学对策研究》，广西大学硕士学位论文，2012 年。

李鑫：《泰国留学生汉字书写中的偏误分析》，《华人时刊旬刊》，2014 年第 6 期。

李雪华（泰）：《泰国少儿汉字教学活动设计》，中央民族大学硕士学位论文，2012 年。

李周熊：《泰国高中生对汉字字形的认识及其对汉字书写的影响》，广西师范大学硕士学位论文，2012 年。

刘斐菲：《泰语背景下零起点小学生汉字书写教学个案研究》，陕西师范大学硕士学位论文，2009 年。

刘国画：《泰国中学生汉字偏误分析及教学策略》，暨南大学硕士学位论文，2009 年。

卢桂芝、孙玉卿：《情感教学原理在泰国儿童汉字教学中的运用》，《湖南科技学院学报》，2010 年第 11 期。

马宁宁：《初级阶段泰国学生汉字书写偏误个案研究》，《新校园旬刊》，2014 年第 1 期。

史翠玲：《泰国汉字教学模式调查研究》，中央民族大学硕士学位论文，2013 年。

苏国鹏：《笔画字卡法在对泰汉字教学中的实证研究——以泰国越巴吞小学五年级为例》，《教育教学论坛》，2013 年第 29 期。

孙鹏飞、裴蓓：《泰国学生汉字偏误分析及认知教学策略》，《国际汉语学报》，2011 年第 2 期。

谭世松：《中级阶段泰国留学生错别字分析及教学建议》，西南大学硕士学位论文，2012 年。

童平：《泰国零基础学生汉字书写偏误及教学策略研究》，广西大学硕士学位论文，2012 年。

翁丽虹（泰）：《泰国乌汶小学学生汉字笔顺学习情况调查》，吉林大学硕士学位论文，2011 年。

吴有进（泰）：《泰国大学生汉字学习情况分析及教学对策》，中央民族大学硕士学位论文，2013 年。

杨敏：《泰国华裔中学生汉字教学初探》，咸阳师范学院本科学位论文，2014 年。

许翠英（泰）：《泰国汉字教学的现状与教学对策研究》，厦门大学硕士学位论文，2008 年。

杨敏：《泰国华裔中学生汉字教学初探》，咸阳师范学院本科毕业设计，2014 年。

谢秀秀：《泰国高中生汉字书写偏误及学习策略调查研究》，广西师范大学硕士学位论文，2012 年

谢镇发：《泰国大学生汉字辨认情况研究》，北京语言大学硕士学位论文，2007 年。

熊倩：《汉语零基础的泰国学生汉字书写存在的问题及教学策略》，云南大学硕士学位论文，2013 年。

熊宗敏：《泰国学生学习汉语的偏误分析及教学策略》，郑州大学硕士学位论文，2012 年。

徐艳：《初级阶段非汉语专业泰国大学生汉字偏误分析及教学策略——以 Rajamangala University of Technology Rattanakosin Wangklaikangwon 为例》，华中科技大学硕士学位论文，2012 年。

曾丹：《针对泰国学生的汉字教学策略探析》，《金陵瞭望》，2011 年第 5 期。

张遨宇：《泰国中小学生习得“羊”及其有关构形汉字教学设计》，福建师范大学硕士学位论文，2013 年。

赵丽梅、杨阳：《泰国学生汉字学习中的常见偏误调查与对策研究》，《经济研究导刊》，2011 年第 29 期。

赵杨：《对泰国中学生汉字教学的探索》，西安外国语大学硕士学位论文，2013 年。

钟宝娟：《泰国中学生汉字书写偏误分析》，云南大学硕士学位论文，2011 年。

周丽娟：《泰国中小学生汉字书写偏误分析报告》，河北大学硕士学位论文，2013 年。

周旭东：《泰国学生汉字习得研究》，云南师范大学硕士学位论文，2006 年。

朱丽（泰）：《泰国大学汉字教学现状及分析》，北京语言大学硕士学位论文，2001 年。

四、教材

白乐桑、张朋朋：《汉语语言文字启蒙》，北京：华语教学出版社，1997 年。

邓秀均、田艳：《体验汉字 · 入门篇》，北京：高等教育出版社，2008 年。

李大遂：《系统学汉字（中级本）》，北京：华语教学出版社，2005 年。

柳燕梅：《汉字速成课本》，北京：北京语言大学出版社，2001 年。

田艳、陈作宏：《体验汉语 · 留学篇》（40—50），北京：高等教育出版社，2005 年。

田艳、邓秀均：《体验汉字 · 提高篇》，北京：高等教育出版社，2010 年。

赵明德 、田艳等：（教育部规划音像教材——15 集电视教学片）《轻轻松松学汉字》，北京：中央广播电视大学出版社，1999 年。

周健：《汉字突破》，北京：北京大学出版社，2005 年。

张惠芬：《张老师教汉字》，北京：北京语言大学出版社，2005 年。

五、其他资料

（一）汉语课程大纲

泰国东方大学中文专业课程大纲

泰国合艾工商大学中文专业课程大纲

泰国孔敬大学中文系课程大纲

泰国农业大学中文系课程大纲

泰国清莱皇太后大学中文专业课程大纲

泰国清迈皇家大学汉语专业课程大纲

泰国宋卡王子大学中文专业课程大纲

泰国艺术大学中文专业课程大纲

泰国法政大学中文专业课程大纲

泰国朱拉隆功大学中文系课程大纲

（二）中泰教育部门相关文件

国家对外汉语教学领导小组办公室：《高等学校外国留学生汉语言专业教学大纲》，北京：北京语言文化大学出版社，2002 年。

国家对外汉语教学领导小组办公室：《高等学校外国留学生汉语长期进修教学大纲》，北京：北京语言文化大学出版社，2002 年。

国家汉语国际推广领导小组办公室：《国际汉语教师标准》，北京：外语教学与研究出版社，2007 年。

国家汉语水平考试委员会办公室考试中心：《汉语水平词汇与汉字等级大纲》，北京：经济科学出版社，2001 年。

泰国教育部：《2008 年泰国汉语教学课程大纲》，2008 年。

泰国教育部：《2008 年泰国学习结果衡量和评价标准》，曼谷：The Agricultural Co-operative Federation of Thailand，2011 年版。

泰国教育部高等教育委员会国际高校合作战略局：《高等教育促进汉语教学战略计划》，曼谷：Bangkok Block 出版社，2010 年。

朱拉隆功大学亚洲研究所中国研究中心泰国汉语教育研究课题组：《泰国华文教学系列研究》，曼谷：朱拉隆功大学出版社，2008 年。

（三）教案及其他类

中国国家汉办/孔子学院总部：《光荣岁月·泰国篇——汉语志愿者教师文集》，2011年。

中国国家汉办驻泰国代表处：《志愿者之歌》，2012年。

中国国家汉办驻泰国代表处：《在泰汉语教师优秀教案集》（第一辑），2011年。

中国国家汉办驻泰国代表处：《在泰汉语教师优秀教案集》（第二辑），2012年。

中国国家汉办驻泰国代表处：《在泰汉语教师优秀教案集》（第三辑），2013年。

中国国家汉办驻泰国代表处网站：http：//www. hanbanthai. org。

附件1：调查日志

时间：2013年2月4日

地点：QM中学初中二年级

今天去听课的学校是一所中学，听课的班级是初中二年级。

走进教室，里面已经整齐地坐满了学生。任课的老师是泰籍汉语老师李老师，四十岁上下的模样。我一走进教室，李老师就对同学们说了一句泰语，估计是起立的意思，全体同学立即齐刷刷地站了起来，并用泰国的见面礼恭恭敬敬地欢迎田老师的到来。看到此情此景，我心里顿时涌出一股暖流。

我连忙从包里拿出很多从中国带来的类似中国结的礼物送给他们，这些中国结上面还印有汉字“平安”、“吉祥”之类的吉语。李老师让学生们念出自己拿到的中国结上的汉字，在李老师的帮助下，孩子们都念出了这些汉字。孩子们手里拿着红红的小礼物，一脸开心幸福的样子。

我还带了不少的京剧脸谱和风景明信片，送给李老师作礼物，不过李老师没有自己收下，而是让同学们用学过的词语造句。每造出一个句子，李老师就送给他们一个礼物。孩子们踊跃回答，虽然回答得很简单，不过学习汉语时间那么短，可以说出这些句子，我已经很吃惊了。

今天李老师讲的是中国春节，她介绍了春节的来历、食物、景象等等。随后还播放了春节舞狮的录像和春晚杨丽萍的舞蹈。孩子们看得津津有味，不时发出赞叹。我坐在教室的最后一排，在异国体会到了一种深深的文化自豪感。

海外汉语课堂是中华文化传播的基地，对于那些从未来到过中国的学生，课堂教育也是最直接、最有效的文化传播的方式之一了吧。

离开学校的时候，我和孩子们合影留念。我不知道将来他们中会有多少人来到中国、学习汉语。不过我知道，在这些孩子们的心里，中国、汉语、中华文化这些概念已经开始印在他们心里，等待时机到来，这些概念和印象会结出美丽的花。

时间：2013 年 2 月 8 日

地点：SK 中学

今天天气晴好，要去的是汉语志愿者教师小孙老师的课堂。小孙老师 20 多岁，从国内本科毕业不久就来到泰国作汉语志愿者教师。他使用的教材是《体验汉语》（初中版），教的是初中生，今天的教学内容是“国家”。

为了引起学生们的兴趣，孙老师亲手画了不少国家的标志性建筑，比如埃菲尔铁塔、富士山、天坛什么的。我问他：“你为什么要自己手绘，多麻烦！电脑上打下来不是很方便吗?”他半开玩笑地说，如果是电脑打印出来的，不容易引起学生们的兴趣。如果是教师自己画的话，孩子们兴致会高很多。小孙老师还制作了一些字卡，课堂上还挺热闹的。

这所学校是两年前开始开设汉语课的，因为汉语教师少，所以初中一年级和二年级的 30 多个同学一起上课。初中一年级的同学刚学拼音，而二年级的同学则会一些简单的会话了。因为是两个年级的学生一起上课，教室也比较大，所以同学们坐得有些分散，三五人聚成一小堆，估计是根据汉语水平自成小团体了。上课的气氛倒是很宽松，学生们没有感到特别的压力。小孙老师的泰国语还不错，至少够上课用，所以班里的秩序还算稳定。一节课下来，我看到小孙老师已经显得有些疲惫了。

我坐在教室的一个角落里，旁边坐着一个小男生。也许是因为汉语水平不够好，这个男孩旁边没有其他的同学。因为班上人多，小孙老师显然也顾不上这个孩子。其他同学念词语的时候，小男孩只是看着，有时也在本子上专注地写着汉字，而没有参与到班级的活动中。在我的鼓励下，他开始开口跟同学们一起念课文。可惜我不怎么会说泰国语，要不然会跟他多聊一会的。

课间，我抬头看到教室里挂着不少绘画，是学生们自己画的，上面还配了汉字，表达了对中泰友好的祝愿。

当泰国汉语教学蓬勃发展的时候，我们不能忘记像李老师、孙老师这些可爱的基层的教育实践者，是他们用一堂一堂的课程、一个字一个字的带读，编织和构筑着泰国汉语教学的大厦。在全球汉语国际传播的背景下，这些普通的一线教师是值得尊敬和被记住的。

研究者在宋卡王子大学孔子学院进行实地调查

研究者实地调查时与泰国老师一起吃午饭

附件 2：泰国地图

北部
ภาคเหนือ
中部
ภาคกลาง
东北部
ภาคตะวันออกเฉียงเหนือ
西部
ภาคตะวันตก
东部
ภาคตะวันออก
ภาคใต้
南部

后　记

印度总理尼赫鲁曾说过，世界上有一个伟大的国家，她的每个字都是一首优美的诗，一幅美丽的画，这个国家就是中国。是的，汉字是智慧和想象力的宝库，是中国文化的一张名片。现在想来，我多年前在有意无意之间对汉字教学研究的选择和一路的坚持，实在是明智的。

（一）

我和国际汉字教学（当时还称作“对外汉语教学中的汉字教学”）的缘分始于20世纪90年代中期我刚进入工作岗位不久。当时学院很有魄力和远见地设置了独立的汉字课，由我和另一位汉字教学经验丰富的老师共同担任这门课程，教学对象是美国学习者，每周2课时，18周共36课时。为此我们专门编写了汉字试用教材，精心设计了教学实验方案并加以实施，最后还写出了相关的学术论文，这应该是学界较早的一篇针对独立设置汉字课进行的教学实验方面的论文。即使是在今天，很多知名的国际汉语教学机构仍尚未开设专门的汉字课，可以想见，在当时设置独立的汉字课是多么的“前卫”。正是从那一阶段起，我开始对国际汉字教学进行初步的思考，对汉字教学大纲、教学内容、教学方法也进行了尝试和探索。

这些年，我也一直十分关注国际汉字教学学科的发展，撰写了一些有关汉字教学、汉字教材方面的学术文章。2009年起，我开始为中外汉语国际教育硕士研究生开设专业课《汉字教学与汉字文化》（我更愿意称其为《国际汉字教学概论》），还指导本人的研究生撰写了3篇（共约20万字）有关汉字教学和汉字教材方面的硕士论文。

在汉字教材的编写方面，我也进行了一定的实践。我与邓秀均女士合作编写了《体验汉字》系列教材，该教材由高等教育出版社于2008年和2010年出版，并已被翻译成德语，在德语区发行。该套教材运用了较为先进的体验理念编写而成，是新型的国际汉字教材，这套教材也可视作我们多年汉字教学实践的成果。

2011年，作为课题主持人，我的中央民族大学校级课题《国际汉语传播背景下泰国汉字教学研究》获得批准。课题的批准是对我在国际汉字教学学科方面努力的一个肯定，但同时也是一个挑战。众所周知，汉字是独特的文字符号，与汉语具有深层次的关系，也是汉语教学的难点。汉字教学所涉及的层面较为复杂，国别化的汉字教学更是一个有待开垦的广阔领域，前人研究十分薄弱。

泰国是21世纪以来世界上汉语传播最为成功的国家之一，而泰国汉字教学的发展却一直远远落后于汉语教学的发展，几乎成为汉语教学的一个瓶颈，这一问题引起了我的关注。本课题是学界第一部汉字教学国别化专著，以泰国汉字教学为研究对象，在前端分析的基础上，研究运用了多种方法，对泰国汉字教学内容、汉字教学模式、汉字教学原则与方法、学习者汉字习得、汉字教学标准、汉字教学课堂教学设计、汉字教学资源的建设、汉语师资汉字能力的培养等多方面内容进行了全方位的分析与思考，并对泰国汉字教学的发展提出了总体性建议。

在本书中，我还专门就国际汉字教学的一些基本问题进行了尝试性的探索，如国际汉字教学学科名称的确立、国际汉语教师汉字能力的构成、国际汉字教材的分类、汉字教学的评估和等级标准等重要的学科问题，希望能为国际汉字教学学科的完善做出微薄努力。

（二）

在我开始从事国际汉语教学（当时叫作“对外汉语教学”）时，接触最多的是韩国和日本的学生。而近些年，于不知不觉中，泰国学生逐渐增多起来。泰国学生热情、友善、温和的气质很得老师们的喜爱，我自然也不例外。

自2011年起，我先后去过泰国四次，其中有三次与本课题的调查和研究有关。这三次赴泰调研活动中，最长的两次实地调查分别为一个月。足迹遍及泰国中部、东部、南部、北部的曼谷、清迈、清莱、罗勇、合艾、宋卡等多地进行考察。调研期间深入了二十多所大中小学校和二十多个课堂，对在泰工作过的几十名汉语志愿者教师进行了访谈，也对上百名曾经赴泰工作的汉语志愿者进行了调查。从最初对泰国汉字教学茫然困顿，到最后了然于心，其间的确经历了不少的波折和辛苦。

2011年秋天，当我准备首次去泰国进行调研时，泰国发生了罕见的洪灾，大水阻止了我的赴泰行程。每天关注着电视，我的心也跟泰国人民一样受到了煎熬。后来由于工作上和其他方面的一些因素，调查的开展遇到了大大小小的问题。比如独自调查和访谈，有时要为寻找到适合的调查学校和师生而发愁，有时一个人在异国他乡要处理很多以前未曾遇到的问题。有一次，由于连日独自调查，身心疲惫，在宾馆咳嗽一夜未止。现在回想起来，非常怀念并感谢那些难忘的调查岁月。

调查之余，我去过繁华喧闹的大都市，足迹也到过泰国与马来西亚交界处的小城以及其他中国人足迹罕至的偏远小镇，所见所闻加深了我对这个美丽国度的深刻印象。

2012年1月23日，当我在曼谷结束了对泰国艺术大学的调查，独自回到曼谷宾馆的时候，才忽然意识到，这一天是农历春节的大年初一。打开电视，恰好看到泰国诗丽吉皇后和诗琳通公主在曼谷唐人街访问，场面十分盛大，气氛热烈温馨。泰国王室重视汉语教学、重视华人社会已成传统，皇室的这一举动正是表明了这一点。当时我很清楚意识到，汉语教学必将在泰国有着长期而深远的发展，泰国汉语教学要迎来更加重要的历史机遇了。

(三)

一个课题的完成绝非一人所能达到。要感谢的人太多，感动我的人也太多。

首先我要真诚感谢中央民族大学研究生院院长吴应辉教授。吴应辉教授是国际汉语传播界、国际汉语教学界研究泰国汉语教学的领航者和资深专家，他自20世纪90年代开始就对泰国汉语教学进行了开拓性的研究。我对泰国汉语教学的兴趣以及研究的勇气在很大程度上得益于吴院长对该领域的深刻认识以及对我的研究的大力支持和无私帮助。在此，我对吴院长表示真诚的谢意。

非常感谢泰国教育部汉语教学官员渥太湾老师，渥太湾老师为我的调查提供了很多实际且无私的帮助。在赴泰期间，渥太湾老师热情地接待了我们，还就泰国汉语教学的诸多问题及最新的研究信息对我们进行了耐心的解答。

感谢清莱皇太后大学孔子学院白玉国院长、清迈大学孔子学院俞勤伟院长、泰国法政大学冯忠芳博士和潘素英博士、清迈伞甘潘中学钟老师、清迈王子中学教务长和王佳美老师、清迈蒙福中学郑老师、合艾大学汪老师、孔堤小学易老师。感谢贺凤珍、潘森源、杨叶华、杜玲红、常凌霄、王霜霜、丘永春、曾利娟、易常香、张惠丽、刘娇、常乐、马文莉、文博、张彬莉、袁朝慧、胡宝元、周丽、刘双双、李进等，感谢这些热情接待我进入课堂、积极接受我访谈并为我提供帮助的每一位老师、朋友。还要特别感谢玛希隆大学的同行兼朋友黄德永博士。黄博士在调查问卷及泰国相关文件的收集方面为我提供了大力支持。有一次，我因多日调查身体不适，黄德永夫妇专门给我熬制了泰国的草药，并给我送到了宾馆。捧着热热的汤药，我心里无比感动。

感谢我的泰国研究生潘俊财、陈丽亮、韩丽，感谢他们耐心地为我寻找资料、提供信息、翻译相关文件、购买泰国汉语教材。感谢朋友覃俐俐博士对我永不改变的支持和鼓励，这些支持和鼓励不断化作我前进的动力。感谢罗莲博士在问卷设计和数据统计方面所给予的无私帮助。感谢肖瑜老师和张一平同学帮我整理了部分文稿。

需要感谢的还有泰国人民，他们的善良淳朴和真挚情谊常使我感动，他们的温和、良善以及从容让人感怀不已。有几次去中小学进行调研时，学校老师执意要请我吃饭。挤在不大的办公室，吃着老师们准备的当地新鲜的小菜，我有一种回家般的感觉。这些普普通通的人们所给予我的点滴帮助，我都记在心里。唯有好好进行研究，才能回馈所有为我提供帮助和友爱的泰国人民。

中央民族大学自主科研项目对本课题的开展提供了大力的支持，特此表示诚挚的感谢！中央民族大学出版社的戴佩丽老师和布拉格老师也为本书的出版付出了很多精力，在此一并表示感谢！

未来的路很美好，远处的风景依然吸引我，我会一直在路上。